20th

2000년 10월 출범 후

2019년 제20회까지

4,50

4,500

50,000

5만여 명의 청중

세 계 지 식 포 럼
WORLD KNOWLEDGE FORUM

세계 최대

글로벌 지식의 장으로

자리매김하다

제20회
세계지식포럼
리포트

지식혁명 5.0

The 20th World Knowledge Forum Report

제20회 세계지식포럼 리포트

지식혁명 5.0

인류 번영을 위한 통찰력

매일경제 세계지식포럼 사무국 지음

매일경제신문사

KNOWLEDGE REVOLUTION 5.0
Perspicacity Towards Prosperity for All
WORLD KNOWLEDGE FORUM
THE 20th
WORLD KNOWLEDGE FORUM
KNOWLEDGE REVOLUTION 5.0
Perspicacity Towards
Prosperity for All
WORLD KNOWLEDGE FORUM
MBN

세계지식포럼이 올해로 20회를 맞이했습니다. 세계지식포럼은 2000년 10월 아시아 금융위기 직후 '창조적 지식국가로의 대전환'을 목표로 출범했습니다. '지식으로 새 천년 새 틀을 짜다'를 주제로 첫 포럼이 열린 이래 지금까지 전 세계에서 총 4,000명이 넘는 연사와 5만여 명의 청중이 참여했습니다. 지식을 향한 많은 분들의 열정과 지원 덕분에 세계지식포럼은 명실상부한 글로벌 지식의 향연으로 자리매김할 수 있었습니다.

세계는 지금 정치, 경제, 사회 등 여러 측면에서 과거에 경험하지 못한 어려운 현실을 맞이하고 있습니다. G2 간 무역전쟁은 기술패권전쟁으로 확산되고, 경제와 금융 불안정성이 심화되며 글로벌 거버넌스는 매우 취약한 상황에 내몰려 있습니다. 북한은 비핵화를 무기로 또다시 국제정세를 뒤흔들고 있습니다.

아울러 AI, 빅데이터, 블록체인, 양자컴퓨팅, 5G, 로봇, 자율주행 등 기술 혁신은 우리가 사는 세상을 예측할 수 없는 속도로 변화시키고 있습니다. 빠르게 발전하는 기술이 새로운 영역으로 범위를 확장해 나가면서 산업계의 지형, 인간의 생활 방식을 바꿔놓고 있습니다. 기술 혁신에 대한 낙관론과 우려가 교차하는 지점에서 첨단 기술이 이끄는 미래에 관한 통찰력이 절실한 때입니다.

제20회 세계지식포럼은 전 세계가 맞이한 어려움을 '지식혁명 5.0'을 통해 극복해야 한다고 진단했습니다. 지금까지 인류는 인지혁명부터 농업혁명, 과학혁명, 산업혁명까지 총 네 차례의 '지식혁명'을 거치면서 성장하고 발전해왔으나 현재 직면한 글로벌 난제를 해결하기에는 역부족이라는 판단에서입니다.

지식혁명 5.0은 인류의 조화로운 번영을 추구하는 새로운 시대정신입니다. 4차 산업혁명 시대, G2는 기술 발전만을 목표로 경쟁했고 결국 기술패권 전쟁이 발생했습니다. 지식혁명 5.0은 이것에 대한 반성이자 대안으로 탄생했습니다. 지식혁명 5.0은 기술은 물론, 제도와 문화 등 전 분야에 걸쳐 전체 인류의 번영을 목표로 합니다. 지식혁명 5.0 시대에는 세계 무역 질서에 대한 존중, 열린 혁신의 추구, 기업의 관료주의 제거 등 세계 질서에 활력을 불어넣는 노력이 필요합니다.

그리고 그 출발점이 '지식'입니다. 객관적이고 합리적인 지식만이 세상을 바꿀 수 있습니다. 지식을 얻는 수단은 치밀한 관찰과 경험, 즉 과학입니다. 전방위적으로 사회 전체가 요동치는 우리 시대에는 자연과 기술, 인간 본질에 대한 이해가 무엇보다 중요합니다.

지식으로 무장한 다음 혁신을 생각해야 합니다. 그러나 기존 토대를 근본적으로 바꾸지 않고서는 밝은 미래를 꿈꾸기 어렵습니다.

지식혁명 5.0 시대를 견인하는 것은 신뢰할 수 있는 지식 플랫폼입니다. 글로벌 지식 자산은 정확한 정보를 제공하고 인류가 미래 지향적 결정을 내리도록 합니다. 지난 20년간 지식과 집단지성의 보고 역할을 해온 세계지식포럼이 향후 지식혁명을 이끄는 데 중요한 역할을 해나갈 것으로 기대합니다.

20회를 맞는 세계지식포럼에는 240여 명의 연사와 3,000여 명의 청중이 함께 모여 '지식혁명 5.0: 인류 번영을 위한 통찰력Knowledge Revolution 5.0: Perspicacity Towards Prosperity for All'을 주제로 다양한 논의를 진행했습니다. 프랑수아 올랑드 제24대 프랑스 대통령, 에스코 아호 제37대 핀란드 총리 등 국가 정상은 물론 파티 비롤 국제에너지기구 사무총장, 브라이언 두퍼로 AIG CEO, 로빈 니블릿 채텀하우스 소장, 누리엘 루비니 뉴욕대 교수 등 각 분야 최고의 전문가들이 참석했습니다. 정치, 경제, 과학, 기술 등 모든 분야에서 변곡점을 맞은 세계가 정상 궤도에서 다시 힘차게 전진하기를 기대합니다.

세계지식포럼 집행위원장 겸 매일경제신문 회장
장대환

'지식혁명5.0 : 인류 번영을 위한 통찰력'을 주제로 열린

제20회 세계지식포럼에서 지구촌의 당면 문제와

이를 해결하기 위한 세계 리더와 석학들의

주요 메시지를 정리했다.

세계지식포럼
11대 메시지

왕자루이王家瑞
제12기 중국 전국인민정치협상회의 부주석

개방은 인류에게 진보를 가져다 주었지만, 쇄국은 퇴보만을 불러왔다. 인류 전체의 이익과 미래를 견인한다는 책임감으로 자국뿐 아니라 타국의 발전을 돕고, 자신뿐 아니라 타인의 선택을 존중해야 한다. 중국은 세계화 시대의 중요한 참여자로서 힘이 닿는 한 세계 평화와 안전, 다자주의를 지키기 위해 노력할 것이다.

니얼 퍼거슨 Niall Ferguson
스탠퍼드대학교 후버연구소 선임연구원

현재 미국과 중국은 기술전쟁 단계를 넘어 2차 냉전에 돌입했다.
1차 냉전 초기에 어떤 일이 있었는지 생각해보라. 두 번째 냉전은
대리전이 아닌 핵전쟁이 될 수 있다. 2차 냉전에서 가장 긴장해야
할 국가는 한국이다. 중국이 최강국 자리를 차지하게 되면 미국이
제패하던 시기를 그리워하게 될 것이다.

제리 양 Jerry Yang
야후 공동창업자

이 시대의 가장 큰 특징은 신뢰의 기본 개념이 바뀌었다는 점이다.
우리는 정보의 출처를 알 수 없는 소셜 미디어의 정보를 믿기 어려
워졌고, 개인정보를 다루는 기업을 과연 믿을 수 있는가 하는 근본
적인 의문 또한 갖게 됐다. 무엇이 진정한 소통인지 반문하고, 사회
에 꼭 필요한 신뢰라는 개념을 다시 생각해볼 필요가 있다.

스티브 첸 Steve Chen
유튜브 공동창업자

유튜브는 소비자들이 동영상을 활용하기 시작한 시점에 등장해 자연스럽게 흐름을 주도할 수 있었다. 즉, 유튜브 성공의 가장 큰 요인은 타이밍이었다. 그러나 자본력을 갖춘 대기업이 시장에 뛰어들면서 경쟁은 갈수록 치열해지고 있다. 앞으로는 퀄리티가 뛰어난 콘텐츠, 혹은 독자적인 콘텐츠를 보유한 기업이 시장 주도권을 잡을 것이다.

밥 우드워드 Bob Woodward
워싱턴포스트 부편집인

가짜뉴스는 자신을 비판하는 언론을 불신하게 하려는 트럼프 대통령의 영리한 마케팅 전략이다. 언론인이라면 실수를 저질렀을 때 이를 인정하고 성찰하는 시간을 가져야 한다. 진실을 파헤치는 것이 바로 우리의 일이다. 진정한 권력은 진실에서 비롯된다.

프랑수아 올랑드 Francois Hollande
제24대 프랑스 대통령

국가연합이 무너지는 것과 단일 국가가 무너지는 것은 다르다. 유럽연합이 무너진다면 감당할 수 없는 위기가 닥칠 것이다. 브렉시트가 일어나며 더욱 확실해졌듯이 유럽연합은 국방과 이민 등의 문제로 이해관계가 복잡하게 얽혀 있다. 국가주의자나 포퓰리스트가 활개를 치면서 유럽 단일화를 더욱 흔들고 있는 지금, 문제를 해결하지 않는다면 유럽연합은 더 발전할 수 없다.

브라이언 두퍼로 Brian Duperreault
AIG CEO

앞으로 데이터 유출과 시스템 공격, 인터넷과 사물인터넷 해킹 등 사이버 리스크를 관리하는 게 더욱 중요해질 것이다. 그러나 사이버 공격은 리스크 관리 방법보다 빠르게 진화하고 있다. 사이버 리스크의 급격한 변화는 처참한 결과를 불러올 수 있다. 한 기업이나 개인이 아닌 다수에게 피해가 올 수 있기에 더욱 문제다.

비탈릭 부테린 Vitalik Buterin
이더리움 재단 창업자

블록체인 기술은 금융 산업뿐만 아니라 일상생활을 바꾸고 있다. 블록체인 덕분에 가상화폐로 수수료 없이 손쉽게 송금이 가능하다. 송금 외에도 회계와 보안, 재난 구호, 각종 증명서 진위 확인 등 블록체인을 활용하여 생활의 편리를 도모할 수 있는 일은 무궁무진하다. 더불어 열린 플랫폼이기 때문에 전 세계 누구나 참여할 수 있다는 것도 큰 특징이다.

라인스 프리버스 Reince Priebus
제27대 백악관 비서실장

미국 경제가 둔화되면 트럼프 대통령의 재선을 장담할 수 없다. 선거에서 경제는 절대 리스크를 무릅쓸 수 없는 부분이다. 미국과 중국의 합의안에는 대선 후 2021년 시진핑 중국 국가주석과의 정상회담도 포함될 것으로 예상한다. 그래야만 트럼프 대통령의 대선 승리가 더욱 확실해질 수 있다.

조 말론 Jo Malone CBE
조 러브스 창업자 겸 조향사

우리 시대에는 스토리텔링이 모든 비즈니스의 성공 열쇠다. 나는 난독증이 있었지만, 그 대신 향에 대한 탁월한 감각과 본능이 있었다. 나는 내가 일하던 피부관리실 고객들에게 주려고 처음 향수를 만들었고, 점차 많은 사람에게 사랑받으며 본격적으로 비즈니스를 시작했다. 그리고 이러한 내 삶의 이야기 자체가 사업의 콘텐츠가 됐다.

로빈 니블릿 Robin Niblett
채텀하우스 소장

세계의 상호의존성이 높아진 현재 21세기 냉전은 불가능하고 일어나서도 안 된다. 몇몇 나라의 노력만으로는 기후변화 같은 인류의 큰 문제를 해결할 수 없다. 마찬가지로 미국과 유럽의 노력만으로는 아프리카 경제발전을 이뤄낼 수 없다. 대두되는 세계의 문제를 해결하기 위해서는 중국의 힘이 절대적으로 필요하다. 글로벌 싱크탱크들의 협력 또한 절실하다.

CONTENTS

II. 세계 경제 진단과 새로운 성장 방정식

III. 글로벌 거버넌스 붕괴 위기와 뉴 리더십

IV. 세계 질서의 새로운 중심축, 원아시아의 미래

V. 불확실성 시대의 새로운 투자 전략

VI. 글로벌 난제와 공동 번영의 길

Ⅶ. 즐거운 인생을 위한 지식혁명 5.0

KNOWLEDGE
REVOLUTION 5.0

I

지식혁명 5.0이 이끄는
기술 혁신의 미래

인류 공동번영을 위한 지식혁명

손영권 삼성전자 사장 & **제리 양** 야후 공동창업자

손영권

삼성전자 사장 겸 최고전략책임자csO이자 하만 이사회의 의장이다. 글로벌 혁신과 투자, 신규 비즈니스 창출 전략 및 개발을 주도하며 80억 달러 규모의 하만 인터내셔널 인더스트리 인수를 이끌었다. 삼성전자에 합류하기 전에는 오크 테크놀로지Oak Technologies, 인파이 코퍼레이션Inphi Corporation 등의 CEO를 맡았다.

제리 양

야후의 공동창업자이자 현재 AME클라우드벤처의 창업파트너다. 양 창업자는 정보통신 산업, 클라우드 산업, 하드웨어 산업이 발전하면 할수록 기업들에 훨씬 더 다양한 기회가 주어질 것이라는 믿음을 갖고 있다. 1995년 야후를 설립하고 2012년까지 핵심 경영진으로 활동했다. 야후재팬과 중국 알리바바와의 관계 구축에 중추적 역할을 하며 야후가 중국과 아시아 전역으로 확장할 수 있도록 했다. 현재 알리바바, 레노버의 이사로 활동 중이다.

"기술에 대한 '신뢰'를 회복하는 게 어려운 문제가 됐다. 기술적인 알고리즘 디자인을 잘하는 것뿐 아니라 윤리, 불평등 전문가, 일자리 창출 전문가들이 기술 초창기에 참여해야 한다." 제리 양 야후 공동창업자는 제20회 세계지식포럼 '목적이 있는 기술과 혁신' 세션을 통해 이같이 밝혔다. 그는 손영권 삼성전자 사장(최고전략책임자·CSO)과 가진 대담을 통해 현재 상황이 그가 야후를 창업할 때의 인터넷 환경과 매우 다르다고 진단했다.

제리 양 창업자는 "구글, 아마존 등 대형 플랫폼은 오히려 강력한 규제 때문에 대기업이 겪는 어려움이 있다"며 "반면 플랫폼 업체들은 클라우드 환경 등에 따라 빠르게 회사를 설립할 수 있다"고 설명했다.

제리 양은 대만 출신 이민자로 전 세계 최초 포털 서비스인 야후를 창업하며 인터넷 시대 부흥을 이끌었다. 더불어 그는 지난 2005

년 태동기에 있던 알리바바에 10억 달러를 투자하고 40%의 지분을 취득했다. 이후 그는 차세대 IT 기업가를 발굴하고 양성하기 위해 노력하고 있다.

그는 자신이 야후를 창업하던 지난 시절을 이렇게 회고했다. "나는 당시 스탠퍼드 대학의 빠른 인터넷 인프라를 접했고, 손정의 소프트뱅크 사장을 알게 됐으며, 첫 중국 여행에서 마윈 알리바바 창업자를 만나는 등 운이 매우 좋았다. 그때와 달리 현재는 대형 플랫폼들이 스타트업의 장점을 살려 여러 기업과 함께 파괴적인 기술을 만들어 낼 수 있다."

야후는 2006년 7월 페이스북에 인수 제안을 했다. 양 창업자는 당시 페이스북 인수 기회를 얘기하면서 현재 소셜 미디어의 장단점을 이렇게 진단했다. "페이스북 인수 당시 소셜이라는 트렌드는 굉장히 중요했고 나는 그 변화의 과정을 눈앞에서 목도 했다. 초창기에는 유저들이 찾고 싶은 사람들을 찾거나 희소병 환자들끼리 커뮤니티를 만드는 등 각자의 경험을 공유하는 데 SNS를 이용했다. 이는 소셜 커뮤니티의 긍정적인 면이었다. 그러나 반대로 에코 체임버(반향) 효과가 만들어지기도 했다. 시간이 지나자 생각이 같은 사람이나 아이디어가 비슷한 사람들끼리만 모이게 됐고, 이는 유저들이 다양한 생각과 사고를 접하지 못하는 결과를 만들었다."

양 창업자는 "신뢰를 구성하는 기본 개념이 바뀐 것 같다"고 말했다. 사람들은 페이스북뿐만 아니라 출처를 알 수 없는 다른 소셜 미디어의 정보를 신뢰하지 않게 되었다. 과연 소셜 업체들이 내 개인

정보를 제대로 관리하는가 하는 의문을 갖게 된 것이다. 그는 "과연 이것이 진정한 소통인지 반문하게 됐다"며 "사회에 필요한 신뢰라는 개념에 대해 다시 생각해볼 필요가 있다"고 진단했다.

이날 대담을 진행한 손영권 사장은 'DATA.I.'라는 용어를 제시했다. 이는 데이터와 AI를 합친 용어로, 자율주행, 보험, 헬스케어 등 우리 가까이에 있는 모든 것에 데이터와 AI가 중요한 역할을 한다는 뜻에서 만든 용어다. 손 사장은 우리가 기술에 영향을 주는 것이 아니라 기술이 우리에게 영향을 미치는 시기가 됐다고 평가했다.

그는 "현재 모든 기술이 원자 단위와 비트 단위로 변화하고 있다. 그러나 전 세계 인구의 50% 이상이 여전히 인터넷을 사용하지 못한다"며 "이러한 점을 고려한다면 데이터와 인공지능은 여전히 가능성이 많은 시장"이라고 말했다.

손 사장은 한국 기업 간 상호유기적인 협업을 강조했다. 삼성이 SK하이닉스, LG전자 등 다른 한국 대기업과 상호 의존성을 높여야 한다는 얘기다. 손 사장은 협업을 통해 여러 가지를 익혀야 작은 규모의 한국 시장을 벗어날 수 있다고 강조했다.

유니콘에게 듣는 글로벌 스케일업 전략

김봉진 우아한형제들 공동창업자 外

김봉진

우아한형제들 공동창업자.

에릭 위안

줌 비디오 커뮤니케이션의 창업자이자 CEO.

플뢰르 펠르랭

코렐리아 캐피탈의 설립자 프랑스 통상관광 국무장관과 문화부 장관을 역임했다.

에릭 벤하무

40년 이상 IT산업에 종사한 IT 베테랑. 2003년 벤하무 글로벌 벤처BGV를 창업했다.

안상일

하이퍼커넥트 대표. 글로벌 영상 메신저 앱 '아자르Azar'의 성공을 이끌었다.

남태희

스톰벤처스의 공동창업자이자 대표.

"기술산업 무대에서 성공 기회를 창출하기 위해서는 초 현지화와 협업이 필수 요소다."

제20회 세계지식포럼의 '코리아 스케일업' 프로그램은 '글로벌 에코 시스템에서 성공하기', '기업의 혁신적 스케일입', '유럽에서 스케일업 기회 찾기', '성공한 한국 스타트업들의 글로벌 스케일 전략' 등 세부 세션으로 나누어 진행됐다.

프로그램에 연사로 참여한 제리 양 야후 창업자는 손영권 삼성 전자 사장에게 미래 인터넷의 발전 방향을 물었다. 양 창업자는 "IT 역사를 생각해볼 때 애플을 제외한 나머지 회사들은 길어야 20년에서 25년 정도다. 그러나 지금은 그 어느 때보다 빠르게 회사를 설립하고 성장시킬 수 있는 시대이기도 하다"고 대답했다. 더불어 그는 대기업들이 시장에서 강력한 지위를 가진 것은 사실이지만, 시장 자체가 굉장히 개방된 현재는 스타트업들도 충분히 약진할 수 있다고 강조했다. 그러나 유럽과 미국에서는 인터넷에 대한 강력한 규제들이 이어지고 있기에 플랫폼 회사들도 전통적인 기업만큼이나 규제 관리에 많은 에너지를 쏟고 있다고 덧붙였다.

양 창업자는 스타트업의 성공 조건으로 '기회의 포착'을 꼽았다. 현재는 구글, 알리바바 등 거대한 플랫폼이 대기업으로 존재해 그가 야후를 창업했던 때와 많이 달라졌지만, 여전히 몸이 가벼운 스타트업이 새로운 기회를 만들어내기 유리하다는 설명이었다. 스타트업을 위해 조언을 해달라하는 손영권 삼성전자 사장의 질문에 그는 이렇게 답했다. "나는 정말 운이 좋은 사람이었다. 기업가도 투자자도 운이 따라야 한다. 실패를 통해 배울 줄 알아야 하며, 인내심을 갖고 도전해야 한다. 성공한 기업가들을 보면 대게 운과 인내심 모두를 다 갖고 있다. 기회를 잘 포착하고 이를 토대로 사업을 몇 배로 키워야 한다."

중국 진출을 준비하는 한국 스타트업에 대해선 다음과 같이 조언했다. "미디어와 콘텐츠를 제외한 중국의 B2C 시장은 매우 개방적이다. 소비에 대한 사람들의 욕구 또한 엄청나다. 한국이 잘하는 장점을 살린다면 승산이 있을 것이다."

글로벌 에코 시스템에서 성공하기 위한 전략도 논의됐다. 손 사장과 양 창업자는 줌 비디오 커뮤니케이션의 에릭 위안 CEO를 영상회의로 연결했다. 줌은 영상회의 솔루션을 만드는 회사로 지난 4월 나스닥에 싱장했다. 위안 CEO는 "영상회의 솔루션을 만드는 대기업에서 일하다가 이 제품이 편하지 않다는 점에 집중해 단순하게 성공을 거뒀다. 비디오가 미래라는 단순한 스케일업 전략에 집중한 것"이라고 밝혔다.

'유럽에서 스케일업 기회 찾기' 세션에는 플뢰르 펠르랭 코렐리 아캐피털 CEO가 참여했다. 그는 "프랑스 스타트업들이 미국 실리콘밸리의 관심을 받는 데 성공한 만큼 여러 한국 기업과 손잡고 한·유럽 챔피언을 만들어보고 싶다"고 말했다.

이어진 세션에는 '성공한 한국 스타트업들의 글로벌 스케일업 전략'을 주제로 국내 스타트업의 생태계와 글로벌 시장 진출에 대해 논의 하는 시간을 가졌다. 중동을 장악한 모바일 기반 영상 채팅 메신저 '아자르'를 서비스하는 하이퍼커넥트, 배달의 민족을 운영하는 우아한형제들의 대표가 한국 스타트업의 해외 진출 전략을 주제로 이야기를 나눴다.

세션의 좌장을 맡은 김한 알토스벤처스 대표는 "일각에서는 한국 기업들이 글로벌에서 스케일업하는 것이 가능한지 의문을 제기하면서도 국내 내수시장이 작아 글로벌 진출이 필요하다고 말한다. 글로벌 상위 25개 도시를 기준으로 고려할 때 국내 시장이 결코 작은 규모는 아니다"라고 말했다.

배달의민족을 서비스하는 우아한형제들의 김봉진 대표도 처음부터 해외 진출을 고려한 것은 아니지만 새로운 시장에 뛰어드는 도전을 계속 이어왔다고 언급했다. 김 대표는 "처음 2011년 김한 대표(알토스벤처스)로 부터 연락을 받고 해외시장을 생각하게 됐다"면서 "당시에는 국내의 배달 서비스가 유일할 것으로 생각했는데 이미 미국, 영국, 독일 등에도 비슷한 서비스가 있었다"고 회상했다.

김 대표는 해외 진출에 실패한 뼈아픈 경험담을 들려주기도 했다. 배달의민족은 2013년 중국, 2015년 일본에 진출했으나 실패했다.

그는 상하이 인구만으로도 충분한 시장성이 있다고 판단해 가게에 전단을 돌리며 이용자를 확대해나갔다고 한다. 당시 한류 드라마의 인기를 타고 어느 정도 성과를 내는 상황까지는 갈 수 있었다. 하지만 중국 정부가 우리나라 메신저 서비스인 '라인'을 중단시키고 한류 바람이 식으며 사업에 제동이 걸렸다.

김 대표는 "서비스를 아무리 잘 만들어도 외부 환경 때문에 실패할 수 있다는 교훈을 얻었다"며 "외국 기업이 중국에서 플랫폼 서비스를 하는 건 쉽지 않은 일이라는 걸 깨달았다"고 전했다. 일본에서도 비슷한 경험이 있다. 라인과 함께 조인트 벤처를 만들었는데, 라인 기업 공개IPO과정에서 서비스 중단을 결정하게 된 것.

이런 실패 경험을 딛고 김 대표가 새롭게 도전하고 있는 곳은 베트남이다. 현재 배달 앱 업체를 인수해 베트남 시장에서 문을 두드리고 있다. 김 대표는 "베트남 시장의 가능성을 보고 작년에 준비해 호찌민 지역에 서비스를 시작했다. 아주 작고 강하게, 한 지역만 집중적으로 공략하고 있다"고 말했다.

그는 "베트남에서 서비스 이름을 '베민(베트남 민족)'이라고 지었다"며 "베트남 시장 진출 성공 여부와 관계없이 해외시장에 지속해서 관심을 두고 도전할 것"이라고 밝혔다. 김 대표는 시장 상황과 고객은 국가에 따라 다를 수밖에 없지만, 음식은 현지인만 알 수 있는 메뉴나 습관 같은 것이 있다고 설명했다. 그래서 그는 특별히 베트남 현지인이 경영과 관련하여 의사를 결정할 수 있는 구조를 만들었다.

김 대표는 한국 배달시장이 여전히 성장 가능성이 있지만, 경쟁은 치열하다고 진단했다. 그는 "최근 언론에서 우리가 '우버이츠'(우버의 배달 서비스로 최근 한국 철수 결정)를 몰아냈다는 기사를 썼다. 한국은 엄청난 격전지이고 다른 많은 서비스와 싸우고 있지만, 배달의민족은 시장점유율 70%를 달성했고 아직도 성장하고 있다"고 말했다.

이른바 '중동의 카톡'으로 누적 다운로드만 3억 건에 이르는 아자르를 성공시킨 안상일 대표는 "처음 서비스를 론칭할 때만 해도 해외 진출은 생각지도 못했다"고 밝혔다. 하지만 아자르를 운영하는 하이퍼커넥트의 국내 매출은 5%에 불과하다. 전체의 95% 정도는 중동과 유럽 등 해외에서 발생한다. 토종업체로 시작한 아자르는 현재 전 세계 230개국에 19개 언어로 서비스하고 있다. 안 대표는 아자르의 성공에 대해 "운이 좋았다고 생각하지만 그만큼 기존에 경험하지 못했던 기술을 개발하고 혁신적 아이디어로 중무장했기에 세계 시장을 사로잡을 수 있었던 것 같다"고 분석했다.

인류 난제 해결 5G에 달렸다

황창규 KT 회장 外

황창규

KT 회장. 2015년 '세계 최초 5G'를 국제무대에서 선언한 이후 2019년 1월 대한민국의 세계 최초 5G 상용화를 이끌어온 장본인이다. 삼성전자 반도체를 이끌어왔던 황창규 회장은 2002년 당시 '무어의 법칙'을 깨고 반도체 집적도가 1년에 2배씩 증가한다는 '황의 법칙'을 발표하며 세계의 주목을 받았다. 이후 2010년 지식경제부 지식경제 R&D 전략기획단장을 지내고 국가 CTO로서의 임무를 수행했다.

호칸 셀벨

2019년 4월 에릭슨LG의 CEO로 임명되었다. 에릭슨LG CEO를 맡기 전에는 에릭슨 대만 사업 총괄을 맡아 특유의 사업전략과 리더십으로 탁월한 사업성과를 이룬 바 있다. 1990년 에릭슨에 입사한 이래 소프트웨어 개발, 상품기획, 마케팅 및 프로젝트 관리 업무를 포함하여 다양한 분야에서 중책을 맡아왔다.

"5세대 통신기술5G이 보유한 어마어마한 연결성은 4차 산업혁명의 성과가 모든 산업과 개인에게 돌아가도록 만들 것이다."

제20회 세계지식포럼 '5G, 인류 번영을 위한 혁신' 세션에서 미스터 5G 황창규 KT 회장은 5G가 불확실한 경제와 각종 사회문제 해결의 열쇠가 될 것으로 예견했다. 그는 5G를 세계지식포럼의 주제이기도 한 '인류 번영'을 위한 필수 인프라라고 칭했다. 그리고 5G를 바탕으로 인류의 번영과 더 나은 미래를 만들기 위해 전 세계가 힘을 합쳐야 한다고 역설했다.

황 회장은 자타공인 5G 전도사다. 그가 이끄는 KT는 2015년 세계 최대 통신 박람회인 MWC에서 가장 먼저 5G 비전을 선포했는데, 이는 5G에 대한 글로벌 통신업계의 관심을 촉발하는 계기가 됐다. KT는 평창동계올림픽 주관 통신사로서 세계 최초 5G 올림픽을 선보이고, 세계경제포럼WEF 등 국제행사를 활용해 5G에 대한 관심을 촉구해 나가기도 했다.

기술 혁신의 최전선에서 일해온 황 회장은 5G 기술이 산업 현장과 인류의 삶을 획기적으로 바꿔놓을 것으로 내다봤다. 그는 5G 기술을 통해 거대한 야적장을 통합 관리하고, 직원의 안전 확보와 숙련공 부족 문제를 해결하는 조선소의 사례를 소개했다. 아울러 응급상황이 발생하면 자율주행으로 차량을 안전한 곳으로 이동시키고 구급차를 출동시키는 '5G 리모트 콕핏'과 '에어맵 플랫폼'(미세먼지 해결), '감염병 확산방지 플랫폼GEPP' 등의 사례를 통해 5G가 인류에게 닥친 여러 문제를 해결할 수 있다고 내다봤다.

이어 그는 "5G가 커다란 변화를 가져오기 위해서는 데이터에 기반한 AI가 필요하다. 개인은 공익적 목적에 한해 개인정보 활용에 동의하는 등 유연한 접근이 필요하고 기업은 오픈 이노베이션을 통해 기업데이터 활용에 개방적 자세를 취해야 한다"고 강조했다. 아울러 각국 정부에는 5G 활용을 위한 규제를 완화하고, 국제기구에는 올바른 데이터 활용을 위한 가이드를 마련할 것을 요청했다.

황 회장과 함께 세션을 이끈 호칸 셀벨 에릭슨LG CEO 역시 5G 기술이 산업 현장의 변화를 이끌 핵심 인프라가 될 것이란 생각에 동의했다. 그는 5세대 이동통신은 2G·3G·LTE와는 지향점이 다르다는 점을 명확히 했다. 그는 5G 이전 기술이 소비자를 위한 것이라면 5G는 여러 산업의 융합을 위한 것이라고 설명했다. 아울러 5G는 기술 그 자체로는 가치가 없음을 설파했다. 가치를 가지려면 소비자들과 기업에 영향을 미칠 수 있어야 하고, 여러 산업의 융합을 통해 그 가치를 증명해야 한다고 강조했다.

셸벨 CEO는 5G 기술이 4차 산업혁명의 핵심 인프라가 될 것으로 전망했다. 초기에는 미디어, 핫스팟 등 개인용B2C 서비스와 대규모 센서, 대중교통의 고속 인터넷 등 기업용B2B 분야에 사용되고, 중장기적으로는 5G 가상·증강현실VR·AR 게임과 영화, 클라우드 로보틱스, 자율주행 분야에서 사용된다고 내다봤다.

그가 꼽는 5G 기술의 대표 적용 사례는 제트 엔진 내부의 공기를 압축하는 첨단 부품인 블리스크blisk 제작공정이다. 섬세한 공정을 거쳐야 해 통상 전체 제작 물량의 4분의 1은 폐기된다. 그러나 초저지연을 자랑하는 5G 기술을 적용하면 생산과정에서부터 로봇이 불량을 유발하는 진동을 미세 조정할 수 있다. 기존 25%이던 불량률을 15%로 낮출 수 있다는 설명이다.

셸벨 CEO는 "연간 1,000만 개의 공장에서 5G 기술을 통해 1조 5,000억 달러의 비용을 줄일 수 있다"며 "5G 기술은 대량 생산과 개별 맞춤 생산을 동시에 가능할 수 있도록 해 모든 공장을 스마트하게 만들 것"이라고 평가했다.

2019년 4월 초 에릭슨LG CEO로 취임한 그는 취임 직후부터 우리나라 5G 상용화 과정을 지켜봤다. 셸벨 CEO는 "정부와 통신사, 벤더 등 각기 다른 이해관계자들이 '세계 최초 상용화'라는 한 가지 목표를 위해 협력하는 것이 매우 인상적이었다"며 "한국은 단순히 5G를 가장 먼저 상용화했을 뿐만 아니라 혁신에서도 앞서고 있다"고 평가했다.

5G가 연 혁신 기술의 시대

제임스 캐시 퀄컴 글로벌 총괄 사장 & **이준희** 삼성전자 기술전략팀장

제임스 캐시

퀄컴 수석 부사장 겸 글로벌 총괄 사장. 여러 국가의 사업 개발, 운영, 유통 채널 관리, 영업 등 제반 업무를 이끄는 동시에 국가별 사업 관계 구축에도 힘쓰고 있다. 퀄컴 아태·인도 지역 사장을 역임한 그는 해당 지역 내 퀄컴 사업 및 운영 기능 전반을 담당했다. 또한, 17개의 특허를 보유하고 있으며, 국제정보디스플레이학회의 회원으로 활동하고 있다.

이준희

삼성전자의 기술전략팀장. 기업의 커뮤니케이션 프로세서 R&D팀과 모바일 커뮤니케이션 사업을 이끌고 있다. 이 팀장의 주력 분야는 첨단 커뮤니케이션 기술과 기존 LTE MIMO 안테나 시스템, 5G 네트워크다. 또한, eSIM 카드나 IoT 기술처럼 커뮤니케이션 장치에 적용될만한 디지털 기술개발 역시 맡고 있다.

　"전기가 산업 시대를, 인터넷이 정보 시대를 몰고 왔죠. 이젠 5세대 통신기술5G이 '혁신 기술 시대'를 열 것입니다."

　제20회 세계지식포럼 '5G의 미래' 세션에 참석한 제임스 캐시 퀄컴 글로벌 총괄 사장은 "5G가 단순히 통신 속도를 빠르게 하는 것에서 그치는 것이 아니라, 새로운 기기의 발명을 촉진하고 산업 전반을 근본적으로 바꿔놓을 것"이라고 역설했다. 캐시 총괄은 이동통신 분야에서만 약 2만 5,000개 특허를 보유한 퀄컴의 글로벌 수장이다. 퀄컴은 독점적인 기술을 바탕으로 5G 시장을 선도해나가고 있다. 퀄컴의 5G 기술이 탑재된 기기들은 2019년 5월 대비 9월에 2배 증가했고, 퀄컴 5G 칩셋을 사용하는 기기 종류는 150개를 넘어섰다. 소비자는 퀄컴의 '스냅드래건(스마트폰 반도체 브랜드)'이 탑재된 핸드폰인지 아닌지에 따라 프리미엄 제품 여부를 판단하기도 한다.

캐시 총괄은 먼저 5G가 엄청난 경제적 가치를 창출할 것으로 내다봤다. 그는 "3G는 세계적으로 1,000억 달러, 4G는 3조 달러의 경제적 가치를 각각 창출한 것으로 나타났으며, 5G는 이보다 더 많은 12조 달러의 경제적 가치를 낼 것으로 조사됐다"고 소개했다. 이어 그는 "다시 말해 일자리가 수천만 개 생겨날 것이고 통신 속도는 기존 LTE보다 20배는 빨라진다는 의미"라고 덧붙였다.

이어서 그는 5G가 응답속도를 매우 빠르게 하기에 몰입감 넘치는 가상현실·증강현실 서비스를 가능하게 한다고 말했다. 5G가 중앙처리장치CPU나 그래픽처리장비GPU 등 클라우드 컴퓨팅을 통해 업무를 구현하게 하는 등 완전히 새로운 설계 방식을 가능하게 할 것으로 예측하기 때문이다. 그는 "수십억 개의 기기들을 한 번에 연결할 수도 있기에 사물인터넷 역시 확장될 것이다. 5G는 완전히 새로운 비즈니스 기회를 제공할 것"이라고 전망했다. 이 외에도 캐시 총괄은 자율주행차와 게임 스트리밍, 산업용 로봇 등의 발전 가능성을 언급하기도 했다.

이날 세션에 참석한 이준희 삼성전자 무선사업부 기술전략팀장 역시 같은 의견을 내놓았다. 이 팀장은 "5G가 완전히 새로운 시청 경험을 제공하고 사용자 개개인에게 딱 맞춰진 몰입 경험을 선사할 것"이라며 "5G 덕분에 증강현실이 우리의 일상이 될 것이며 스마트 도시로 나아가게 될 것"이라고 내다봤다.

캐시 총괄은 5G가 제공하는 '연결성' 덕분에 개발도상국에서 새로운 사업 기회가 열릴 거라고 전망했다. 그는 "개발도상국들이 4G

를 도입할 땐 적게는 3년 많게는 7년 이상이 걸렸다. 반면 5G는 당장 내년부터 시범사업을 준비하는 국가가 많다"고 말했다. 그는 "더 구체적으로 들어가 보면 5G는 4G 때와 대비해 무려 5배 이상으로 빠르게 활동이 전개되고 있다. 4G 때는 딱 4개 이동통신사의 상용화로 시작했지만 5G는 현재 20개 이동통신사와 제조사들이 이미 상용화에 나섰거나 준비 중"이라고 설명했다.

캐시 총괄은 5G 시장을 주도하기 위해선 글로벌 표준을 선점하는 게 무엇보다 중요하다고도 밝혔다. 표준을 만든다면 사업을 확장할 기회가 많아져서다. 실제 퀄컴은 표준필수특허를 다수 보유해 '특허 공룡'이란 별명도 갖고 있다.

캐시 총괄은 "퀄컴은 창사 이래 R&D 분야에만 510억 달러 이상을 투자했고 지금도 연간 매출의 25% 정도를 개발 비용으로 재투자하고 있다. 퀄컴은 기술이 필요하거나 도입되기 수년 전부터 개발에 착수하는데 이는 사실 매우 큰 리스크를 감수하는 것"이라고 설명했다.

이어 그는 "많은 기업이 연구 개발에 투자한 결과물을 자사만을 위해 사용하곤 한다. 반면 퀄컴이 개발한 기술은 시장에 선보여지며 업계 전반에 걸쳐 공유된다. 이는 인프라, 제조사, 이동통신사 등 산업 생태계 전반에 걸쳐 긍정적 영향을 준다"며 "개발한 기술을 많은 기업과 공유하는 만큼 앞으로 별명이 '최대 조력자'로 바뀌었으면 좋겠다"고 말했다.

한국이 초기 5G 시장을 선점할 방법에 대한 질문에 캐시 총괄은

"한국은 이미 매우 성공적인 5G 시장을 구축했다"고 말하며 한국이 5G 인프라를 빠르게 구축하는 건 물론, 벌써 300만 이상의 5G 가입자를 보유하고 있다는 사실에 놀라움을 표했다.

캐시 총괄은 퀄컴이 한국 기업과도 협력하고 있다고 밝혔다. 그는 "퀄컴은 국내 이동통신사는 물론 삼성과 LG, 현대기아차, 네이버 등 주요 한국 기업과 협력을 이어가고 있다. 많은 중소기업과 협력을 확대하는 데도 관심이 크다"고 말했다. 그는 5G 기술을 바탕으로 한 게임과 엔터테인먼트 분야에서의 협력 가능성도 내비쳤다.

삼성과 화웨이 등이 5G 칩셋 시장에 연달아 뛰어들어 퀄컴의 입지를 흔드는 것이 아니냐는 질문에 대해선 "세계적 회사들과 오랜 시간 긴밀한 협력 관계를 이어왔다. 칩셋 제조사 대다수가 안정성을 위해 투 트랙 조달을 선호할 것"이라고 대답했다.

마지막으로 캐시 총괄은 5G 시대의 정부 역할에 대한 질문에 주파수를 배정하는 계획이 중요함을 강조했다. 5G는 앞으로 수년간 활용될 예정이기에 초기에 올바른 주파수를 배정하도록 정돈된 계획이 필요하며, 3GPP등 표준 정책을 수용하는 것 또한 중요하다고 밝혔다.

슈퍼인텔리전스 시대가 올까

닉 보스트롬 옥스퍼드대학교 인류미래연구소 소장

닉 보스트롬

옥스퍼드대학교의 철학과 교수이자, 인류미래연구소의 설립 이사, AI 전략리서치센터의 총괄을 맡고 있다. 《인류의 편견Anthropic Bias》, 《글로벌 파국적 리스크Global Catastrophic Risks》, 《인간의 진보Human Enhancement》, 《슈퍼인텔리전스Superintelligence: Paths, Dangers, Strategies》 등 200개의 저서를 출간했다. 보스트롬은 물리학, 컴퓨터 신경과학, 수학 논리학, 철학 등 다방면의 분야에 지적 기반을 두고 있으며, 매년 전 세계의 뛰어난 한 명의 학자에게 수상하는 Eugene R. Gannon 상을 받았다. 그는 미국 외교지 〈포린 폴리시Foreign Policy〉가 선정한 세계 100대 사상가, 영국 〈프로스펙트 매거진Prospect magazine〉에서 선정한 세계 사상가 리스트에 이름을 올렸다. 그의 저작물은 24개 언어로 번역되었다.

닉 보스트럼 옥스퍼드대학교 인류미래연구소 소장의 베스트셀러 《슈퍼인텔리전스》는 다가오는 인공지능 혁명이라는 주제에 관해 전환점 역할을 해냈다. 전 세계적으로 새로운 연구를 촉진했고 관련 업계 인사들에게 상당한 영향을 미쳤다.

제20회 세계지식포럼 인공지능 현주소와 미래 세션에서 보스트럼 소장은 2014년 이후에 진행된 인공지능의 발전 과정과 인공지능 혁명이 갖는 의의 그리고 이에 대한 전망을 이야기했다.

보스트롬은 물리학과 컴퓨터 신경과학, 수학, 논리학, 철학 등 다양한 분야에 조예가 깊다. 빌 게이츠는 AI의 현재를 알고 미래를 내다볼 때 읽어야 할 책으로 그의 책 《슈퍼인텔리전스》를 꼽았다. 보스트롬 소장은 AI가 초지능(인간의 지능을 뛰어넘는 수준)이 되는 시점에 대해선 신중한 태도를 보였다. 그는 "어떤 사람은 10년 안에 특이점에 도달한다고, 또 다른 전문가는 수백 년이 걸린다고 말한다. 그러나 인간이 예상하지 못한 시점에 초지능은 등장할 것"이라고 말했다. 보스트롬 소장은 AI가 앞으로 인간의 일자리를 빼앗을 수 있다는 우려에는 긍정적인 전망을 내놨다. 그는 "만약 모든 인류의 노동을 기계가 대신한다면 인간이 소득을 어떻게 벌어들일지 문제이지만, AI를 통해 경제가 폭발적으로 성장하고 정치적인 조정이 있다면 대혼란은 생기지 않을 수 있다"고 설명했다. 다만 그는 앞으로는 AI가 노동시장에 미치는 영향이 지금까지와는 달라질 거라고 예측했다. 이런 변화와 더불어 사람들은 자동화하기 어려운 일자리를 찾아야 하고 정부는 그와 관련된 교육을 제공해야 할 것이라고 말했다.

기후변화에 대해서 그는 "인류 존재를 위협하는 건 지구가 지능 있는 생물을 더 만들지 못하는 상태라고 생각한다. 인류 멸망으로 가는 길을 묻는다면 기후변화는 문제가 될 만한 가설"이라고 지적했다. 이어서 그는 "AI가 과학기술 발전에 도움이 되는 건 분명하다. 연료 효율 차량을 만들거나 냉·난방 효율을 높이는 등 AI를 활용해 기후변화에 대처할 수 있다"고 덧붙였다.

그는 한국이 AI 국가로 발전하려면 딥러닝 같은 기초 연구를 하는 국가 조직이 필요하다는 조언도 했다. 기초 연구와 반도체 생산 기술 등 한국의 소프트웨어와 하드웨어를 접목하면 큰 성과가 날 수 있다는 이야기다. 보스트롬 소장은 "한국은 반도체 생산에서 세계적으로 앞서는데 이러한 능력을 갖춘 국가는 많지 않다"며 "세계적으로 AI칩 개발에 관심이 많은 만큼 한국도 AI 연구자와 하드웨어를 설계하는 이들의 협업이 중요하다"고 강조했다.

광주 케이스 스터디:
혁신 성장 이끄는 AI 클러스터

제이 리 폭스콘그룹 부회장 & 김기선 광주과학기술원 총장 外

제이 리

폭스콘그룹 부회장이자 신시내티대학의 석좌교수. 미국 국립과학원 산업-대학 공동연구 센터가 후원하는 IMS 센터의 초대 국장이다. 그는 2016년 SME가 선정한 30명의 스마트 제조업의 선구자 중 한 명으로 이름을 올렸다.

김기선

광주과학기술원GIST 총장. 1994년 광주과학기술원에 부임 후 개원 멤버로 25년간 재직 중이다. 현재 세계화 4.0에 관심을 두고, 광주광역시가 중심이 되는 AI 혁신 클러스터 사업의 싱크탱크를 운영한다.

"AI 클러스터를 통해 자동차를 포함한 기존 산업 발전을 일으키 겠다."

제20회 세계지식포럼 'AI시티 성공의 조건 혁신과 클러스터링' 세션에서 기조 발제에 나선 김기선 광주과학기술원 총장은 이같이 말했다. 이날 세션에서 그는 광주광역시가 심혈을 기울이고 있는 인공지능 대표도시 조성에 대한 계획과 포부를 들려줬다.

광주과학기술원은 광주광역시와 함께 첨단3지구에 2020년부터 2024년까지 5년간 사업비 4,061억 원이 투입되는 'AI 중심 산업융 합 집적단지 조성사업'을 추진한다. 광주지역 3대 특화 분야인 헬스 케어·자동차·에너지를 중심으로 AI 성장동력을 확보할 계획이다. 광주의 데이터 사업 경쟁력을 높이기 위해 AI 중심 데이터센터 또 한 구축할 예정이다.

인공지능 중심 산업융합 집적단지 조성사업은 인공지능 핵심 요소인 데이터, 알고리즘, 컴퓨팅 파워 등을 포함하는 인프라 지원, 창업 및 기업지원, R&D 기술지원을 목표로 한다. 이를 통해 광주의 주력산업 견인 및 인공지능 분야 글로벌 경쟁력 강화를 도모하겠다는 구상이다.

김 총장은 "광주와 광주과학기술원은 미래를 위한 신성장동력을 만들고 핵심 기술 개발을 위해 AI 단지 조성에 온 힘을 다하고 있다"며 "세계적 수준의 AI 연구 역량과 인프라 스트럭처를 구축해 광주가 우리나라 대표 AI 도시로 우뚝 성장하길 기대한다"고 밝혔다.

이용섭 광주시장 역시 광주형 인공지능 비즈니스 모델을 성공시켜 광주를 '인공지능 4대 강국 대한민국'의 허브 도시로 만들겠다고 밝혔다. 이 시장은 "인류 역사상 세 번의 산업혁명이 있었고, 그때마다 세계 경제패러다임이 재편되면서 국가의 운명이 바뀌었다. 이제 광주가 나서 대한민국의 4차 산업혁명을 선도하기 위해 선제적 노력을 기울이고 있다"고 소개했다.

이 시장은 "9월 23일 국내외 내로라하는 인공지능 전문가 20여명과 함께 '인공지능 중심도시 광주 만들기 추진위원회'가 출범했다"며 "10월 6일에는 인공지능 관련 기업들과 미국 실리콘밸리를 방문해 기업 간 네트워크를 구축하고 세계적인 연구소들과 긴밀한 연대협력을 위한 첫 만남을 가질 예정"이라고 소개했다.

이 시장은 "과거에 아무도 가보지 않는 길을 열어 광주형 일자리 모델을 성공시켰던 것처럼, 이제는 '광주형 인공지능 비즈니스모델'을 성공시키겠다"며 "산을 만나면 길을 내고, 물을 만나면 다리를 놓겠다는 봉산개도 우수가교逢山開道 遇水架橋의 각오로 미래를 향해 한 발 한발 내디디고 있는 광주를 응원해 달라"고 당부했다.

이날 세션에서는 미래를 결정지을 인공지능의 역할과 관련 산업에 관한 다양한 의견들이 제시됐다.

김 총장은 "AI 산업이 성공하기 위해서는 혁신과 협업, 비판적 사고, 근본적 문제 해결이 함께 이루어져야 한다"며 "광주가 추진하고 있는 AI 클러스터를 통해 이를 성공적으로 실현하고 이를 대한민국 전역으로, 해외로 확장해 나가겠다"고 말했다. 더불어 그는 스타트업을 집중하여 육성할 것이며, 광주 AI 혁신 클러스터에서 연구 중심, 벤처 육성 등의 전통을 이어가겠다고 강조했다.

광주과학기술원은 최근 국내·외 인공지능 연구 개발을 선도할 박사급 인재양성을 위해 집중적으로 AI 전문가 전임 교원을 확보했다. 이들과 함께 신입생 선발 준비 과정을 마치고 2020년 3월 개원을 목표로 한다.

광주과학기술원 AI 대학원은 글로벌 AI 혁신 인재를 양성하기 위해 실증 데이터와 인프라에 기반을 둔 AI 소프트웨어, 하드웨어 핵심–심화학습, 기술 실증–창업지향 현장연구 등을 수행하는 석·박사통합과정 중심으로 운영된다. 또한, 글로벌 수준의 AI 기초 핵심 분야와 함께 건강관리, 자동차, 에너지 등 3대 특화 분야를 중심으로 융합형 교육·연구를 수행할 계획이다. 광주 첨단3지구에 조성될 'AI산업융합집적단지'와의 시너지도 창출될 것으로 기대된다.

이 세션에 연사로 참석한 테크 인류학자 트리샤 왕은 AI 클러스터 성공 조건을 이야기했다. 그는 "샌프란시스코와 보스턴에 모두 대학을 기반으로 한 혁신센터가 있지만, 실리콘밸리 문화가 결과를 만들어냈다"며 "협력과 공유를 통해 오픈소스를 이용하는 문화가 창의적인 팀을 만들었다"고 덧붙였다.

그는 "인터넷 기술이 산업으로 이어지고 실제 대중에게 가기까지 수십 년이 걸렸다"며 "AI가 더 발전하기 위해선 기술뿐 아니라 창의적 팀과 접근법이 필요하다"고 말했다.

서든컴퍼스 공동창업자이기도 한 트리샤 왕은 "실리콘밸리가 세계적으로 기술개발의 성지가 된 것은 전문가 외에 협력과 소통, 정보 공유가 있었기 때문"이라며 "AI 도시를 만드는 일도 유능한 기술자 외에 인류학자, 철학자, 예술가 등 창의적인 사고를 하는 사람들의 협업이 필요하다"고 강조했다.

제이 리 폭스콘그룹 부회장은 빅데이터의 중요성을 강조했다. 그는 "AI는 인류와 계속 함께할 것이다. 처음부터 너무 크게 접근하기보다 실행할 수 있는 프로젝트를 성공시켜서 공신력을 키워야 한다"고 조언했다. 더불어 그는 산업용 AI는 타 분야 AI와 다르다고 설명했다. 그는 시스템적인 엔지니어링을 통해 같은 결과를 도출해야 하고, 업계가 AI에서 얻을 수 있는 효과가 예측 가능해야 함을 강조했다.

양자컴퓨터와
컴퓨터 패러다임의 대전환

엄경순 한국IBM 전무 & **박경덕** 카이스트 교수

엄경순

엄경순 전무는 소프트웨어 개발, 기술 엔지니어 등 다양한 분야에서 20년 이상의 경력을 쌓은 IT 전문가다. 2017년 한국IBM 최고기술경영자cto가 되었으며, 2019년에는 아시아 IBM CTO로는 최초로 IBM이 혁신적인 기술 리더에게 수상하는 Distinguished Engineer로 선정되었다.

박경덕

2018년 전기공학 교수로 카이스트에 합류했다. 현재 퀀텀 머신 러닝과 퀀텀 시뮬레이션 등 양자컴퓨팅 분야에 관한 연구를 진행하고 있다.

"양자 컴퓨팅이 삶을 획기적으로 발전시킬 것이다."

20세기에 시작된 컴퓨팅과 IT 발전은 지금까지 현대 사회를 급격하게 변화시켜왔고, 변화는 지금도 계속되고 있다. 현재 우리는 예전과 비교할 수 없을 정도로 서로 연결돼 있으며 디지털 세상은 방대한 데이터를 제공해준다.

빅데이터로의 접근성은 AI 기술 성장을 가능케 했고 AI 기술은 빅데이터의 효율적 분석을 통한 문제 해결 능력의 발전으로 이어지고 있다. 하지만 고전 컴퓨팅이라고도 불리는 현재의 컴퓨팅 패러다임은 곧 한계에 다다르게 될 것이라는 관측에 무게가 실린다.

반면 20세기 초부터 발전된 양자역학은 원자 단위에서 일어나는 자연법칙을 가장 정확하게 설명하는 이론이다. 흥미롭게도 양자역학적 성질은 우리가 평소 일상에서 겪는 물리적 법칙과는 매우 다르다.

제20회 세계지식포럼 'AI의 미래: 양자컴퓨팅' 세션의 좌장을 맡은 박경덕 카이스트 교수는 양자역학을 활용한 컴퓨팅에 관해 다음과 같이 설명했다. "예를 들어 양자 입자들은 다른 두 곳에 동시에 존재할 수 있고, 파동처럼 행동하며, 고전역학으로는 이해할 수 없는 방식으로 상호 작용한다. 양자역학은 정보처리와 연관성이 있다. 양자역학 컴퓨팅을 활용하면 엄청난 양의 정보를 동시에 처리할 수 있다. 마이크로 세컨드, 밀리세컨드 단위로도 정보처리가 가능하다. 이는 현대 기술에서 도달하지 못한 양이다."

양자 컴퓨팅은 양자의 효과를 엄청난 기회로 보고, 이를 효율적이고 강력한 정보처리를 위한 도구로 이용한다. 양자 컴퓨팅 기술 발전의 속도가 현재의 상태로 계속 유지된다면, 10년 안에는 고전 컴퓨팅 역량을 능가하는 양자 컴퓨터가 상용화될 것으로 예상된다.

박 교수는 양자 컴퓨팅을 통해서 최적의 의사 결정을 내리는 방법을 알 수 있다고 전했다. 복잡한 패턴을 인식하여 머신 러닝과 양자역학을 합치게 된다면 오류도 줄이고 정확도를 높일 수 있다는 것이다.

양자컴퓨터는 인공지능, 화학, 제약, 머신 러닝, 금융, 물류, 교통 등 다양한 분야에서 혁신을 이룰 것으로 기대된다. 디지털 컴퓨터로는 어려웠던 다양한 분자 구조를 분석해 신약이나 신소재 개발에 적용할 수도 있다. 인공지능은 양자컴퓨터로 얻은 월등한 연산능력과 빠른 기계학습으로 목표 성능 수준에 쉽게 도달할 것이다. 금융 포트폴리오 분석이나 복잡한 동선 관리가 필요한 물류 등에서 최적 결과를 신속하고 정확하게 도출할 수 있다.

2019년 5월 보스턴컨설팅그룹BCG이 발간한 보고서 〈컴퓨팅에서 양자 도약이 온다The Coming Quantum Leap in Computing〉를 보면 양자컴퓨터 시장은 2035년까지 약 2조 원 규모로 성장할 것으로 보인다. 이후 성장 속도가 더 빨라져 2050년에는 약 281조 원까지 시장이 커질 것으로 전망됐다. BCG가 발표한 보고서에 따르면 그간 양자컴퓨터는 먼 미래에서 상용화될 것이란 처음 예측과 달리 최근 제약·화학 업계를 중심으로 기술 적용 가능성이 확대되고 있다고 한다.

양자 컴퓨팅 상용화를 위한 남은 과제는 오류를 낮추는 것이다. 박 교수는 양자역학 최대의 적은 '양자가 가지고 있는 속성 그 자체'라고 했다. 문제를 해결하기 위해서는 양자 간섭이란 것을 사용해야 하는데, 원하는 답만 추출하려면 엄청나게 많은 데이터 속에서 속성을 구성해야 한다.

엄경순 한국 IBM 전무는 2019년 1월 CES(라스베이거스에서 열리는 세계 최대 전자제품 전시회)에서 공개한 IBM Q를 소개했다. IBM Q는 IBM 퀀텀 컴퓨터 브랜드인데, 기존 시스템과 비교했을 때 정확도를 2배로 높였고, 안정성과 신뢰성도 한 단계 업그레이드했다.

뇌과학과 AI의 발전이 탄생시킬
미래의 신사업

이대열 존스홉킨스대 신경과학과 블룸버그 특훈교수

이대열

미국 존스홉킨스대의 블룸버그 특훈교수로 신경과학과, 심리 및 뇌과학과, 그리고 크리거 정신·뇌 연구소에 재직 중이다. 의사 결정 과정에 관한 뇌의 메커니즘을 연구하는 세계적인 신경과학자로, 서울대 경제학과를 졸업한 뒤 미국 일리노이대 대학원에서 신경과학을 전공했다. 〈사이언스〉, 〈네이처〉 등의 저널에 100편 이상의 논문을 발표했으며 〈신경과학 저널〉의 편집자로 활동했다. 현재는 〈이-라이프〉의 편집자로 활동 중이다. 2017년 4월 한국어로 출간된 첫 저서 《지능의 탄생》은 2019년 영어판과 중국어판이 출간될 예정이다.

뇌과학은 4차 산업혁명 시대에 가장 유망하다고 평가받는 분야 중 하나다. 글로벌 시장조사기관 리서치앤드마켓츠는 글로벌 신경기술Neurotechnology 시장이 2018년 84억 달러 규모에서 2022년 133억 달러로 커질 것이라 내다본다.

제20회 세계지식포럼 '인사이트 30 : 뇌과학과 AI의 발전이 탄생시킬 미래 신사업' 세션에서는 이대열 미국 존스홉킨스대 블룸버그 특훈교수가 연사로 참여해 현재 신경기술을 비롯한 뇌과학이 어느 정도 수준까지 왔는지, 앞으로 어떻게 발전할지 등을 논의했다.

이 교수는 뇌과학 분야의 잠재력이 크다는 점을 알리며 강연을 시작했다. 그는 뇌가 인체 기관 중에서 가장 연구가 덜 진행된 된 분야이며, 기계를 비롯한 다른 존재가 대체하기 가장 어려운 기관이기도 하다는 점을 지적했다. 미국의 의료비용 비율은 국내총생산과 비교했을 때 해가 갈수록 높아지는데, 그 의료비용의 3분의 1은

뇌를 고치거나 성능을 끌어올리는 데 쓰인다. 이 교수는 머지않아 우리가 벌어들이는 돈 전체의 10분의 1을 뇌를 위해 쓰는 날이 올 것이라고 내다봤다.

그는 이어서 뇌 과학이 이미 여러 분야에서 활용되고 있음을 설명했다. 전극을 활용해 강박증을 비롯한 몇몇 질환을 치료하거나 척수를 다쳐 팔을 움직일 수 없는 사람이 음료를 마실 수 있도록 돕는 치료 방식은 이미 미국 식품의약처FDA 승인을 받아 쓰이고 있다고 한다.

'앞으로 뇌과학이 발전함에 따라 무엇이 가능해지는가'라는 질문에 그는 "상상하기 나름이다. 가능성은 무궁무진"하다고 답했다. 뇌와 기계가 직접 소통할 수 있게 되면 사람 마음을 읽고 스스로 운전하는 자율주행차처럼 그동안 공상과학 영화에서나 가능하다고 받아들여지던 기술이 현실화될 수 있다는 게 그의 설명이다.

과거에는 뇌 신호를 감지하는 전극 1~2개를 써 연구하는 데 그쳤다면 이제는 8개까지 동시 활용할 수 있다고 한다. 이 교수는 현재 투자 속도라면 기계와 뇌가 직접 소통할 수 있기까지 20~50년가량 소요될 것으로 보인다고 답했다. 그러나 투자 규모가 획기적으로 늘고 인력이 모인다면 10년 안에도 가능할 수 있다고 덧붙였다.

뇌 과학 분야에서 눈여겨봄 직한 기업으로는 '뉴로게이저'와 '뉴럴링크'를 언급했다. 뉴로게이저는 2018년 여름부터 10~15세 아동의 뇌 영상을 촬영해 데이터를 축적해왔다. 현재 500명가량의 데이터를 모았으며 2019년 2월에는 한국에서 처음으로 10~15세 어린이의 뇌 지도를 만들기도 했다. 머신러닝, 인공지능 등을 이용해 개발한 알고리즘으로 뇌 영상 데이터를 만들고, 치매나 ADHD, 자폐증을 비롯해 아동과 노년층에서 발병률이 높은 질병을 예측하는 방법을 연구 중이다.

뉴럴링크는 전기차 업체 테슬라 CEO인 일론 머스크가 지난 2016년 만든 회사다. 2019년 7월 두뇌와 컴퓨터를 연결하는 기술을 개발 중이며 2020년 중 인체 실험을 계획하고 있다고 발표해 관심을 모았다. 이 기술을 활용해 사람이 생각만으로 스마트폰을 제어할 수 있도록 한 뒤 향후 로봇팔 등 더 큰 장비로 확대해나가겠다는 계획이다. 장기적으로는 뇌 확장 이식 수술, 뇌 장애 치료 등을 가능케 하는 것을 목표로 삼고 있다.

중국 AI 대표 기업이 들려주는
가능성의 시대

도란다 두 아이플라이텍 수석부사장

도란다 두

아이플라이텍 수석부사장. 광저우시의 중국인민정치협상회의 일원이자 광동지식혁신협회의 회장을 맡고있다. 광동청년연합과 광동청년과학자협회의 이사진인 그녀는 난팡저우모에서 선정한 중국 ICT 분야, 광동 지역에서 가장 영향력 있는 사업가 10명 안에 이름을 올렸다. 인공지능과 음성인식 기술에 있어 아시아 최대 규모를 자랑하는 아이플라이텍은 해당 기술이 적용 가능한 의료, 교육, 스마트 도시 등 다양한 영역을 아우르고 있다.

"누군가는 기술이 진보하면 일자리가 줄어들 거라고 한다. 우리가 개발한 AI 통역기가 보편화 되면 지금 제 말을 통역하는 분들의 일자리가 사라지는 게 아니냐는 질문이 나오곤 한다. 하지만 이건 가치관의 문제이자 관점의 문제다. 통역관이 없어지는 게 아니라 통역의 질이 높아진다고 생각해보라. 더 많은 사람이 통역관이 없으면 할 수 없던 일을 하게 되고, 더욱 창조적인 일을 할 수 있다."

제20회 세계지식포럼 '인사이트 30: 인류를 위한 AI 역량 강화: 중국 AI 대표 기업이 열어가는 새로운 가능성의 시대' 세션에서 도란다 두 아이플라이텍 수석부사장은 AI 기술 발전이 인류에게 더 큰 혜택과 발전 가능성을 제시할 것이라고 주장했다.

두 부사장은 AI가 산업 전반에서 기존의 단순 반복 업무를 대체함으로써 인간의 효율성을 높일 수 있는 혁신을 가져올 거라고 설명했다. 특히 인간과 기술의 관계를 근본적으로 바꾸는 핵심 혁신

동력으로 원거리 음성인식 기술의 발전을 꼽았다. 키보드가 아닌 사람의 목소리로 명령어를 입력하는 변화가 일상생활에서 누리는 첨단 기술의 가치를 높일 수 있다는 설명이다.

두 부사장은 세션 현장에서 '다언어 버추얼 앵커'를 선보였다. 아이플라이텍이 개발한 AI 음성인식 기반 동시통역 기술을 탑재한 버추얼 앵커는 행사에 참석한 그의 소감을 16가지 언어로 막힘없이 번역했다.

두 부사장이 속한 아이플라이텍은 아시아태평양 지역에서 가장 선도적인 AI 음성인식 기술 보유 회사로 꼽힌다. 특히 영·중 번역은 전문 통역을 받는 수준에 근접했다는 분석이다. 지난 6월 열린 'CES 아시아 2019'에서 59개 언어를 음성만 듣고도 실시간으로 번역하는 전용기기를 출시해 '혁신상'을 수상한 바 있다.

아이플라이텍은 1999년 설립 이래 20년 동안 '자연어 처리'와 '음성 합성speech synthesis' 등 관련 분야의 원천 기술을 자체 개발해 왔다. 자연어 처리는 인간의 언어 현상을 기계가 따라 할 수 있도록 연구하는 분야다. 음성 합성은 말소리의 음파를 기계가 자동으로 만들어내는 기술로, 텍스트를 음성으로 변환하는 데 쓰인다. 이들이 결합한 대표적인 상품으로 애플의 시리Siri, 아마존의 알렉사Alexa가 있다.

아이플라이텍은 AI 음성인식 기술을 자동차 같은 전통 산업 분야는 물론 의료 및 교육 분야에 접목해 그 파급력을 높이고 있다. 글로벌 완성차 및 전장부품 업체와 협력해 차량용 음성명령 시스템을 구축하는 한편, 2019년 7월에는 중국 내 AI 교육기업 '마이로봇타임MY ROBOT TIME' 지분을 매입하고 AI 교육 교구와 커리큘럼 개발에 나섰다. 아이플라이텍이 개발한 교육 프로그램은 현재 중국 내 1,000여 개의 학교에서 1,800만 명의 학생이 사용하고 있다.

두 부사장은 이날 세션에서 AI 산업이 변곡점을 맞이하려면 당장 올해부터 실질적인 적용 사례를 끌어내야 한다고 주장했다. 그는 "AI 기술 발전이 가시화되면서 막대한 투자자본이 업계로 유입되고 있지만, 아직도 현실과 동떨어진 투자계획을 볼 때가 많다"며 "AI가 인류 번영에 도움을 주리라는 것을 입증하기 위해서는 통계적으로 유의미한 변화를 만든 실제 사례를 제시할 수 있어야 한다"고 발언했다.

두 부사장은 이어 산업혁신을 위한 해법으로 '기술 공유'를 제시했다. 아이플라이텍은 이미 핵심 기술을 대중에게 무료로 개방하고 있다. 그녀는 아이플라이텍이 제공하고 있는 플랫폼에 현재 100만 개 이상의 스타트업이 기술을 활용하며 새로운 빅데이터를 생성하는 중이라고 설명했다.

기업의 성공, 데이터에서 답을 찾아라

최승혁 맥킨지앤컴퍼니 한국 파트너 外

최승혁

맥킨지앤컴퍼니의 한국 파트너. 자동차, IoT와 커넥티드 카 분야의 전문가다.

존 탤버트

아칸소대 리틀록 캠퍼스ᴜᴀʟʀ의 교수. 그의 주요연구 분야는 정보 품질 및 정보 통합 등
이다.

김수연

한국 IBM 컨설팅부문 인공지능·빅데이터 상무. 데이터 기반 디지털 혁신 컨설팅 및 시스
템구축 사업을 이끌고 있다.

장홍성

SK텔레콤의 IoT/Data 사업단장. 주로 산업 AI, 데이터 비지니스 플랫폼, IoT 플랫폼, 영
상보안, 분석 분야를 중심으로, R&D 및 사업 관련한 데이터를 총괄하고 있다.

"21세기는 데이터가 기업의 의사 결정까지 좌지우지한다."

제20회 세계지식포럼의 '데이터: 비즈니스를 혁신하다' 세션은 차상균 서울대학교 빅데이터연구원장이 좌장을 맡아 AI·클라우드·데이터·인재·글로벌 네트워크를 확보하는 방법을 논의했다.

최승혁 맥킨지앤컴퍼니 한국 파트너는 데이터의 활용이 의사 결정을 내리는 본격적인 단계까지 올라섰다고 강조했다. 그는 "2010년 연결된 디바이스의 숫자가 인구수를 뛰어넘었고, 데이터 관리와 매출 수입 비용 절감 등에 모두 데이터가 활용되고 있다"고 말했다. 최 파트너는 또 "고객의 이탈을 줄인다든지 사전 예방 차원에서 지시를 내릴 수 있고 의사 결정을 내리는 수준까지 머신러닝 AI가 활용되고 있다"고 설명했다.

그가 꼽는 대표적인 사례는 금융권이다. 빅데이터는 대출금을 상환 받을 수 있는지, 상환되지 않을 확률은 얼마인지 등 향후 생길 수 있는 문제에 대해 정확한 정보를 준다. 정보력은 금융회사의 매출과 이익에 곧바로 영향을 준다. 빅데이터를 활용하는 기업은 다른 경쟁사 보다 앞설 확률이 54% 높게 나타나고, 활용하지 못하는 기업은 상대적으로 앞설 확률이 떨어지게 된다는 게 그의 설명이다.

그는 미국 물류 회사를 또 다른 사례로 들었다. 일부 미국 물류 회사는 빅데이터를 통해 가야 하는 항로를 계산하는데, 최적화에 따른 수익은 한해 3,000억 원 이상으로 추산된다. 자동차 회사가 빅데이터를 활용하여 제품개발에 나선다면 수백 가지 스펙을 고객 구매 패턴에 따라 구분할 수 있고, 각 나라나 지역별 소비자의 특징 등을 분석할 수 있는데 이를 통해 6,000억 이상의 비용을 절감할 수 있다고 한다.

최승혁 파트너는 데이터가 기하급수적으로 늘어나고 있지만, 실제 사용률은 1%에 불과하다고 덧붙였다. 또한, 최근 2~3년 내 우리 생활 주변의 비즈니스에서 생성된 데이터가 전체 데이터의 90%를 차지하는데, 이를 제대로 활용하지 못하는 기업들은 경영에 차질이 생길 정도라며 그 중요성이 크다는 점을 강조했다.

장홍성 SK텔레콤 IoT 데이터 사업단장은 아마존으로 인해 많은 산업에 파괴가 일어났다고 전했다. ICT 기술 혁신의 강도가 커지면서 스타트업도 유니콘으로 인정을 받고 있다. 그는 "2019년 9월을 기준으로 전 세계 유니콘이 390개였다. 변화의 속도와 크기가 빠르고 크기 때문에 스타트업도 단시간에 유니콘으로 인정받고 있다"고 설명했다.

그는 이 상황을 기회이자 위기로 봤다. 그는 전 구글 CEO인 에릭 슈미트가 소개한 부자가 되는 방법을 이야기하며 다음과 같이 조언했다. "서비스가 있고 그 서비스로부터 나오는 데이터를 분석해 다시 서비스를 고도화하는 AI 사이클을 만들면 쉽게 돈을 벌 수 있다. 현재 유통·물류 빅데이터 플랫폼을 만들고 있는데, 결국 데이터에 대한 사이클을 만드는 데 활용이 됐으면 좋겠다."

그는 이어 AI 맹신에 대한 경고도 잊지 않았다. 그는 "머신러닝이 빠른 속도로 발전하고 있지만, CCTV에 잡힌 거미를 도둑으로 감지하는 문제도 있다"며 "향후 이런 문제는 데이터 비즈니스로 풀어내야 할 것"이라고 말했다.

김수연 한국 IBM 인공지능·빅데이터 상무는 과거에 손 놓고 있던 데이터에 대한 분석이 가능해지는 시대로 접어들면서 데이터 관련 업력이 긴 제조 회사들의 반격이 필요한 시점이라고 했다. 최근 몇십 년간 손을 대지 못했던 데이터들을 어느 정도 정형화할 방법이 있고, 전체 데이터를 추적할 수 있는 기술이 등장했기 때문이다.

그는 "데이터를 가지고 '무엇인가 할 수 있겠지'라고 하는 순간 데이터 그 자체에서 빠져나오기 힘들다"며 "데이터를 확보하려는 집요함이 필요하고 사람의 훈련도 필요하다"고 말했다.

존 텔버트 아칸소대 교수는 미국 사례를 소개했다. 그는 "우버나 에어비앤비는 누구나 접근이 가능한 데이터를 활용해 추가 매출을 확보했다. 비즈니스 정보가 개인정보보다 쉽게 공개할 수 있는 것으로 여겨졌기에 데이터 분야에서 앞설 수 있던 것"이라고 분석했다. 비즈니스 데이터가 공개정보로 여겨진 점이 미국이 앞서나갈 수 있는 배경이 되어주었다는 것이다. 이와 더불어 그는 일본과 한국을 비롯한 대부분의 아시아 국가는 정보에 관한 규제가 미국과 다르고, 기업이 얻은 개인 데이터가 굉장히 민감한 정보로 취급된 점이 발전에 걸림돌이 됐다고 분석했다.

21세기 기업과
디지털 트랜스포메이션

트리샤 왕 서든 컴퍼스 공동창업자

트리샤 왕

테크 인류학자이자 TED의 스타 연사다. 트리샤 왕은 기업과 단체들이 가진 방대한 양적

데이터에 대한 편견이 실제로 어떻게 비효율적인 손해를 일으키는지 알려주면서 이 같은

편견을 극복하도록 돕고 있다. 서든 컴퍼스의 공동창업자인 그녀는 빅데이터를 활용해

소비자들의 급격한 변화를 분석하고, 이에 대한 깊은 이해를 바탕으로 새로운 기회를 창

출하도록 컨설팅한다.

지난 몇 년 새 '데이터 드리븐Data Driven' 경영이 재계 트렌드로 자리 잡았다. 감에 의존하던 방식을 탈피해 데이터를 토대로 의사 결정을 내리는 방식이다. 객관적인 수치를 바탕으로 경영 전략을 짜는 만큼 정확도가 높고 효율직이라고 평가받는다. 아마존과 넷플릭스 등 시장에서 압도적인 점유율을 차지하는 기업들이 글로벌 선두주자로 도약할 수 있던 데에는 데이터가 기여한 바가 크다. 이들 기업은 데이터를 활용해 고객이 원하는 제품과 서비스가 무엇인지 파악해 제공하거나 운영 체제 효율성을 끌어올려 경쟁에서 우위를 점했다.

트리샤 왕 서든 컴퍼스 공동창업자는 제20회 세계지식포럼 '인사이트 30 디지털 전환: 21세기 기업의 가장 어려운 과제' 세션에서 데이터 활용이 중요한 이유, 데이터 바탕 전략을 효과적으로 짜는 방법 등을 논의했다. 서든 컴퍼스는 데이터 기반 컨설팅 전문기업으로 마이크로소프트, 프록터앤드갬블P&G, 화이자, 스포티파이, 킥 스타터 등 쟁쟁한 기업을 고객사로 보유했다. 이제는 데이터를 활용하지 않는 기업을 찾기 어려울 정도로 데이터 드리븐 경영은 빠른 속도로 확산하는 중이다. 그러나 데이터를 활용한다고 해서 모든 기업이 승승장구하는 것은 아니다. 별다른 성과를 거두지 못하거나 오히려 실패하는 기업을 어렵지 않게 찾아볼 수 있다. 왕 공동창업자 역시 "디지털화가 중요하고 데이터를 활용해야 한다는 것을 모르는 기업은 없다. 빅데이터에 투자하기는 쉽다. 그러나 이를 제대로 활용하는 건 어려운 일이다"라고 설명한다.

영국에 본사를 둔 글로벌 유통기업 테스코는 데이터를 수익 개선에 활용하는 일이 얼마나 어려운지 보여주는 대표 사례다. 테스코는 여타 기업과 비교했을 때 더 일찍, 더 많은 금액을 디지털 혁신에 투자했다. 빅데이터라는 단어가 대중화되기 전부터 멤버십 프로그램 '클럽카드'를 통해 수집한 정보로 맞춤형 가격(같은 제품을 고객마다 다른 가격에 판매하는 방식) 서비스를 제공하는 등 여러 시도를 했다.

그러나 이 같은 시도는 주가와 실적 개선으로 이어지지 않았다. 2000년대 중반 전성기를 누리던 테스코는 오히려 2010년 들어 급격히 하락했다. 2007년 11월 480파운드대까지 올랐던 테스코 주가는 2015년 12월 140파운드대까지 떨어졌고 현재도 과거 고점을 회복하지 못하고 있다. 실적 역시 악화 일로를 걸었다. 지난 2013년 720억 파운드였던 테스코그룹 매출은 2014년 709억 파운드, 2015년 697억 파운드로 감소했다. 지난 2018년에는 510억 파운드를 기록했다. 왕 공동창업자는 고객을 우선으로 생각하지 않았던 것이

테스코가 디지털 전환에 실패한 결정적인 이유라고 분석했다. 고객을 우선순위에 두기보다 기업에 돌아올 이득을 중점적으로 고민한 탓에 성과를 내지 못 했다는 설명이다.

빅데이터에만 치중하기보다는 정성적 데이터를 결합하는 것이 중요하다는 지적도 이어졌다. 그는 객관적인 수치, 즉 빅데이터가 물론 중요하지만, 빅데이터만으로는 알아낼 수 없는 내용이 많으며 정성적인 심층 데이터에도 관심을 기울여야 한다고 지적했다.

디지털 전환에 성공한 기업으로는 미국 도미노피자를 꼽았다. 2000년대 중반까지 도미노피자에서 음식을 사려면 직접 매장을 방문하거나 전화를 걸어 주문해야 했다. 그러나 2007년 도미노피자는 온라인과 모바일 주문 서비스를 도입했고 2008년에는 소비자가 피자 조리 과정이 어디까지 진행됐는지, 배달 경로상 위치가 어디인지 등을 확인할 수 있게 해주는 '피자 드래커'라는 기능을 추가했다. 이후 2016년에는 온라인 주문 과정을 간소화한 '제로 클릭 주문'이라는 기능을 도입했다. 이 기능을 이용하면 8초 만에 음식을 주문할 수 있다. 지난 2018년에는 증강현실AR 주문 기능을 선보였다.

고객 편의를 위해 서비스를 개선한 결과 도미노는 가파르게 성장하는 중이다. 지난 2015년 약 22억 2,000만 달러였던 도미노피자 매출은 2016년 24억 7,000만 달러, 이듬해 27억 8,800만 달러로 늘었다. 2018년에는 34억 3,000만 달러를 기록했다. 주가 역시 5년 여 동안 213% 뛰었다. 왕 공동창업자는 "고객 요구를 들어주기 위한 수단으로 디지털 기술을 이용한 점이 성공 요인"이라 분석했다.

고객 만족 전쟁,
소셜 데이터에 주목하라

장 피에르 클로퍼스 브랜드아이 CEO

장 피에르 클로퍼스

로봇공학자 장 피에르 클로퍼스는 브랜드아이의 CEO다. 브랜드아이는 세계적인 여론 분석 회사이며 직접 개발한 인공지능을 통한 정확한 분석으로 유명하다. 브랜드아이는 머신 러닝과 크라우드소싱 기술을 결합한 알고리즘 개발을 통해 온라인상 나타나는 여론과 그 원인을 파악할 수 있게 했다. 특히 2016년 브렉시트와 트럼프 대통령 당선을 정확히 예견해 세계적으로 화제가 됐으며 소셜 네트워크에 대한 분석력을 인정받았다. 브랜드아이의 뛰어난 인공지능 알고리즘은 위기관리, 소비자 서비스 분야 등 다양한 영역에 활용되고 있다.

"소셜 미디어는 정보를 공유하는 도구일 뿐 아니라 사람들이 무슨 생각을 하고 사는지 알 수 있게 하는 아주 중요한 수단이다. 소셜 미디어를 통해 핵심을 파악하려면 사회적 맥락과 통합해서 보아야 하고, 사람들이 왜 이렇게 생각하는지 이유를 파악해야 한다. 그래야 예측성을 높일 수 있다."

수백만 명의 사람들이 소셜 미디어를 활용해 고객 경험에서부터 정부 제공 서비스에 이르기까지 수많은 문제에 대한 불만을 포스팅한다. 기업과 기관들은 이런 자발적 소비자 피드백이 중요하다는 것을 인지하고 있지만, 방대한 데이터량, 빠른 업데이트 속도, 실시간 변화로 인한 높은 변동성 때문에 이를 추적하는 것조차 벅차다고 느끼는 경우가 많다.

따라서 데이터를 정확히 측정해 소비자들의 행동 방식과 이유, 그리고 감정을 이해하는 것은 엄청난 전략적 자산이 된다. 그뿐 아니라 해당 데이터를 잘 활용하는 기관과 기업들은 시장에서 상당한 전략적 우위를 점할 기회를 얻을 수 있다. 전통적 데이터 매트릭스를 통해 분석하는 것과 달리 소셜미디어 데이터는 고객 피드백과 여론을 실시간으로 모니터링 해준다.

장 피에르 클로퍼스 브랜드아이 CEO는 소셜미디어 데이터를 활용해 사람들의 행동과 어떠한 가설의 결과를 예측하는 일을 하고 있다. 브랜드아이는 머신 러닝과 크라우드소싱 기술을 결합해 알고리즘을 개발한 여론 분석 회사다. 2016년 브렉시트와 2017년 도널드 트럼프 미국 대통령 당선을 정확히 예견해 세계적으로 화제가 된 바 있다. 정치적인 예측 외에도 위기관리, 소비자 서비스 분야 등 다양한 영역에 활용되고 있다.

클로퍼스 CEO는 "소셜미디어 자체는 중립적인 것이지만 그 안의 사람들은 분열되기도 하고 통합되기도 한다. 그리고 기업들은 이를 통해 수익 창출을 보기도 한다"며 "그렇기에 소셜미디어를 이용하기 위해서는 플랫폼 자체를 보기보다 그 안에 있는 사람들을 봐야 한다"고 강조했다.

그는 브렉시트 투표를 예로 들었다. 당시 수많은 미디어와 AI 기계는 브렉시트가 실제로 일어날 것이라고 예견하지 못했다. 하지만 브랜드아이는 소셜미디어에서 나타난 여론과 실제 여론조사, 다양한 언론 기사를 통합해 핵심 인사이트를 뽑아냈고, 브렉시트 찬성이라는 결과를 예측했었다.

클로퍼스 CEO는 예측에는 종합적인 통찰력이 필요하다고 강조했다. 이를 통해 궁극적으로는 고객의 감정, 행태를 예측할 수 있어야 하고, 특히 사람들이 소셜미디어에서 드러내는 사회에 대한 생각의 핵심을 파악하는 것이 중요하다고 말했다.

핵심을 파악하는 데이터 분석을 통해 기업은 고객의 행태를 예측하게 되는데, 이때 중요한 것은 고객의 기대치와 실제 기업이 보이는 성과 사이의 간극을 없애는 것이다. 클로퍼스 CEO는 "사람들은 그것이 정부건 은행이건 기업이건 대상에 대한 어떠한 기대감이 있는데, 만약 이 기대감이 실제 만족으로 바뀌지 않으면 그 순간 이탈한다. 이 격차가 무엇인지 파악하고 줄이는 것이야말로 미래를 대비하는 방법"이라고 말했다.

앞으로의 세대는 동영상과 텍스트로 소통하는 것에 훨씬 익숙하다는 점도 잘 살펴야 한다고 말했다. 얼굴을 보고 대화를 하는 것보다 문자로 대화하는 게 편하고 어색하지 않다는 게 현재 10대들의 의견이다.

클로퍼스 CEO는 "기업들은 이 또한 잘 파악해야 하지만 사람과 사람 간 대화가 중요하다는 점은 변하지 않는다. 기계를 사용하더라도 사람의 감성을 넣어야 한다. 앞으로는 기계, 로봇과 함께 일하면서도 어떻게 사람을 위한 서비스를 제공할지가 중요해질 것으로 보인다"고 전했다.

데이터 품질 관리:
기업 손실을 막는 지름길

리처드 왕 MIT CIO 최고위과정 명예원장 外

리처드 왕

MIT의 CIOChief Data Officer and Information Quality 프로그램 총책임자이자 아칸소대학교의 CDO(최고
데이터책임자Chief Data Officers)겸 이사로 활동한다. 10여 년간 MIT 슬론 경영대학원의 교수로
재직하였다.

왕 리

데이터 및 정보 품질 분야의 세계적인 선두주자로, 공급망 및 정보 관리 그룹의 의장이며
노스이스턴대학교의 비즈니스 분석 프로그램의 석사 과정 책임자이다.

KNOWLEDGE REVOLUTION 5.0

"공급자가 아닌 수요자 중심의 데이터 관리를 통해 기업 손실을 최소화해야 한다."

존 텔버트 아칸소대학교 교수는 제20회 세계지식포럼 '데이터 품질 관리 - 기업 손실을 막는 지름길' 세션을 통해 이같이 이야기했다.

데이터는 경제·사회 모든 분야에서 비즈니스와 서비스의 접근 방식을 변화시키고 있다. 기업들은 효과적인 데이터 관리를 통해 적시에 적절하고 올바른 결정을 내리고 이에 맞는 서비스를 제공한다. 이 때문에 데이터 품질 관리는 기업의 신뢰도와 직결된다. 그러나 데이터는 제한 없이 전파될 수 있고, 하나의 작은 오류에도 비즈니스의 실패와 업무 비효율을 초래할 수 있다.

텔버트 교수는 "많은 조직이 공급자 측면에 집중하는 경향이 있다. 이는 수요자, 즉 최종 제품이나 서비스에 초점을 맞추지 못하는 경우로 이어진다"고 지적했다. 이어 그는 "예를 들어 자동차 제조기업이 엔진을 시험 운전하지 않고 어떻게 자동차를 만들 수 있겠느냐"며 "공급자보다는 수요자 중심의 데이터가 중요하다"고 말했다.

그는 수요자가 무엇을 원하는지 파악하고 요구 사항을 충족시키는 데서 끝나는 게 아니라 지속적인 개선 과정이 필요하다는 점도 강조했다. 탤버트 교수는 수요자 중심의 데이터 관리와 서비스 제공은 결과적으로 비용 절감과 위험 감소, 수익 증대로 이어진다고 이야기했다.

기업별 데이터 전담 조직의 필요성도 제기됐다. 전문화되고 체계적인 데이터 품질 관리를 위해서다. 리처드 왕 MIT CIO 최고위과정 명예원장 교수는 데이터 전담조직인 'CDOChief Data Officer(최고데이터책임자)'를 통해 공격적이면서도 방어적인 데이터 관리 전략을 세워야 하며, 이를 통해 성과를 분석하고 관리 계획을 지속해서 조정·보완해야 한다고 주문했다.

왕 교수는 CDO가 기업은 물론 수요자에게 더욱 큰 혜택을 가져다 줄 거라고 설명했다. 고객 데이터를 공격적으로 활용하면 제품 또는 서비스의 질을 향상할 수 있고, 조직 데이터 자산의 수익 창출과 고품질 데이터 활용을 통해 기업 운영의 효율성을 높일 수 있기 때문이다. 이어서 그는 데이터 유출과 신원 도용 방지, 데이터 품질 문제에 대한 사전 대처, 규제 대응, 중복 데이터 감지·제거 등 방어적인 데이터 관리 전략도 마련해야 한다고 주문했다.

데이터 전달 과정의 정확성을 높일 필요가 있다는 의견도 나왔다. 양 리 노스이스턴대 교수는 이해를 돕기 위해 페덱스$_{FedEx}$의 광고영상을 예로 들었다.

해당 영상은 미국에서 중국으로 발송된 소고기 안심이 2달여간의 배송 과정에서 육포가 되어버렸다는 내용을 담고 있다. 광고영상에는 배송날짜 표기를 완전히 잘못 해석하여 배송 과정에서 제품이 변질될 것을 전혀 예상하지 못하는 수신자가 등장한다.

리 교수는 "정확한 맥락 없이는 정보 전달 과정에서 혼선이 생길수 있다, 문맥은 의미와 지식을 전달한다. 문맥이 없으면 데이터는 의미가 없어진다"고 강조했다.

글로보틱스, 인류 노동의 진화

리처드 볼드윈 제네바 국제경제대학원 교수

리처드 볼드윈

스위스 제네바 국제경제대학원의 교수이며 유럽 경제정책연구센터CEPR 포털사이트 (VoxEU.org)의 설립자이자 편집장이다. 연구와 강의 외에도 다양한 국가와 국제기구에 세계화와 무역 정책과 관련하여 자문하고 있다. MIT에서 폴 크루그먼과 함께 경제학 박사 학위를 수여한 후, 1990년부터 1991년까지 미국 조지 부시 대통령의 경제자문위원회에서 수석 경제학자를 역임했다.

"앞으로는 원격 이민이 본격화할 것이다. 몸은 여기에 있어도 실제 업무는 다른 나라에서 하는 식이다."

제20회 세계지식포럼에서 리처드 볼드윈 스위스 제네바 국제경제대학원 교수는 '인사이트 30 : 글로보틱스 격변 : 세계화, 로보틱스, 노동의 미래'를 주제로 연설하면서 이같이 밝혔다. 그는 로봇의 발달로 자동화와 세계화가 동시다발적으로 일어나게 되면 블루칼라보다 화이트칼라 노동자가 훨씬 빨리 타격을 입을 것으로 예측했다. 그렇기에 인간은 로봇에 대체되지 않을 영역인 '창의성'에 집중해야 한다는 게 그의 주장이다.

볼드윈 교수는 "미래는 알 수 없지만 피할 수도 없다"는 이야기로 강연을 시작했다. 그는 "디지털 기술이 삶의 모든 부분을 바꾸고 있다"며 "세계화와 로보틱스(로봇 공학)가 합쳐진 '글로보틱스'가 우리의 미래라고 생각한다"고 말했다. 그는 이어 미래가 어떤 모습으로 펼쳐질지 정확히 알 수는 없겠지만, '미래도 오늘과 마찬가지겠지' 하며 손을 놓는 것은 최악이라고 설명했다.

많은 현대인은 AI가 저숙련 노동자에게 훨씬 빨리 영향을 미칠 것이라 생각하는 경향이 있다. 그러나 볼드윈 교수는 고도로 숙련된 전문직 역시 안심할 수 없는 상황이라고 역설했다. 그는 제조업이 아닌 핵심 서비스 분야에서 자동화가 시작되고 있고, 화이트칼라 로봇은 RPA(로봇 프로세스 자동화)를 통해 이미 사람만큼 피아노를 잘 치고 있다고 소개했다.

화이트칼라 노동자가 받는 일자리 위협의 또 다른 원인은 '원격 이민'에 있다. 볼드윈 교수는 "전문직 로봇은 한 나라에서 자리를 잡은 채로 다른 나라의 업무를 동시에 처리할 수 있다. 저가로 일할 수 있는 외국인 노동자도 '온라인 채용 플랫폼'을 통해 일자리를 구하기 때문에 화이트칼라의 일자리 경쟁은 더욱 치열해질 것"이라고 예상했다.

볼드윈 교수는 인류가 걸어온 길을 세계화의 과정으로 바라보는 경제학자다. 현재 세계화는 '공장의 세계화'라 명명되는 세계화 4.0을 지나고 있으며 로봇과 결합하며 속도가 증폭되고 있다는 게 그의 주장이다.

그는 "아이폰 6S는 연산 속도 면에서 아폴로 11호보다 1,200만 배 정도 강력하다"며 빠르기의 세계화를 설명했다. 디지털이 고용의 위치를 급속도로 바꾸고 있고, 현재는 고용이 창출되는 속도와 상실되는 속도 차이가 너무 크다.

그는 '세계화 4.0' 이후의 불평등이 가져올 사회갈등에는 정책으로 접근해야 한다고 강조했다. 이어 그는 디지털 분야에도 국제적인 거버넌스가 필요하다는 점을 역설했다. 그래야 기업들이 표준을 만드는 데 있어 협력할 수 있고, 공정경쟁이 가능하도록 도울 수도 있기 때문이다.

볼드윈 교수는 AI 혁명이 일반인에게 반드시 재앙인 것은 아니라는 견해도 밝혔다. 그는 "AI가 무엇을 못할 것인지 생각해보길 바란다. AI는 인간의 업무 창의성, 공감 능력, 호기심 등을 대체하지 못한다. AI가 인간이 될 수는 없다"고 확신했다.

산업 현장에 부는
IoT & 디지털화의 바람

얀 므로직 지멘스 디지털 인더스트리 최고운영책임자

얀 므로직

지멘스 디지털 인더스트리 최고운영책임자coo로, 1996년 지멘스 정보통신네트워크에서
경력을 시작해 지난 20여 년간 다양한 보직을 거쳤다. 1998년 지멘스와 보다폰D2의 통
신사업 관련 책임자였고, 2002년에는 남아프리카공화국 지멘스 지사에 부임하여 통신사
업 책임자를 지냈다. 2007년부터 2016년까지는 에너지 자동화, 스마트그리드, 송전시스
템, 에너지관리 부서의 CEO를 맡는 등 조직 내의 중역으로서 활동했다. 2019년 4월 조직
개편 전에는 지멘스 디지털 팩토리 사업 부문의 CEO를 역임했다.

AI와 사물인터넷IoT 기술의 발달에 따라 기업들은 산업 분야에 이를 적절히 활용하는 방법을 고민하고 실행에 옮기기 시작했다. 흔히 디지털 트랜스포메이션으로 불리는 기업 디지털화는 오늘날 많은 글로벌 기업들이 생산성 향상을 위해 골몰하고 있는 분야다.

제20회 세계지식포럼 '산업 현장에 부는 IoT & 디지털화의 바람' 세션에서 연사로 나선 얀 므로직 지멘스 디지털 인더스트리 최고운영책임자COO는 기업들을 향해 "지금 당장 파괴적 디지털화 여정에 참여해야 한다"고 수차례 강조했다.

므로직 COO는 기업들이 디지털화를 통해 생산성을 비약적으로 향상시킬 수 있는 방법을 설명했다. 그는 제약, 항공우주 등 다양한 산업 분야에서 AI와 IoT, 가상화 기술을 통한 '디지털 트윈' 모델을 적용함으로써 얻을 수 있는 이점이 크다고 강조했다. 디지털 트윈이란 제품 개발부터 생산 공정, 사용자 경험까지 모든 과정을 가상화된 데이터를 통해 모니터링하고 시뮬레이션할 수 있는 기술이다.

그는 가장 먼저 제약 산업의 디지털화가 가져올 이점을 예로 들었다. 지금까지는 표준화된 치료를 통해 의학이 발전해왔지만, 앞으로는 디지털화를 통해 개인 맞춤형 치료를 할 수 있게 된다는 게 그의 설명이다.

므로직 COO는 "예를 들어 암은 유전체의 변이 때문에 발병하는데, 사람마다 유전체의 종류가 다르기 때문에 암의 양상도 다르기 마련"이라며 "지금까지는 표준화된 치료를 해왔지만, 앞으로는 개인 맞춤형 치료를 할 수 있도록 노력해야 한다"고 전했다.

그는 이어 맞춤형 약품 개발에는 정말 많은 단계가 필요하고, 이를 빠르게 진행하는 것이 핵심이라고 설명했다. 전통적인 공정은 세포 수집부터 실험, 문서작업, 승인 등 수백 가지 단계를 거치기 때문에, 효율성과 생산성의 문제가 늘 존재해 왔다고 설명했다.

므로직 COO는 디지털 공정이 완전히 자동화되면 문서작업을 자동으로 처리하고, 약품의 QA(품질관리)에도 문제가 발생했다고 판단될 때만 개입할 수 있다고 설명했다. 과거에 매번 500페이지 이상의 문서작업을 했다면 디지털화 후엔 수초 내에 작업을 마칠 수 있다.

므로직 COO는 지멘스의 성공적 디지털화 경험도 공유했다. 그는 "선제적으로 디지털화한 독일 앰버그 공장은 1990년보다 생산력이 14배 늘어났고, 99.9999%의 완벽한 품질을 자랑하지만, 직원 수는 줄곧 1,200명 그대로 유지하고 있다"며 "디지털화가 고부가가

치의 일자리를 만들어 낸 것"이라고 말했다.

므로직 COO는 "실제 공장을 돌리지 않고도 가상으로 만들어진 디지털 트윈으로 전체 공장을 시뮬레이션해볼 수 있어 최적화를 이루고 중복을 줄이게 된다. 여기서 얻은 통계들을 통해 새로운 설계와 개선의 필요성을 알 수 있다"고 말했다.

제품 디자인은 물론 생산 공정, 제품의 실제 사용에 이르기까지 모든 데이터를 가상화해 축적하면, 인공지능 분석으로 모든 실험을 진행해볼 수 있는 이른바 '디지털 엔터프라이즈'를 만들어 낼 수 있다는 게 그의 설명이다.

기업이 '박스 메이커'에 머물지 않으려면

구성기 삼성전자 상무 外

구성기

삼성전자에서 스마트 가전 글로벌 전략, 마케팅, 제품관리를 이끌고 있다. 뉴욕 IBM에서 6년간 인지 IoT, 클라우드, 네트워크 분야에서 마케팅, 전략, 솔루션 판매를 담당한 후 2016년 10월 삼성에 합류했다.

브루스 앤더슨

IBM 전자부문의 사장. 소비자 전자제품, 의료기기, 사무실 및 산업 네트워크 장치, 마이크로일렉스토닉스 제조를 비롯한 IBM의 글로벌 비즈니스를 책임진다.

페데리코 카살레뇨

샌프란시스코에 위치한 삼성전자 디자인혁신센터의 센터장. 팀원들과 함께 창의적인 소비자 경험과 신제품을 고안해 시장에 출시하는 과정을 총괄한다. 디자이너이자 사회과학자인 그는 MIT 디자인랩과 MIT 모바일경험랩, SHASS의 미디어 연구 프로그램을 창립해 첨단 기술을 연구했다.

　지능형 사물인터넷IoT은 가까운 미래에 우리의 일상을 눈에 띄게 변화시킬 것으로 예상된다. 특히 AI와 IoT의 영향력이 가장 먼저 눈에 띄게 드러나고 있는 분야는 가전제품 산업이다. 전통적으로 제품의 하드웨어나 소프드웨이의 품질 개선에 힘쓰던 제조기업들은 제품 자체보다 '소비자의 경험'에 주목하기 시작했다. 제품 사용에서 파생되는 '경험'의 변화와 다른 제품들과의 연계성이 새로운 가치로 평가받는다.

　제20회 세계지식포럼에 참가한 글로벌 기업의 리더들은 "기업들이 '박스 메이커'에 머물러서는 안 된다"는 점을 강조했다. 더불어 사용자가 가치 있는 경험을 하도록 하는 것은 물론, 나아가 후세에 어떤 삶을 물려줄지까지 고민해야 할 때라고 입을 모았다.

　이날 브루스 앤더슨 IBM 전자부문 사장, 구성기 삼성전자 상무, 페데리코 카살레뇨 삼성전자 북미 디자인혁신센터장은 '지능형 IoT

가 바꾼 소비자경험'을 주제로 대담했다. 이들은 많은 기업이 고민하는 '우수한 사용자 경험'에 대해 각자의 정의를 내리는 것으로 논의를 시작했다.

앤더슨 사장은 "사람들이 해결하고 싶은 삶의 문제를 위한 해답이 어디 있는지 디지털 수단을 활용해서 찾아주는 것이 중요하다"며 "고객과 매우 친밀해야만 우수한 소비자 경험을 만들어 낼 통찰이 가능할 것"이라고 말했다. 또한, 소비자들이 개인정보 사용을 상당히 걱정한다는 점도 중요한 고려사항이라고 지적했다. 기업이 필요한 정보를 얻으려면 그에 대한 적절한 대가를 지급하고 이들을 만족시켜야 한다고 설명했다.

카살레뇨 센터장은 단순한 구매나 사용이 아니라 구매, 사용, 폐기 등 전체 과정이 소비자 경험과 관계가 있다고 설명했다. 실사용자에게 도움이 되도록 설계할 뿐 아니라 소비자의 공감을 끌어내는 감성적 측면도 중요하다고 덧붙였다.

이들은 실생활에서 친숙한 가전제품이 어떻게 우리 삶을 변화시킬 수 있는지 설명하기 위해 냉장고의 역할 변화를 예로 들었다.

구 상무는 "냉장고는 전통적으로 음식을 차갑게 유지하는 사물이었지만, 이제는 21.5인치의 스크린을 통해 인터넷과 앱도 사용할 수 있다. 고객이 원한다면 '나는 당뇨가 있고 아이는 유제품 알러지가 있다'는 정보를 입력해 음식을 관리하고 요리 제안도 받을 수 있게 됐다"고 소개했다.

대담에 참여한 이들은 제조기업들이 단순히 제품을 만들어 판매하는 '박스 메이커'에서 벗어나려면 소비자 접근 방식을 크게 전환할 필요가 있다고 강조했다.

앤더슨 사장은 수십 년간 제품을 가장 중요하게 생각하고 반품이 적은 것이 최고라고 생각해온 방식에서 벗어나야 한다고 이야기했다. 그는 "모든 기업은 환희에 찬 소비자를 만드는 것을 목표로 모든 프로세스를 설계해야 한다. 예를 들면 아이가 다섯인 가장에게는 '바쁜 일상에서 삶을 즐길 수 있도록 시간을 되돌려 주겠다'는 제안을 해야 한다"면서 "사용자의 삶을 어떻게 바꿀지 고민하며 고객에게 접근해야 한다"고 덧붙였다.

카살레뇨 센터장은 넷플릭스의 성공을 예로 들었다. 기존의 미디어 기업들은 '어떻게 광고를 통해 수익을 낼 것인가'를 고민했지만, 넷플릭스는 '어떻게 좋은 엔터테인먼트 경험을 제공할까'를 생각했다는게 그의 설명이다. 소비자는 영화 중간에 광고를 보고 싶지 않을 것이라는 굉장히 단순한 생각으로 성공을 이룬 것이다. 더불어 그는 '냉장고 판매' 자체에 집중할 게 아니라, 소비자의 가족들이 건강한 식사를 하고 경제적으로 절약하는 데 도움이 되겠다는 쪽으로 목표 설정을 바꿔야 한다는 것을 강조했다.

헬스케어 혁신과 장밋빛 고령 사회

패트릭 벤더루 화이자 병원사업부 아시아 지역 대표 外

패트릭 벤더루

화이자의 병원사업부 아시아 지역 대표. 1997년 화이자에 합류한 그는 북미, 아시아, 유럽 지역에서 다양한 마케팅 활동을 해왔으며, 화이자 신흥 아시아 클러스터Emerging Asia Cluster Lead 담당으로 16여 개의 시장과 10억 달러 규모의 사업을 총괄했다.

아나톨 크라티거

컨설팅 회사 프리즈마 이노베이션의 설립자. 30년 동안 녹색 기술, 생물약제학 그리고 농업 생명공학의 개발과 라이센싱에 힘 써왔고 파트너십 구축, 지식재산권 관리, 생명공학과 환경 사업 경영에 방대한 경력을 갖고 있다.

에스코 아호

36세에 핀란드 역사상 최연소 총리로 취임했던 전 핀란드 중앙당 총재이다. 총리 재직 시 핀란드의 유럽 연합 가입을 적극 추진해 핀란드의 EU 합류를 이끌었다.

테츠야 아즈마

일본 경제산업성 국제기획조정관.

고령화는 대부분의 선진국 국가에서 일어나고 있는 심각한 문제로 인식돼왔다. 노령인구는 각종 질환으로 고생하고, 질환이 없더라도 신체 능력이 감소한다. 사회에서 필요로 하는 노동생산성이 하락하는 데다 연금 수혜자의 증가로 나음 세대의 부담이 증기히는 것도 골칫거리다.

출산 장려·연금구조 개혁 등 어느 것도 명확한 해답이 되지 못한 가운데 최근 4차 산업혁명에 힘입어 '기술'이라는 새로운 희망이 등장했다. 이는 만성질환을 치료하고, 인지 능력 등을 향상하여 노동생산성 자체를 올리는 근본적 처방이라는 점에서 기존의 정치·경제·사회적 대안보다 주목받고 있다.

제20회 세계지식포럼에서 열린 '고령화 사회의 헬스케어 혁신' 세션에선 에스코 아호 전 핀란드 총리, 테츠야 아즈마 일본 경제산업성 국제기획조정관, 아나톨 크라티거 프리즈마 이노베이션 창립

파트너, 패트릭 벤더루 화이자 병원사업부 아시아 지역 대표 등이 나서 열띤 토론을 벌였다.

연사들은 헬스케어 산업이 미래 핵심 성장 동력이라는 점을 강조하며 노령화 문제를 대하는 국가·산업·기업의 인식에 변화가 필요하다는 점을 공통으로 지적했다.

아호 전 총리는 "지속가능한 재정적 발판을 만드는 단일 자산 중 기술이 가장 중요하다고 생각한다"며 "앞으로는 빅데이터, AI 등을 활용해 개인 맞춤형 헬스케어 솔루션을 제공하게 될 것"이라고 밝혔다.

그는 "고도로 통합된 데이터베이스가 필요한데 아직 이런 데이터베이스를 구축하는 데 성공한 국가는 없는 듯하다. 여기저기 널린 데이터를 통합하기 위해 국가가 충분한 역량을 발휘하고 있는지 모르겠다"고 지적했다. 이어 그는 정부뿐 아니라 기업도 그러한 전략을 가져야 하고, 한국 기업들 또한 기업 차원의 전략이 없는 경우가 많아 걱정스럽다고 덧붙였다.

아호 전 총리는 청중들에게 "실버는 '차세대 그린'이 될 것"이라며 "노령인구도 생산자가 될 수 있다는 것을 기억해야 한다"고 밝혔다.

아즈마 조정관은 "기업이 건강과 생산성 관리를 위해 1달러를 투자하면 3달러의 수익이 돌아온다는 조사결과가 있다"며 조직이 노령인구 관리를 투자로 생각해야 할 이유를 설명했다. 또한, 일본 정부에서는 직원 건강관리에서 우수한 성과를 보여준 기업에 공개인증서를 발급하고 있다고 부연했다.

그는 또한 일본 정부가 헬스케어 관련 산업 확장 추세에 맞춰 보험보장 범위를 확대하려고 노력하고 있다는 소식을 전했다. 도쿄에 '헬스케어 혁신 허브'를 만들고 여러 기업과 투자자 참여를 유도해 새로운 혁신을 이끌고 있다고 한다.

벤더루 대표는 헬스케어 관련 규제가 상당히 복잡하여 이를 개선하기 위한 적절한 정치적 환경을 수립하는 게 중요한 과제임을 이야기했다. 더불어 지식재산권 보호, 규제 시스템 업그레이드, 정부·산업·기업 간 협동 플랫폼 수립 등이 시급하다고 강조했다.

그는 일본의 '사키가케' 제도를 사례로 들었다. 사키가케는 호주·유럽 정부 및 제약계와 함께 의약품 인증 시스템을 공유해 싱가포르의 혁신 신약에 한해 시장 출시를 신속하게 해주는 제도다. 그는 "새로운 치료제가 준비되는 데 발맞춰 정부의 규제 시스템도 업그레이드돼야 한다"고 지적했다.

크라티거 파트너는 "AI, 블록체인, 사물인터넷IoT 등이 융합되며 맞춤형 헬스케어가 생겨날 것"이라며 "이는 건강 보건 체계를 완전히 뒤바꿔놓을 것으로 예상한다"고 밝혔다. 더불어 풍부한 데이터를 활용해서 새로운 솔루션이 만들어지길 바란다고 말했다.

또한, 그는 한국의 헬스케어 산업이 연구개발과 지식재산권, 제조역량 등으로 혁신을 선도한 훌륭한 사례라고 밝혔다. 한국의 제약 특허 승인 기간은 세계적으로 빠른 수준으로, 이는 뛰어난 역량이라고 높이 평가했다.

정밀의학, 인구 고령화 해결의 열쇠

키런 머피 GE 헬스케어 대표이사

키런 머피

전 세계에 혁신적 헬스케어 기술과 솔루션을 제공하고 있는 GE 헬스케어를 이끌고 있다.

GE 헬스케어는 100여 개국의 고객에게 헬스케어 IT부터 분자 영상 진단, 생명과학 분야

에 이르기까지 폭넓은 서비스와 시스템을 제공한다. 존슨 앤 존슨의 제약부문인 얀센에

서 커리어를 시작한 키런 머피는 글로벌 라이프 사이언스 및 바이오 테크놀로지 업계에

서 20여 년 이상의 풍부한 경력을 쌓아왔다.

"2025년이면 10억 명 이상이 중산층으로 편입되고 이들을 위한 정밀의학 분야는 공급이 수요를 따라가지 못할 것이다."

키런 머피 GE 헬스케어 사장은 제20회 세계지식포럼 '헬스케어의 미래' 세션에 연사로 참석해 이같이 말했다. 그는 중산층 중 상당수가 아시아에 집중될 것이며, 향후 헬스케어 문제가 글로벌 안보 문제보다 더 중요한 문제로 떠오를 수 있다고 보았다.

이어서 그는 전 세계가 인구 고령화로 여러 과제에 당면하고 있다는 점을 환기했다. 고령화로 유발되는 비용이나 신경학적인 장애에는 현재까지 해결법이 없고, 환자가 병원에서 퇴원하더라도 가족은 환자 상태에 만족하지 못한다. 그리고 이는 가족 구성원 전체에 영향을 미친다.

그는 이 같은 문제를 해결할 수 있는 것이 정밀의학이라고 말했다. 정밀의학은 통합적이고 효율적으로 환자 개개인에 맞춰진 의료 방식이다. 그는 "새로운 기술과 첨단 솔루션이 새로운 헬스케어 생태계의 한쪽 중심에 있다"며 "환자 개개인에게 맞출 수 있는 자동화된 스마트 진단기, AI 기반 의사결정 시스템, 개선된 약물 개발과 실험 요법 등으로부터 많은 환자가 혜택을 받을 수 있다"고 전했다.

글로벌 3대 의료기술 기업인 GE 헬스케어는 전 세계 100여 개국 이상의 헬스케어 전문가들에게 진단 영상부터 헬스케어 IT, 분자 영상 진단과 생명과학 분야에 이르기까지 폭넓은 서비스와 시스템을 제공하고 있다. GE 헬스케어는 2018년 매출 190억 달러를 기록하며 헬스케어 산업의 디지털 혁신을 이끌고 있다.

전 세계에서 180개가 넘는 GE 애널리틱스 앱이 사용되고 있으며 GE헬스케어는 750억 건이 넘는 환자 연구를 관리하고 있다. 매년 10억 달러 이상을 연구개발에 투자하는 GE헬스케어는 이미 1만 4,000개 이상의 특허를 보유하고 있다. 지난 3년간은 연구개발 투자가 매출보다 빠르게 증가했다.

GE 헬스케어가 보유한 제품 포트폴리오와 디지털 역량은 정밀의학 실현을 위한 에코시스템을 구축하는 역할을 한다. 신약 개발에도 데이터와 정밀의학은 큰 도움이 된다. 머피 사장은 "신약에 대한 반응을 보이는 환자를 찾는 것이 중요한데 지금은 생체 실험 중심으로 개발을 진행하고 있기에 면역에 대한 여정을 파악해 잠재적으로 어떤 반응을 일으키는지 보고 있다"고 설명했다.

변화를 위해선 병원 시설의 변화도 필수적이다. 선진국의 병원들은 고령화 사회로 접어들면서 병상 포화상태, 비용 압박, 규제 복잡성, 기술 과부하 등 여러 도전과제에 직면해 있기 때문이다.

GE 헬스케어는 미국 존스홉킨스병원을 비롯해 영국, 캐나다 등 세계 10여 개 주요 병원에서 이용되고 있다. 머피 사장은 "GE 헬스케어는 한국 병원 한 곳과도 커맨드센터 설치를 논의하고 있다"며 "마치 공항에서 관제실이 비행기를 조종하듯 커맨드센터를 설치한 병원이 디지털 병원 모범사례가 될 수 있다"고 설명했다.

최첨단 디지털 기술이 탑재된 헬스케어 커맨드센터는 환자 중심 임상 결과를 얻기 위해 복잡한 알고리즘, 예측 분석, 첨단 엔지니어링 기술을 활용한다. 최적의 치료를 위해 24시간 내내 AI 기술을 활용하고 성과를 모니터링하여 개선 프로그램을 선보이며, 투명성을 갖춘 통합형 문화를 만드는 데 중점을 두고 있다.

헬스케어 커맨드 센터를 도입한 병원에서는 응급실 환자의 대기 시간이 23~25% 감소하고, 최대 22개까지 입원환자 침상 확보가 가능했으며, 초과 입원 기간은 52% 감소, 병원 전원 거절 비율이 18% 감소하는 등 괄목할만한 성과를 거뒀다.

포스트 게놈 시대, 질병의 근원을 찾아서

훌리오 마욜 샌카를로스 병원 최고의료책임자

훌리오 마욜

샌카를로스 병원 최고의료책임자로 병원의 모든 의료진을 이끌고 있다. 또한, 2011년 스페인 왕립의학원에 합류했고 2018년부터 네트워크 최고경영자를 맡고 있다. 영국외과저널BJS의 총무였으며, 2019년부터 Spanish Society of Surgical Research의 회장을 맡았다. 마드리드 콤플루텐세 대학교에서 최우수summa cum laude로 박사 학위를 취득했고, 마드리드-MIT 연구협력기관인 M+Vision Consortium의 공동 디렉터를 지냈다.

"게놈 연구는 그동안 많이 발전해왔지만, 질병의 증상을 경감시키는 선에서 그쳤다. 이제는 게놈을 이용해 질병의 본질을 밝혀 아예 그 뿌리를 없애는 것도 가능해질 것이다."

우리는 살면서 끊임없이 정보를 수용한다. 우리 게놈에 입력된 인간의 본질은 우리가 다른 인간이나 동물, 그 이외의 생명체나 주변 환경의 정보와 소통하게 한다. 이로써 인간은 사회적 관계를 맺거나 생존에 필요한 음식을 채취하는 과정을 거칠 수 있다. 이를 통해 우리가 누군지, 어떻게 성장하며 무엇이 될지, 어떻게 나이를 먹고 사망에 이를지를 인식한다.

수백 년간 의료와 의약 분야에서는 인간이 외부의 정보를 수용하는 과정에서 나타날 수 있는 부작용을 연구해 왔고, 꽤 의미 있는 성과를 내기도 했다. 하지만 서서히 과거의 성과가 한계에 부딪히기 시작했다. 현재는 완치보다는 만성질환이나 장애를 갖고 살아가는 환자들이 많아지는 추세다.

홀리오 마욜 샌카를로스 병원 최고의료책임자는 제20회 세계지식포럼 '인사이트30 인간 증강: 게놈의 복원' 세션에서 "현재까지의 질병 치료는 단순히 증상을 없애는 수준으로만 유지되어왔다"며 "애초에 무엇이 잘못됐는지를 밝히기보다 증상만 치료하는 연구가 수십 년 동안 이어지며 큰 발전이 없었던 것"이라고 지적했다.

마욜 책임자는 게놈 연구가 질병의 근본적 원인을 파헤치는 중요한 열쇠가 될 것이라고 강조했다.

그는 인생은 하나의 정보처리 과정이며, 우리 게놈에는 이 같은 과정이 코딩되어있다고 설명했다. 그렇기에 서로 다른 알고리즘을 가진 개인으로서 사회와 상호작용하고, 동물들과도 상호작용할 수 있다고 한다.

그동안 의사들과 전문가들은 정보 중재자 역할을 해왔다. 정보가 어떻게 암호화되어 있고, 처리되는지 일반인들이 모두 알 수는 없기 때문이다. 의료와 보건은 정보처리 불량을 해결하는 데 집중해왔다는 게 그의 설명이다. 하지만 지난 50년 동안 다양한 지식이 축적됐지만, 아직 패러다임이 바뀌지는 않았다고 마욜 책임자는 강조했다.

그는 정체된 의학 연구에서 미토콘드리아 DNA가 중요한 돌파구가 될 것이라고 말했다. 미토콘드리아 DNA는 인간이 아주 소량으로 가지고 있는 것으로, 일반적인 DNA 검사가 힘들 경우 미토콘드리아 DNA를 검사한다. 부모에게서 반반씩 물려받는 핵 DNA와는 달리 미토콘드리아 DNA는 어머니에게서만 물려받는다.

마욜 책임자는 미토콘드리아 DNA 연구에 집중한다면, 곧 획기적인 성과를 낼 수 있을 것이라고 말했다. 그는 물에서 미토콘드리아 DNA와 유사한 특징을 가진 나노 입자를 발견했다. DNA와 RNA, 단백질이 모두 포함된 이 입자에는 말단소립 단백질(텔로머레이스)을 조절할 수 있는 기능이 있다고 한다. 그는 이 부분이 중요하다고 강조했다. 모든 세포는 이 텔로머레이스 유전자를 가지고 있지만, 대부분의 정상적인 세포에서는 활성이 발견되지 않는다. 그러나 암세포의 경우 90% 정도가 활성화된다. 만약 이를 조절할 수 있다면 암세포가 아예 생기지 않는 유전자를 만들 수 있다는 의미다. 마욜 책임자는 이 발견을 토대로 혁신적인 연구를 이어가고 있다. 그는 "이것이 의학 분야의 패러다임을 전환할 기회"라며 "우리의 수명이 연장되고는 있지만, 삶의 질이 그세 개신되지는 못했다. 이 연구를 통해 우리가 가진 근본적인 문제를 해결한다면 인류의 삶의 질 자체를 높일 수도 있다"고 전했다.

마지막으로 그는 의학 분야의 패러다임을 바꾸기 위해서는 다음 세 가지 질문에 답을 찾을 필요가 있다고 전했다. 첫 번째, 만약 연구가 유효하다고 밝혀진다면 가장 큰 혜택을 받는 이는 누구인가. 두 번째, 어떤 방식으로 치료를 진행하고 얼마만큼의 건강 개선 효과를 누릴 수 있을 것인가. 세 번째, 연구의 유효성은 어떤 방식으로 밝힐 수 있는가. 그는 마지막 질문에 대한 답을 찾는 것이 가장 중요할 것이라며 말을 맺었다.

애플에 이어 디즈니까지,
OTT 플랫폼 경쟁

게리 류 사우스차이나모닝포스트 CEO & 스티브 첸 유튜브 공동설립자

스티브 첸

유튜브 공동설립자 겸 전 최고기술책임자cTo. 1999년 페이팔에 근무하며 실리콘밸리에
첫발을 내디딘 그는 유튜브가 동영상 스트리밍의 혁신을 이루기까지 중추적인 역할을 했
다. 그는 사용자에게 맞춤 동영상을 추천하는 알고리즘을 만들었고, 그의 활약으로 유튜
브는 창업 후 1년도 되지 않은 시점에서 16.5억 달러에 구글에 매각됐다.

게리 류

사우스차이나모닝포스트scMP의 CEO. 2017년 마윈 알리바바 회장이 직접 발탁한 인물이
다. 구글 출신 30대 중반 대만계 미국인인 그는 전통 언론사 근무 경험이 전혀 없다. 그런
데도 100년이 넘는 역사와 전통을 자랑하는 SCMP를 빠르게 변하는 미디어 환경에서 선
도 언론사로 이끌고 있다.

OTT(온라인동영상) 서비스 시장이 가파르게 성장하고 있다. 시장 조사업체 IHS마킷에 따르면 세계 OTT 서비스 구독자 수는 2018년 6억 1,330만 명을 기록했다. 2017년에 비해 37% 늘어난 수치다. 이는 케이블 TV 가입자 수인 5억 5,600만 명보다 많다. 점차 케이블 TV, 유료 방송을 해지하고 대신 OTT를 이용하는 '코드 커팅Cord Cutting' 현상이 확산되고 있다. 프라이스워터하우스쿠퍼스PwC는 2012년부터 2017년까지 글로벌 OTT 시장이 연평균 31.4% 성장했다고 분석했다. 이는 2021년까지 367억 달러 규모로 커질 전망이다.

시장이 빠른 속도로 커지자 패권을 차지하기 위한 기업 간 경쟁도 치열하다. 유튜브, 넷플릭스, 아마존이 글로벌 선두주자로 자리 잡은 가운데 애플과 디즈니를 비롯한 후발주자가 추격전에 나설 채비를 하고 있다.

한국에서도 경쟁이 격화되는 모습이다. 빅데이터를 기반으로 이용자 취향에 맞는 콘텐츠를 추천하는 서비스를 앞세운 왓챠플레이가 시장을 선도하는 가운데 2019년 9월 SK텔레콤과 지상파 방송 3사가 통합 OTT '웨이브'를 선보였다. CJ ENM은 JTBC와 손잡고 2020년 합작 OTT를 내놓을 계획이다.

국내외 경쟁이 심화되면서 앞으로 시장 판도가 어떻게 변할지가 초미의 관심사로 떠올랐다. 스티브 첸 유튜브 공동창업자는 게리 류 사우스차이나모닝포스트 CEO와 제20회 세계지식포럼 '기술 혁신의 미래-온라인 플랫폼 혁명' 세션에서 유튜브 성공 비결을 분석하고 앞으로 글로벌 시장 구도 변화를 전망했다.

스티브 첸은 유튜브가 성공한 가장 큰 요인으로 타이밍을 꼽았다. 그는 사진과 글을 이용해 소통하던 소비자들이 동영상을 활용하기 시작하던 시점에 유튜브가 등장해 자연스럽게 흐름을 주도할 수 있었다고 전했다. 물론 기존 서비스보다 더 나은 유튜브만의 장점도 있었다. 프로그램이나 앱을 따로 설치하지 않아도 이용할 수 있는 몇 안 되는 서비스였기 때문이다.

이어 그는 "2000년대 중후반까지만 해도 OTT 시장은 지금만큼 폭발적인 성장세를 보이지 않았다. 그러나 최근 디즈니 등 자본력을 갖춘 대기업이 시장에 뛰어든 만큼 갈수록 시장은 커지고 경쟁은 치열해질 것"이라 내다봤다.

첸 공동설립자는 '콘텐츠의 퀄리티'가 향후 경쟁 구도에 결정적인 영향을 미칠 것이라 이야기했다. 그는 "과거에는 유튜브를 제외하면 동영상을 공유하고 감상할 수 있는 플랫폼이 사실상 없었다.

그러나 이제는 비슷한 서비스를 제공하는 업체가 많이 등장했고 소비자가 여러 옵션을 두고 선택할 수 있게 됐다"며 "앞으로는 퀄리티가 뛰어난, 독자적인 콘텐츠를 보유한 기업이 시장 주도권을 잡을 것"이라고 분석했다.

넷플릭스가 지난해 콘텐츠 제작에 120억 달러를 투자한 것도 이 때문이라는 설명이다. 아마존 역시 2019년 1분기에만 영상과 음악 콘텐츠에 17억 달러를 투자했다. 2019년 11월 OTT 서비스 'TV+' 출시한 애플 역시 최근 오리지널 콘텐츠 예산을 기존 10억 달러에서 60억 달러로 늘렸다.

첸 공동설립자는 한국 동영상 플랫폼 서비스가 미국 기업이 운영하는 서비스와 비교하면 훨씬 더 편리하고 효율적이라고 평가했다. 그는 "인터넷 인프라 구축이 잘 되어 있기에 한국이 빠르게 성장을 이룬 것으로 보인다"며 "한국, 혹은 아시아 시장에서만 머물기보다는 그 외 지역으로 영토를 확장하는 것이 중요한 도전 과제"라고 덧붙였다.

두 연사는 가짜뉴스 문제에 대해서도 의견을 주고받았다. 유튜브를 비롯한 동영상 플랫폼과 소셜네트워크서비스는 가짜뉴스를 유통하는 주범이라는 비판을 받아왔다. 누구나 동영상을 올리고 공유할 수 있다 보니 유튜브를 통해 사실 여부가 확인되지 않은 내용이 빠른 속도로 퍼지는 사례를 어렵지 않게 찾아볼 수 있었기 때문이다.

첸 공동설립자는 이에 대해 "해결하기 쉽지 않은 문제지만 기술 발전이 도움이 될 수 있다고 생각한다"며 "블록체인이나 디지털 서명 등을 도입하면 동영상 제작 과정을 검증하고 뉴스의 출처를 확인할 수 있을 것으로 기대한다"고 밝혔다. 더불어 그는 콘텐츠를 감상할 때 곧이곧대로 받아들이지 않고 비판적인 시각으로 내용을 분석할 수 있도록 이용자를 교육하는 일도 도움이 될 것이라고 덧붙였다.

한편 매일경제와 별도 인터뷰를 통해 류 CEO는 종이로 된 신문이나 잡지를 읽는 독자가 급격히 줄어드는 현재 언론과 미디어 업계의 디지털화 방안을 제시했다. 그가 이끄는 홍콩 영어일간지인 사우스차이나모닝포스트는 성공적으로 디지털 전환을 이룬 기업이라 평가받는다.

류 CEO는 취임 이후 조직을 개편하는 것부터 시작했다. 뉴스룸 주요 인력 160명 중 인쇄용 기사를 제작하는 인력 25명을 제외한 나머지는 모두 온라인 콘텐츠 제작 부서로 투입해 인원을 재배치했다. 전에는 지면을 우선순위에 두고 전 조직이 움직였다면, 지금은 온라인 플랫폼을 통해 유통된 콘텐츠 중 가장 퀄리티와 반응이 좋은 것을 엄선해 지면용으로 재구성한 뒤 내보내는 방식으로 운영된다. 새로운 취재 방식이나 콘텐츠 제작 방식을 자유롭게 시도할 수 있도록 도전을 권장하는 문화를 조성하고, 데이터를 토대로 독자가 관심을 보이는 콘텐츠를 보여주는 개인화 서비스도 선보였다.

류 CEO는 "기술은 빠르게 발전하고 세상도 빠르게 변한다. 소비자는 이 같은 변화에 빠르게 반응하고 적응한다"며 "언론사도 이에 맞춰 반응 속도를 끌어올리고 차별화되는 서비스를 선보이지 않으면 경쟁력을 갖출 수 없을 것이라는 판단에 운영 시스템을 바꿨다"고 설명했다.

취임 이후 3년이 지난 지금 류 CEO가 도입한 변화는 서서히 눈에 보이는 성과를 내고 있다. 지면을 우선순위에 둔 '프린트 퍼스트' 시스템에서 온라인 플랫폼을 우선시하는 '디지털 퍼스트' 체제로 바꾼 후 전체 뉴스 도달률은 8배, 글로벌 도달률은 10배 늘었다. 동영상 조회 수는 80배 증가했다.

언론사가 디지털 시대에 살아남기 위해 가장 공들여야 하는 분야는 데이터라는 분석도 이어졌다. 류 CEO는 "뉴스 시장은 빠르게 변한다. 미래에는 변하는 환경에 적시에 대응하는 언론사가 살아남을 것"이라며 "데이터가 없다면 시장이 어떻게 변했는지, 독자가 원하는 것은 무엇인지 파악하기 어렵다"고 설명했다.

현실판 아이언맨: 인간, 하늘을 날다

리처드 브라우닝 그래비티 인더스트리 창업자 겸 CEO

리처드 브라우닝

그래비티 인더스트리의 창업자. '인간 비행'에 도전하는 그는 영화 '아이언맨'의 갑옷처럼 하늘을 날 수 있는 장비를 제작한다. 현재까지 100회 가까운 비행에 성공한 그는 테드TED 강연 등에서 그의 도전과 경험을 공유했다. 그래비티 창업 전에는 세계적인 에너지 기업 'BP'에서 16년 동안 원유 트레이더로 일했다. 브라우닝은 유조선 추적·분석 플랫폼을 개발하여 5,000만 달러의 경제적 효과를 올리는 성과를 내기도 했다. 과학·기술·공학·수학 융합교육STEM의 열렬한 지지자인 그는 여러 스타트업 벤처기업에 활발히 투자하고 있다.

"조만간 한국에 인간 비행 체험장을 만들 수도 있을 것으로 기대합니다."

리처드 브라우닝 그래비티 인더스트리 CEO는 제20회 세계지식포럼 '현실판 아이언맨-인간, 하늘을 날다' 세션에서 이 같은 장밋빛 청사진을 소개했다. 브라우닝 대표는 하늘을 날고자 하는 인간의 오랜 꿈을 실현하기 위해 2017년 그래비티를 창업했다. 그래비티는 하늘을 날 수 있게 하는 최첨단 장비, 일명 '제트 슈트'를 제작하는 업체다. 영화 속 아이언맨처럼 제트 슈트를 입고 비행이 가능하다.

브라우닝 CEO의 아버지는 항해 기술 엔지니어였고, 이는 브라우닝이 제트 슈트를 만드는 데 큰 영향을 미쳤다고 한다. 그는 자연스럽게 어렸을 때부터 공학에 관심이 컸고, 특히 비행에 대한 꿈을 항상 가슴 속에 품었다고 이야기했다. 성장한 후에는 해병대에 들어가고 각종 스포츠를 두루 섭렵하며 체력과 도전 정신을 키웠다고 회상했다.

그는 "신체적 능력을 키웠으니 어떤 추진체가 있다면 스스로 몸을 지탱할 수 있지 않을까 항상 생각했다"며 "생각만 하지 말고 한 번 도전해보자고 마음을 먹었다"고 밝혔다. 그렇게 2016년 그는 본격적으로 제트 슈트 개발에 착수했다.

개발을 시작한 후 8개월 동안은 포기하고 싶었던 순간이 많았다고 했다. 직장도 바빴고 사랑스러운 자녀들도 양육해야만 했기 때문이다. 하지만 비행을 하면 할수록 즐거움은 커질 뿐이었다. 결국, 브라이닝 CEO는 직장을 그만두고 이듬해 그래비티를 만들었다. 그래비티는 창업 1주일 만에 세계적 관심을 얻었다. 그래비티가 올린 시범 비행 영상이 온라인에서 6,000만 뷰를 기록했기 때문이다. 브라우닝은 그래비티 설립 후 1년 동안 16개국을 돌며 46번이 넘는 비행 이벤트를 선보였다.

브라이닝 CEO는 그 중 특히 미국 샌프란시스코에서 열린 한 행사가 기억에 남는다고 했다. 이 행사에서 비행에 성공한 후 현장에서 바로 65만 달러를 투자받았기 때문이다. 통 큰 투자자의 정체는 실리콘밸리의 유명 벤처캐피탈업체 '부스트'를 운영하는 억만장자 팀 드레이퍼였다. 브라우닝 CEO는 당시 비행에 실패하면 어쩌나 걱정이 컸기에 정신이 하나도 없었다고 말을 이었다. 그는 "다행히 시연을 잘 끝냈는데 장비를 다 벗기도 직전에 드레이퍼 대표가 오더니 100달러를 먼저 건넸고, 제트 수트에서 나오는 바람 덕분에 주차장이 깨끗해져 청소비 100달러를 주는 것이라고 농담을 건네더라"며 "잠시 뒤 그가 다시 오더니 자신과 아들에게 지분 10%를 팔라며 100달러 지폐에 65만 달러란 거액을 적어줬다"고 말하며 웃었다. 브라우닝 CEO는 100달러 지폐에 첫 계약서를 쓴 건 자신이 유일할 것이라며 뿌듯해하기도 했다.

거액 투자를 받은 이유가 무엇이라고 생각하느냐는 질문에 브라우닝 CEO는 "부스트 회사 로비에는 새로운 혁신을 꿈꾸란 의미에서 다양한 슈퍼 히어로들이 디자인 되어 있다. 드레이퍼 대표가 꿈꾸던 혁신적인 미래 기술이기에 투자하지 않았을까 생각한다"고 답했다. 드레이퍼 대표는 브라우닝 CEO에게 '최초의 자동차도 말보다 시끄럽고 냄새도 지독했었다'고 설명했다고 한다. 브라우닝 CEO는 "아직 제트 슈트에 개선할 점이 많지만, 먼 미래에는 인간 비행이 새로운 이동 수단의 한 축이 될 수도 있다"고 전했다.

다만 현재로선 대중에게 제트 슈트를 판매하는 건 시기상조란 입장이다. 무게가 25kg에 달하는 제트 슈트는 아직 소음이 심하고 가격도 44만 달러로 비싸 빠른 상용화는 어려운 상황이다. 브라우닝 CEO는 "지금까지 제트 슈트는 딱 2명에게 판매했다"며 "이후 여러모로 고민을 해봤지만 아직은 대중에게 판매하긴 이르고 조심스럽다"고 설명했다.

하지만 비행을 희망하는 이들이 워낙 많기에 그래비티는 영국 런던과 미국 캘리포니아에 제트 슈트를 입고 훈련해보는 비행 체험장을 만들었다. 하루 체험 비용은 약 750만 원이다. 브라우닝 CEO는

"체험 가격이 비싼 편이긴 하다"면서도 "한번 비행을 해본 사람들은 그 경험을 잊지 못하고 계속 다시 온다"고 말했다.

그는 한국에도 비행 체험장이 들어설 가능성이 있다고 언급했다. 브라우닝 CEO는 "최근 제트 슈트에 많은 관심을 보이는 한국 관계자와 만났다"며 "아직 구체적인 내용을 말할 순 없지만, 한국에 인간 비행 체험장을 세우는 게 어떠냐는 이야기가 오고 갔다"고 설명했다. 그는 "조만간 아시아 지역에 첫 번째 체험장을 열긴 할 것"이라며 "일본, 중국, 홍콩 등 여러 지역을 물색하고 있지만, 한국에 세울 가능성이 크다"고 귀띔했다.

나아가 브라우닝 CEO는 제트 슈트가 레이싱 같은 엔터테인먼트 사업에 활발히 이용될 것으로 내다봤다. 그는 "한번은 캘리포니아 강변에서 사람들을 모아놓고 제트 슈트 레이스 경기를 진행했다"며 "당시 뜨거운 호응을 얻는 모습을 보며 엔터테인먼트 분야에 수요가 클 것 같단 생각을 하게 됐다"고 말했다.

영화 촬영에 활용될 수도 있다. 브라우닝 CEO는 아이언맨 영화에서 아이디어를 얻어 제트 슈트를 만든 건 아니지만, 개발하면 할수록 아이언맨 슈트와 비슷하긴 하더라고 설명했다. 실제로 아이언맨 비행 그래픽 작업을 담당하는 디자이너가 그에게 연락을 하기도 했다. 브라우닝 CEO는 "지금의 영화에서 토니 스타크가 날아다니는 장면은 컴퓨터 그래픽이지만, 나중엔 실제 배우가 나는 모습을 촬영할 수도 있다고 생각하니 즐거웠다"고 회상했다.

그 외에도 군대나 경찰 등과 함께 구조 작업에 나설 수도 있다고 브라우닝 CEO는 설명했다. 바다 위에서의 빠른 수색 작업이나 도주한 테러리스트 추적 작업 등에 제트 슈트가 도입되면 긍정적 영향을 줄 수 있을 것이란 전망이다. 제트 슈트가 무기화되는 것 아니냐는 질문에는 "무기화는 모든 신기술이 나올 때마다 제기되는 우려"라며 "좋은 방향으로 사용되도록 노력할 것"이라고 일축했다.

3D프린팅과 제조강국 아시아의 미래

차오 샤오후이 푸싱 그룹 전무이사 外

차오 샤오후이

중국 푸싱그룹의 전무이자 푸싱 자동화 및 로봇 그룹과 푸싱 에너지산업 유틸리티 그룹 사장이다. 중국 내 투자와 교차 M&A를 담당하고 있다. 푸싱그룹 입사 전에는 Siasun 로보틱투자회사 사장으로 근무했다.

알렉스 라루미에르

HP의 이사로 현재 아시아 지역 3D 프린팅 관련 제품과 서비스 개발 사업을 이끌고 있다. 18년 동안 HP에 근무하며 기업의 여러 프로젝트와 개발 사업을 주도 및 실행했다.

히데타카 아오키

일본 최대 벤처캐피탈 기업 중 하나인 글로벌 브레인의 파트너로 우주 및 로봇 산업을 담당하고 있다. 그는 현재 우주 및 로봇 산업과 같은 새로운 기술에 대한 투자의 최근 동향을 주시하고 있으며 그 중 텔레이그지스턴스Telexistence를 비롯한 여러 하드웨어 산업 스타트업의 이사진을 겸하고 있다.

KNOWLEDGE REVOLUTION 5.0

"3D 프린팅은 차세대 제조업의 가장 중요한 모델이 될 것이다. 폐기물을 줄이고 지속가능한 미래를 만드는 데도 기여할 수 있는 고성장군 사업이다. 기업은 이 산업에 투자하고 정부는 산업이 살아날 수 있도록 촉진하는 역할을 다 해야 한다."

3D 프린팅은 스마트 제조에 있어 매우 중요한 역할을 한다. 특히 아시아 중심의 기존 제조 기반에서 탈피해 제조민주화Democratized Manufacturing를 이룰 수 있는 해결책으로 제시되기도 한다.

세계 제조의 대부분을 맡은 아시아에서도 3D 프린팅 제조의 부상에 전략적인 대비를 하고 있다. 특히 중국은 정부 주도로 이 분야 투자를 독려하며 힘을 싣는 분위기다.

제20회 세계지식포럼 '제조 강국 아시아의 3D 프린팅 현황과 미래' 세션에서 연사들은 각각 자신의 나라와 회사가 3D 프린팅 산업의 미래를 위해 어떤 투자를 하고 있는지 설명했다.

연사로 나선 차오 샤오후이 중국 푸싱그룹의 전무는 "3D 프린팅 장비들을 통합하여 제조설비와 연결 하는 것이 중요하다"며 "어떤 선진사례, 어떤 벤치마크를 살펴야 할지 고민해야 한다"고 말했다. 그는 3D 프린팅의 핵심을 효율성과 수익 개선, 그리고 투자로 꼽았다. 현재 푸싱 그룹에서는 지난해보다 한 단계 더 진화한 3D 프린팅 기술에 투자하고 있다고 한다.

차오 전무는 "3D프린팅의 미래가 전체 제조설비와 연계되며, AI, 사물인터넷과 함께 발맞춰 개발될 것"이라고 이야기했다.

알렉스 라루미에르 HP 이사는 HP가 어떻게 아시아 지역 3D 프린팅 산업에 뛰어들었는지 설명했다. 그는 "3D 프린팅이 제조로 전환되기 위해서는 기술 혁신이 가장 먼저 필요하고, 제조 전 과정에 걸친 도입이 필요하다. 교육도 매우 중요하다"고 말했다. 그는 이어 "차세대 건축가와 디자이너라면 3D 프린팅을 완벽히 이해해야 하며, 기술에 대한 접근성을 넓혀 이들이 충분히 시도하고, 실험하게 할 수 있도록 관련 산업에서 노력해 나가야 할 것"이라고 말했다.

그는 싱가포르가 현재 이런 변화를 이끌어나가는데 선두를 달리고 있다고 평가했다. 첨단, 제조, 공업 분야에서 3D 프린팅이 활용되고 있으며 관련 연구개발에 많은 공공 재원이 투입되고 있다는 것이다. 라루미에르 이사는 "각국의 정부가 비즈니스 모델의 변화를 잘 이뤄내야 한다. 3D 프린팅을 제조 과정에 넣으면 제조업의 큰 그림을 바꿀 수 있다"고 말했다.

히데타카 아오키 글로벌브레인 파트너는 3D 프린팅이 우주 산업에도 적극적으로 활용될 것이라고 강조했다.

세션에서는 한국 기업과 정부를 향한 조언도 나왔다. 라루미에르 이사는 "3D 프린팅을 이용한 제조를 제조 과정의 핵심으로 삼기 위해서는 많은 시간과 노력이 필요하다"며 "3D 프린팅 기술은 세계가 주목하는 기술이고, 엄청난 임팩트가 올 것이다. 한국 기업들도 본격적으로 뛰어들어야 한다"고 전했다.

차오 전무 또한 3D 프린팅에 최근 매우 적극적인 중국 정부처럼 한국도 투자를 촉진시켜야 한다고 말했다. 그는 특히 "자동차와 항공우주 제조의 경우 3D 프린팅을 이용한 선행 사례가 있어야 할 것"이라며 "선행 사례가 있으면 기업들이 3D 프린팅 창업 회사들을 지원하고 또 다른 사례를 만들어나가는 선순환을 이루게 된다"고 이야기했다.

부릉에게 듣는 딜리버리 성공바이블

유정범 메쉬코리아 대표

유정범

메쉬코리아의 대표. 2013년 '부릉'을 설립했다. 부릉 서비스는 IT 기술을 통해 기존 배달시장의 비효율을 개선하고, 투명한 정산 시스템을 구축하는 등 시장 양성화에 기여하고 있다. 이에 공로를 인정받아 고용노동부, 중소벤처기업부, 국토교통부 장관상과 Red Herring Top 100 Global 등을 수상했다. 최근에는 데이터 사이언스와 AI를 통한 배송 솔루션 고도화를 통해 4차 산업 혁명 시대에 맞는 종합 물류 기업을 향해 도전하고 있다.

배달 음식 좀 먹어본 사람이라면 한 번쯤 '부릉vROONG'을 들어봤을 것이다. 골목 곳곳에는 'VROONG' 로고가 새겨진 오토바이가 늘고 있으며, 'VR' 마크 조끼를 입은 기사도 자주 눈에 띈다. 물류 브랜드 부릉을 운영하는 메쉬코리아 유정범 대표는 제20회 세계지식포럼에서 "물류 시장의 중간 단계를 대폭 줄임으로써 기사들에게 더 많은 혜택을 돌려줄 수 있게 됐다"고 초고속 성장 비결을 밝혔다. 메쉬코리아는 2018년 731억 원의 매출을 올렸으며 2019년 8월 한 달 동안에만 매출 161억 원을 기록할 정도로 빠르게 몸집을 불려가고 있다.

2013년 설립된 메쉬코리아는 국내 물류 시장이 배송 기사의 숙련도에 지나치게 의존한다는 점을 파고들었다. 배송 기사는 월 280~300시간 정도 일하는데, 200만 원도 못 가져가는 기사가 있기도 하고 많게는 700만 원을 버는 사람이 있을 정도로 기사들 사이 수입 편차가 컸다.

유 대표는 숙련자 수의 증가율이 배송시장 성장률을 따라가지 못하는 시장 상황을 공략했다. 메쉬코리아는 '탈숙련화'를 해결책으로 내놨다. 경험이 필요한 활동을 기술로 대체하고, 비숙련자의 생산성을 높여 배송 기사 진입 장벽을 낮춘 것이다. 신규주문 선택부터 배송 순서를 설계하고, 픽업 포인트별 대기시간을 예상하는 등 배달의 5가지 단계를 '부릉 TMS'로 처리했다. 덕분에 5일 안에 기사 이탈률은 19% 감소했다고 한다.

현재 부릉의 배송 기사는 이동 경로 계획을 짜고, 주행하고, 물건을 고객에게 전달하는 역할만 하면 된다. 향후엔 배송 기사가 물건 픽업과 고객 전달만 하는 것으로 임무를 축소해 남녀노소 누구나 뛰어들 수 있게 하는 것이 부릉의 포부다.

"저희가 자랑하는 게 하나 있는데요. 기사에게 '언제 오는지, 어디쯤 오고 있는지' 전화할 필요가 없다는 것입니다. 모든 부릉 라이더들은 본인이 가지고 있는 신호와 메시지만 보고 운행할 수 있어요. 고객이 '빨리빨리' 재촉 전화 안 해도 24분 안에 도착하게 만드는 시스템입니다."

배달 대행업체의 고질적 문제인 시간대 쏠림 현상도 해결했다. 음식뿐만 아니라 옷, 식료품, 카페 음료, 일반 상품 물류까지 취급하면서다. 부릉은 버거킹, KFC, 맥도날드, 이마트, 교보문고, 롯데마트 등을 고객사로 두고 있다. 음식배달 위주의 경쟁사가 식사 시간대로 업무가 집중된다면, 부릉은 영업시간 내내 고른 업무량을 유지한다. 이렇게 업무 분포 편향성을 해결하면 배달기사 처우는 향상된다. "국내 배달시장에는 심각한 덤벨효과가 있습니다. 식사시간 위주로 주문이 몰리는 것이죠. 결과적으로 피크 타임에는 배달기사 수가 충분하지 않아 고객 불만이 발생합니다. 반면, 식사시간 외에는 배달 건수가 급격히 감소하죠. 매일 배달기사의 둘 중 하나가 업계를 이탈합니다. 메쉬코리아는 배달주문량을 고르게 분포하여 지속적이고 안정적인 서비스를 가능하게 했습니다."

부릉의 시스템에 매력을 느끼는 배달기사는 기하급수적으로 증가하고 있다. 2014년 150명이던 등록 라이더 수는 지난해 기준 2만 700명에 달했다. 직전 연도인 2017년에 비해 두 배 성장한 수치다. 연간 거래액은 지난해 3,950억 원으로 전년 대비 2.7배 폭증했다.

유 대표는 궁극적으로 '부릉 시티'를 세우고 싶다는 구상을 공개했다. 'IT 역량으로 하이퍼 커넥티비티를 이뤄내 보겠습니다. 우리는 이륜차, 사륜차에 KTX 배송까지 갖추고 있습니다. 점점 공장화하고 있어요. 지금의 한류 열풍을 활용해 우리가 아시아 물류의 중추 역할을 하기 위해선 더 높은 퀄리티를 유지할 수 있어야 해요. 부릉 쇼핑까지 가능한 부릉 시티를 만드는 게 우리 비전입니다. 최종 고객이 원하는 배송 방식을 만들어내는 게 목표입니다. 드론이고 트럭이고 이륜차고 모두 고객 중심으로 연결하는 기업을 만들 겁니다."

문화와 IT의 만남,
미래의 엔터테인먼트 세상

이수만 SM엔터테인먼트 총괄 프로듀서

이수만

전 세계 문화산업의 해외 진출 역사상 가장 경이로운 성과를 만드는 '한류 – Korean
Wave'를 만들어 낸 창시자다. 그는 1997년 엔터테인먼트 업계 최초 아시아를 시작으로
해외시장에 진출했다. SM TOWN LIVE의 파리, 뉴욕, LA의 성공적인 공연을 통해 신드
롬을 일으키고 있는 K-pop 열풍의 리더이기도 하다. 세계에서 우리 문화가 사랑받는다
면 우리 경제 또한 최고가 될 수 있다는 생각을 기반으로 우수한 콘텐츠를 통해 경제적
효과까지 창출하여 대한민국이 '문화대국', '경제대국'이 될 수 있도록 한국 엔터테인먼트
산업을 이끌어 가고 있다.

KNOWLEDGE REVOLUTION 5.0

보아와 동방신기를 해외로 내보내며 K팝 개념을 정착시킨 이수만 SM 총괄 프로듀서가 팝 음악 본고장 미국 공략에 나선다. 문화와 IT를 융합한 컬처 테크놀로지CT를 강조해온 그는 한국 음악으로 세계가 연결되는 컬처유니버스CU를 만들어 보이겠다고 사신했다. 이를 위해 미국 엔터테인먼트 업계에서 가장 앞선 기업들과 전대미문의 합종연횡 전략을 추구한다는 구상을 공개했다.

이 프로듀서는 제20회 세계지식포럼에서 '미래의 엔터테인먼트 세상'을 주제로 연설했다. 그는 "미래 사회엔 아바타와 셀러브리티가 중심이 된다"고 역설했다. 엔터테인먼트와 IT에 모두 강한 한국이 세계 중심국으로 부상할 것이란 의미다. 그는 "미래엔 현실 공간과 가상공간의 경계 없이 콘텐츠를 즐기게 될 것"이라며 "우리는 '컬처 테크놀로지'로 무한한 크로스오버가 이뤄지는 새로운 콘텐츠 세상을 구축할 것"이라고 목소리를 높였다.

SM은 미래 사회 주도권을 잡기 위한 첫 단추로 미국 시장을 노크한다. K팝이 세계에서 맹위를 떨치고 있는 가운데 유독 약세를 보이는 북미 시장을 사로잡겠다는 포부다.

SM이 콜라보레이션을 펼칠 기업 중 가장 큰 관심을 끄는 건 마블 엔터테인먼트다. 지난 80년간 스파이더맨과 엑스맨, 데드풀 등 8,000개가 넘는 캐릭터를 만들어 세계적 사랑을 받아온 기업이다.

이 프로듀서는 "SM과 마블이 전반적인 콜라보레이션을 할 것이고 나는 프로듀서로서 프로듀싱을 진두지휘할 것"이라며 "SM 아티스트의 개성과 특징을 바탕으로 이야기를 만들고, 마블의 영감이 담긴 노래가 발표될 수도 있다"고 밝혔다.

SM엔터테인먼트는 세계지식포럼을 통해 미국 3대 에이전시 중 하나인 CAA와의 협력 계획도 밝혔다. CAA는 배우, 가수, 영화감독 등 다분야 크리에이터가 해외에 진출할 때 가장 선호하는 글로벌 에이전시다. 그간 스티븐 스필버그 감독과 배우 메릴 스트립, 톰 크루즈, 조지 클루니가 이 에이전시를 거쳤다.

이는 한국 가수들에게 난공불락으로 여겨졌던 북미 음악 시장에서 SM 아티스트가 대중성을 갖는 데 큰 역할을 해줄 것으로 보인다. 이 프로듀서는 "엔터테인먼트와 스포츠 에이전시 선두주자인 CAA가 SM 소속 아티스트들과 함께 일하기 시작했다. 이것은 SM이 아시아와 세계를 연결하는 첫 발자국이다. CAA와 새로 형성된 관계를 통해 국경을 넘어 더 많은 기회가 생길 것"이라고 기대했다.

TV 프로덕션과의 협력으로 일반인 노출 기회도 더욱 많이 얻을 것으로 예상된다. 그간 K팝 아티스트는 프로모션으로 미국 TV에 일시적으로 나왔을 뿐 예능 프로그램과 드라마 고정 출연 기회는 좀처럼 잡지 못했다.

이 총괄 프로듀서는 'SM 보이그룹 어벤저스' 격으로 등판한 슈퍼M의 비전과 핵심 경쟁력도 설명했다. 엑소 백현과 카이, 샤이니 태민, NCT 127의 태용과 마크, 중국 팀 웨이션브이wayv의 루카스와 텐 등 최고 인기 그룹의 일곱 멤버를 모은 연합팀 슈퍼M은 2019년 10월 첫 미니앨범을 내고 국내외 시장 공략에 닻을 올렸다.

그가 이날 발표한 SM과 미국 엔터테인먼트사들과의 대대적 협력 관계는 한국 대중문화 역사에서 전무후무한 것으로 평가된다. 그는 캐릭터·음반·아티스트 홍보에서 세계 정상을 달리는 기업들과 콜라보레이션을 통해 K팝을 '마니아 콘텐츠'가 아닌 주류 문화로 끌어올려 보이겠다고 자신했다.

스테이 헝그리!
스타트업 글로벌 진출의 비법

니클라스 외스트버그 딜리버리 히어로 창업자 겸 CEO

니클라스 외스트버그

딜리버리 히어로의 창업자이자 현 CEO다. 과거에는 5년 동안 올리버 와이만에서 기업

컨설턴트로 근무했으며 이후 Pizza.nu를 창업하며 회장으로 재임했다. 2009년 오스트리

아, 폴란드, 핀란드 지역에서 음식배달 플랫폼의 출시 및 확장을 주도했다. 2011년 마침

내 딜리버리 히어로를 창업했고 스타트업 동업자들과 함께 국제 시장 진출을 추진했다.

배달 전성시대다. 휴대폰만 있으면 언제 어디서든 원하는 음식과 식재료를 시킬 수 있게 되면서, 배달 앱과 배달 전문 대행업체들도 급성장했다. 국내 배달시장만 15조 원을 넘어섰으며 세계적으로는 2030년까지 시장 규모 435조가 될 것으로 예상된다.

"스타트업 글로벌 진출의 핵심은 로컬화와 단계적 성장이다. 한 지역에서 먼저 성공적인 비즈니스 모델을 만들고 그 노하우를 해외로 확장하되, 현지 팀의 목소리를 최대한 듣고 자율성을 부여해야 한다."

제20회 세계지식포럼 '스테이 헝그리! 스타트업 글로벌 진출의 비법' 세션에서는 딜리버리 히어로의 창업자 니클라스 외스트버그 대표가 스타트업 성공 노하우를 전수했다.

2011년 독일 베를린에서 탄생한 모바일 음식 배달서비스 기업 '딜리버리 히어로'는 세계에서 가장 빠르게 성장한 스타트업으로 잘 알려져 있다. 8년 만에 유럽, 중동, 남미, 아시아 등 전 세계 41개 국으로 사업을 확장했으며, 국내에서는 '요기요'와 '배달통'을 전개 한다. 딜리버리 히어로는 전 세계에서 매일 6,000만~6,500만 건 의 주문을 받고 있으며, 매년 100%씩 성장하고 있다. 창업 6년만인 2017년에는 그해 유럽 상장 IT 기업 가운데 가장 큰 규모로 기업공 개에 나서 세계적인 주목을 받기도 했다.

외스트버그 CEO는 딜리버리 히어로 창립 전 스위스에서 온라인 피자 배달 서비스 스타트업을 운영하며 푸드 테크 시장에서의 경험 을 쌓았다. 그 뒤 폴란드, 핀란드, 오스트리아 등 주변국으로 피자 배달서비스를 넓혀가며 유럽 각지의 레스토랑과 네트워크를 쌓고 고객 편의에 맞춘 서비스를 개발했다. 이때 쌓은 노하우로 유럽에 서 가장 까다로운 독일 시장에 발을 들일 수 있게 됐고, 지금의 딜 리버리 히어로를 키워낸 발판을 마련했다.

그는 스타트업이 해외시장에서 성공하려면 현지의 자원과 인력 을 잘 활용해야 한다고 설명했다. 한 개의 플랫폼을 모든 나라에서 사용할 수 있다면 편리성은 높아지겠지만, 각 국가에 가장 잘 맞는 서비스를 구축하기는 어렵기 때문이다.

한국에 진출할 때 요기요, 배달통 등 이미 인프라와 서비스를 어 느 정도 구축했던 서비스 기업을 인수한 이유도 이와 일맥상통한 다. 외스트버그 CEO는 "세계적인 비즈니스를 만들 때는 현지 팀 의 목소리를 듣고 현지의 경영진이 혁신할 수 있도록 돕는 것이 가 장 중요하다"며 "서비스·기술 개발 등 모든 측면에 있어 현지 팀에

100% 자율권을 부여한다"고 전했다.

하지만 뚜렷한 계획과 노하우 없이 해외에 진출하는 것은 유의해야 한다고 강조했다. 외스트버그 CEO는 "딜리버리 히어로도 처음에는 한 도시에서 5개의 레스토랑과 협업하는 것부터 시작했다"며 "한 지역에서 먼저 성공적인 비즈니스 모델을 만들고 그 노하우를 해외로 확장하는 단계적 성장이 기본이 돼야 할 것"이라고 말했다.

딜리버리 히어로의 가장 큰 경쟁사가 어디냐는 질문에는 "전화를 통한 배달"이라고 답하기도 했다. 그는 "아직 많은 사람들이 모바일 앱 대신 음식점에 바로 전화를 해 주문한다"며 "앱으로 음식을 주문하는 게 훨씬 쉽고 빠르다는 점을 고객들에 설득하는 과정이 핵심"이라고 전했다.

앞으로 배달의 영역을 적극 넓히겠다는 계획도 전했다. 외스트버그 CEO는 "우리의 배달 네트워크를 이용하면 배달 시간이 훨씬 빨라질 수 있다. 어떻게 보면 아마존보다도 이런 점에서는 더 뛰어나다고 할 수 있다"며 "그러기 위해서 고객들의 니즈를 파악하고, 더 혁신적인 서비스를 선보이는 데 노력할 것"이라고 말했다.

한국에는 훌륭한 스타트업들이 많다며 글로벌 진출에 적극적으로 나서라는 조언도 아끼지 않았다. "한국은 기술 혁신이 아주 빠르게 일어나고 있는 곳이라서 스타트업이 성장하기 매우 좋은 환경이다. 하지만 그에 비해 해외에 진출하는 스타트업은 적은 것 같다. 충분한 경쟁력이 있으니 글로벌 무대에서 역량을 펼치길 바란다"고 전했다.

스타트업만 7,000개,
이스라엘의 혁신 노하우

이갈 에를리히 요즈마 그룹 회장 外

이갈 에를리히

이스라엘 산업통상노동부의 수석과학관을 역임했다. 1993년 글로벌 벤처캐피탈 요즈마 그룹을 설립하여 이스라엘 벤처캐피탈 산업을 이끌어왔다. 요즈마 펀드는 이스라엘 초기 벤처들에 투자하여 10개 중 6개 펀드에서 100%가 넘는 수익률IRR을 달성했다.

모르데하 셰베스

1994년부터 2004년까지 연구소의 화학연구지원부장을 지냈고 2006년 바이츠만 연구소의 기술 이전 부총장을 지냈다.

로베르트 일라토브

전 이스라엘은 우리의집당Yisrael Beiteinu 소속의 크네스트(국회) 의원이다. 일라토브는 17기 크네스트부터 국회에 합류했으며 그전에도 네타냐 부시장을 비롯한 여러 지방 자치위원회에서 활동했다.

이스라엘은 성공적으로 스타트업 생태계를 갖춘 대표적 국가다. 인구가 천만 명이 안되는 나라지만 7,000여 개의 스타트업이 자리하고 있고, 매년 1,000개의 스타트업이 새로 생겨난다. 미국 나스닥에는 미국과 중국 다음으로 많은 93개의 기업을 상장시켰다.

제20회 세계지식포럼에서는 이스라엘의 전문가들이 혁신 사례를 소개하는 자리가 마련됐다. 이날 펼쳐진 '이스라엘의 혁신' 세션에는 이갈 에를리히 요즈마 그룹 회장, 모르데하 셰베스 바이츠만 연구소 부총장, 로베르트 일라토브 전 이스라엘 상원의원이 연사로 참여해 이스라엘의 독특한 스타트업 생태계와 혁신 전략을 소개했다. 좌장은 알베르트 벡슬러 이스라엘 예루살렘 기도위원회 위원장이 맡았다.

전문가들은 이스라엘 혁신이 정부와 의회의 적극적 지원을 촉매 삼아 이뤄졌으며 혁신의 원동력은 인적 자본이라고 설명했다. 인적

자본은 새로운 문제와 아이디어를 추구할 '호기심' 있는 인재를 의미한다고 강조했다.

세베스 부총장은 자율적으로 혁명적인 발견을 하도록 유도하는 것이 가장 중요하다고 역설했다. 그는 "우리는 바이츠만의 연구자들에게 무엇을 하라는 계획을 주시 않는다. 물리적인 인프라와 리스크를 감내할 기회를 제공하면 모든 작업은 호기심에 의해 주도된다"고 이야기했다.

그는 이어 "그 결과로 바이츠만은 학술지 〈네이처〉 기준 세계 6위 연구소(1~5위는 미국 연구소)로 평가받고 있다. 어릴 때부터 교육을 통해 질문을 많이 하도록 장려해야 하는 '후츠파'라는 개념은 이미 널리 알려져 있다"고 전했다.

후츠파란 형식과 권위에 얽매이지 않고, 끊임없이 질문하고 도전하는 이스라엘인 특유의 도전 정신을 뜻한다. 후츠파 정신은 이스라엘의 대표적 교육 방식으로 자리 잡고 있으며 이스라엘 창업정신의 근원으로 여겨진다.

일라토프 전 의원은 스타트업 생태계 조성을 위한 입법의 중요성을 강조했다. 이스라엘은 초기 단계 스타트업에 투자하는 소규모 투자자들에게 세액 공제 혜택을 제공하는 '엔젤 법안'을 가장 먼저 성공적으로 정착시킨 국가다.

그는 "엔젤 법안은 국회가 정부와 오랜 기간 끊임없이 논의하고 끈질기게 요구한 결과 통과될 수 있었다. 여러분의 국회의원들은 현재 하이테크 산업을 잘 알고 있는지 궁금하다. 입법자들이 제대로 알아야 한다. 여러분의 시각에서 정부에 설명할 수 있도록 도와 줘야 한다"고 강조했다.

이스라엘 스타트업 창업 환경의 기반이 된 '요즈마 펀드' 조성을 주도한 에를리히 회장도 정부와 입법자들의 역할이 중요하다고 입을 모았다. 그는 "우리 생태계에서는 아이디어만 있다 하더라도 정부에서 지원을 받을 수 있다. 혁신적이고 상업화가 가능하다는 걸 입증할 수 있으면 정부의 지원을 받고 로열티 형태로 돌려주는 시스템이 있다. 이 시스템을 40년간 유지해왔고 4억 달러 정도 효과가 있었다"고 이야기했다.

전문가들은 스타트업 초기 단계부터 글로벌 시장을 목표로 해야 한다는 조언도 잊지 않았다. 창업 5년 만에 5,500만 명이 쓰는 세계 최대 내비게이션 앱으로 발전한 '웨이즈'를 예로 들었다. 구글은 지난 2013년 11억 달러에 웨이즈를 인수했다.

세베스 부총장은 "이스라엘 스타트업은 처음부터 글로벌 시장을 목표로 한다. 한국에도 웨이즈와 유사한, 아주 훌륭한 프로그램이 있었는데 글로벌하게 생각하지 않아서 세계 무대에 진출하지 못한 것으로 알고 있다"고 말했다.

에를리히 회장도 "한국 안에서만 경쟁한다면 유사한 서비스가 어떤 나라에 이미 존재하는지 아닌지도 알 수 없다. 글로벌 시장에 먼저 진입한다는 것은 매우 중요한 이점"이라고 덧붙였다.

변곡점 맞은 세계 에너지 시장

파티 비롤 국제에너지기구IEA 사무총장

파티 비롤

2015년부터 국제에너지기구 사무총장으로 재임하고 있다. 2018년 1월 재선에 성공해 2019년 9월부터 두 번째 4년 임기를 시작했다. 비롤 사무총장의 지휘 아래 국제에너지기구는 대대적인 개편을 했다. 기존 정책과 방침을 최근 산업 흐름에 맞게 가다듬었고 신흥국을 포용하고 에너지 안보에 대해서도 적극적으로 움직이는 중이다. 신재생에너지와 에너지 효율을 높이기 위한 기술 발전에도 국제에너지기구가 중추적인 역할을 할 수 있도록 노력했다.

KNOWLEDGE REVOLUTION 5.0

"2018년 글로벌 에너지 시장에 에너지 효율성 둔화와 기후 변화의 가속화라는 딜레마가 더욱 심화됐다. 석탄보다 오염이 덜한 '액화천연가스LNG＋신재생에너지'의 조화가 현재 가장 환경적이고 효율적이다."

파티 비롤 국제에너지기구IEA 사무총장은 제20회 세계지식포럼 '세계 에너지 시장: 오늘과 내일' 세션에서 에너지의 효율성과 안보, 수소 경제, 에너지전환 등 세계 에너지현안을 주제로 이야기했다. 이 세션에는 유정준 SK E&S 사장이 좌장으로 참석해 비롤 사무총장과 일대일 대담을 진행했다.

두 사람은 최근 사우디 석유 시설 피습 등으로 두드러진 에너지 안보의 중요성을 재확인하고, 국제사회의 긴밀한 협력이 중요하다는 데에 뜻을 같이했다. 특히 파리 기후협약에 따른 온실가스 감축을 위한 에너지 업계의 현안에 대해서 심도 있는 논의를 이어갔다.

유 사장은 최근 사우디아라비아에서 일어난 원유 시설 드론 테러를 이야기하며 미국은 에너지 자립도가 높아지면서 유가 급등에 큰 영향을 주지 못했지만, 한국은 중동 의존도가 높아 향후 미국 비중을 늘리는 것이 중요할 것이라고 분석했다.

비롤 사무총장은 에너지 수요 성장의 절반은 천연가스가 견인했음을 강조했다. 그 외 50%는 태양광, 풍력, 석탄, 석유다. 그는 이어서 "10년 전 IEA는 '가스의 황금시대가 열리는가'라는 제목의 보고서를 발간했는데, 지난 10년 동안 황금시대가 열린 것을 확신한다"고 이야기했다.

두 사람은 이 같은 에너지 시장의 변화에 긍정적 면이 있지만 최근 들어 새로운 변화가 오고 있다는 점에 동의했다. 태양광·풍력 등의 신재생에너지가 등장하면서 에너지 발전량은 증가했지만 이를 생산하는 데 드는 비용은 다소 높아졌다는 설명이다.

비롤 사무총장은 최신 에너지 데이터들을 소개하면서 글로벌 에너지 시스템의 변화 속도와 방향을 설명했다. 그는 "지난해 전 세계 에너지 효율성은 연간 3% 개선 목표에 미달했다. 정부 정책의 관점에서 에너지 효율성을 강조해야 한다"며 "IEA 또한 각국 정부와 기업의 리더들과 이야기할 때 이 부분을 강조하고 있다"고 밝혔다.

신재생에너지의 또 다른 단점은 원할 때 바로 사용할 수 없다는 것이다. 발전 비용 자체는 떨어지고 있지만, 환경적 요소로 인해 필요할 때 발전을 할 수 없고 이를 보관하거나 전송하는 전력계통과도 통합이 어렵다.

비롤 사무총장은 "바람이 없으면 풍력발전도 되지 않는다. 태양광, 풍력이 우리 미래에 신뢰할 수 있는 에너지원이 되기 위해서는 기존 전력계통과의 통합 문제도 생각해야 한다"고 말했다.

글로벌 에너지 시장의 또 다른 변화는 이산화탄소 배출량에 관한 문제다. 지난해 CO_2 배출량은 전년 대비 줄어들 것으로 예상했으나 사상 최대를 기록했기 때문이다.

비롤 사무총장은 "결론적으로 글로벌 에너지의 소비는 증가하는 반면, CO_2를 줄이는 기술의 발전 속도는 늦어진 상황"이라며 "2018년 이산화탄소 배출량은 역사상 가장 높았다. 전 세계 모든 정부가 기후 변화에 주목해야 한다고 입을 모으지만, 배출량 증가세는 지나칠 수 없는 큰 문제"라고 말했다.

비롤 사무총장은 "에너지에 지리적인 변화가 있다. 미국은 에너지를 가장 많이 소비한 나라였다. 유럽이 2위, 중국이 3위다. 경제 개발이 계속 진행되면서 중국이 1위, 그다음 미국, 유럽 순으로 상황이 변했다"며 "중국의 지도부가 진행하는 정책들을 고려하면 계속 중국이 1위를 지켜갈 것이고, 동남아, 인도의 에너지 소비가 높아질 것이다. 이전의 유럽은 2위에서 5위로 떨어질 것이다. 예의주시할 필요가 있다"고 말했다.

소비뿐 아니라 생산 부분에서도 북미지역에서 에너지 혁명이 일어나고 있다. 셰일가스가 가스에 대한 담론을 바꾼 것이다. 오늘날 미국은 제1의 산유국이고, 가스 생산국으로도 1위다. 사우디와 러시아를 단기간에 추월했다. 앞으로 10년 뒤를 내다보면, 미국은 추가적인 생산의 절반 이상을 차지할 것이다.

비롤 사무총장은 에너지 역학관계가 바뀔 것이라고 이야기하며, "석유 시장에 대한 의사결정, 가격책정에 대한 의사결정을 내릴 때 이전에는 주로 중동 지역 산유국이 발언권을 가졌다면 이제는 텍사스의 발언권이 커질 것이다. 역학관계가 달라질 것"이라고 말했다.

비롤 사무총장은 수소가 미래 에너지가 될 것이라 평가했다. 그는 "간헐적인 풍력·태양광에 비해 생산이 언제든지 가능하고 다양한 방법으로 생산할 수 있다는 점에서 유용한 로드맵이 될 것"이라고 내다봤다.

그는 이어 "수소는 매우 유연하다. 석유, 가스 석탄 재생에너지 등 모든 부분에서 수소 생산이 가능하다. 가정용, 차량용, 산업용으로 모두 쓰일 수도 있고, 탈탄소화도 가능하다"고 덧붙였다.

더불어 그는 LNG와 신재생에너지를 함께 활용하면 효과적일 것으로 예상했다. 현재 전기차를 다 합쳐노 500만대에 불과한데, 석탄을 LNG로 대체한다면 그 효과가 전기차 5억 대 분량에 이르기 때문이다.

두 사람은 에너지 분야에 있어 안보의 중요성이 매우 높아지고 있다고 봤다. 미·중 무역 갈등으로 미국에서 셰일가스를 사려던 중국 업체들이 계약을 미루고 있고, 동·남중국해 등에서 미국이 안보 분담금을 낮출 수 있어 이에 대한 대비가 필요하다는 것에 동의했다.

비롤 사무총장은 "호르무즈 해역이 폐쇄된다면 세계 석유와 가스의 3분의 1이 막히게 된다. 세계 경제의 혈관이 막히게 되는 상황에서 한국은 미국·호주 등에서 수입 다변화, 신재생에너지원 발굴 등 다양한 노력을 기울여야 할 것"이라고 설명했다.

KNOWLEDGE
REVOLUTION 5.0

Ⅱ

세계 경제 진단과
새로운 성장 방정식

G2 석학 맞장토론,
'경제 전쟁'의 끝은 어디인가

니얼 퍼거슨 하버드대학교 선임연구원 & 린이푸 베이징대학교 교수

니얼 퍼거슨

스탠포드 후버연구소 선임연구원이자 하버드대학교 유럽연구센터 선임연구원이다. 14권에 달하는 책의 저자이며 가장 최근에는《광장과 타워》를 출간했다.

린이푸

중국을 대표하는 경제학자이자 신구조경제학연구소 학장이다. 베이징대학교 국가개발연구원의 명예학과장이기도 하다. 2008년부터 2012년까지는 세계은행의 수석부총재 및 수석경제학자를 지냈다. 중국 국무원의 평의원이면서 상임위원이다. 지금까지 20권이 넘는 경제학 관련 저서를 펴냈다.

"현재 미국과 중국 간 무역전쟁은 기술전쟁 단계를 넘어 이미 2차 냉전에 돌입했다. 그리고 2차 냉전 상황을 가장 두려워해야 할 국가는 한국이라고 생각한다."

신 냉전으로 평가되는 최근 미·중 경제전쟁으로 인해 가장 큰 악영향을 받을 수 있는 국가로 한국이 꼽혔다. 세계적인 경제사학자로 손꼽히는 니얼 퍼거슨 하버드대학교 선임연구원은 제20회 세계지식포럼에서 'G2 경제전쟁'을 주제로 한 개막 토론에 참여했다. 토론에서 그는 1차 냉전 초기에 어떤 일이 있었는지를 환기하면서 두 번째 냉전은 대리전이 아닌 핵전쟁이 될 수 있다고 전망했다. 퍼거슨 선임연구원이 언급한 대리전은 2차 세계대전 후 미·소 냉전의 대결 양상을 보였던 1950년 한국전쟁을 의미하는 것으로 해석된다.

이번 세계지식포럼의 개막 이벤트로 열린 G2 경제전쟁 토론은 미·중 갈등의 대리전을 방불케 할 만큼 열기가 뜨거웠다. 세계적 경제사학자로 손꼽히는 퍼거슨 선임연구원은 미국의 입장을, 린 교수는 중국의 입장을 철저히 대변하며 첨예한 '맞장' 토론을 벌였다.

퍼거슨 선임연구원은 "중국은 (청중) 여러분들의 점심을 뺏어 먹을 것"이라고 말하며 중국의 불공정 경제구조를 강도 높게 비판했다. 그는 "전 세계에서 페이스북을 사용하지만, 중국만은 그렇지 않다. 이는 중국이 페이스북을 차별했기 때문"이라고 꼬집었다. 이에 맞서 세계은행 수석부총재를 역임한 린이푸 베이징대학교 경제학과 교수는 "경제전쟁의 시초가 된 미국의 무역적자 현상은 미국의 자체 생산이 적고 소비가 과다하여 생긴 문제이니, 자국 내에 원인이 있는데 다른 나라를 탓하면 안 된다"고 맞섰다.

퍼거슨 선임연구원은 G2 경제전쟁 배경에 대해 "중국 정부가 2030년대에 유일한 강대국으로 발돋움하겠다는 야망을 품었다"라고 하면서 "도널드 트럼프 미국 대통령이 중국과의 경제전쟁에 나선 것은 늦기 전에 중국이 세계 정치·경제에서 유일한 플레이어가 되는 것"을 막겠다는 것이라고 진단했다. 그는 "미국도 오점이 많긴 하지만 중국은 의미 있는 규칙이나 질서를 세우지 못했다. 중국이 최강대국이 되면 한국이나 다른 나라들은 미국이 그리워질 것"이라고 말을 이었다. 그는 "현재 중국이 경제뿐만 아니라 그들의 독재 시스템까지 동아시아 전체로 팽창시키고 있으며, 이는 결국 동아시아에서 민주주의가 살아남을 것인가 하는 중대한 문제로 확장될 것"이라고 설명했다.

반면 린 교수는 퍼거슨의 지적에 대해 "미국과 다른 중국 체제의 차이점을 제대로 이해하지 못하는 데서 생긴 오해"라고 맞섰다. 그는 "미국 경제 교과서에는 항상 시장 주체들이 정부 도움 없이 시장 규칙대로 움직여야 한다고 나온다, 그렇지만 국민의 안녕을 위해 정부의 역할이 굉장히 중요하다는 게 우리의 생각"이라며 "퍼거슨의 경고는 아마도 자신들의 문화적 유산(서구 제국주의)을 담보로 과거의 자신들이 그랬으니 중국도 그럴 것이라 생각하는 것 같다. 중국은 다른 국가에 우리 체제를 도입하라고 강요하지 않는다"고 강조했다. 경제전쟁의 배경이 된 미·중의 무역 불균형, 중국의 환율 조작 의혹, 환경 문제 등을 놓고도 두 석학은 팽팽히 맞섰다. 퍼거슨 선임연구원은 "중국이 서양 기업들을 관세를 포함한 다양한 장벽으로 차별했다. 중국의 대미 관세는 최근까지 8%였는데 비해 미국의 대중국 관세는 평균 3.1%에 불과했다"고 설명했다. 그는 이어 "중국의 불공정한 관행 때문에 미국을 비롯한 전 세계 선진국 경제가 어려움을 겪고 있다"고 지적하면서 "트럼프 대통령은 단순히 대중 적자를 줄이는 차원이 아니라 중국의 불공정무역행위 자체를 바꿔야 한다는 생각으로 문제를 제기한 것"이라고 강조했다.

반면 린 교수는 "미국은 자신들의 우방국인 일본이나 한국에도 관세를 부과하려고 했지만 부과하면 할수록 무역적자는 늘어났다. 결과적으로 미국은 적을 제대로 모른 채 싸운다는 생각이 든다"고 반박했다. 중국의 미국 기업 기술 유출과 관련해 두 사람의 설전은 최고조에 다다랐다. 퍼거슨 선임연구원은 "지난 40년간 중국이 혁신을 이뤘다고 하는데, 중국이 자체 기술을 개발해서 다른 국가에 혜택을 준 것인가, 아니면 외국 기업의 기술을 베낀 것인가"라고 일 갈을 가했다. 이어서 그는 "게다가 중국은 자국 내에 있는 체계적 인 대규모 산업스파이와 더불어 비관세 장벽으로 중국 챔피언(기업) 들의 손을 들어왔다. 이는 한국과 대만 등 다른 아시아 국가들에 큰 위협이 되고 있다. 구체적으로 애플 등 미국 실리콘밸리 기업에 취 직한 중국인들 가운데 산업스파이 혐의가 인정된 사람들이 있다"고 덧붙였다. 린 교수도 바로 맞받아쳤다. 그는 "중국은 저소득 국가 로서 지난 40년간 앞선 나라들을 따라잡아 왔고, 후발주자로서 빠 른 성장을 이룰 수 있는 장점을 분명히 갖고 있었다. 다만 후발주자 로서 받는 혜택은 16세기 프랑스가 네덜란드를 따라잡을 때, 19세 기 미국이 영국을 따라잡을 때도 마찬가지 아니었나"라며 "화웨이 가 세계적으로 5G 기술을 선도하는 기업이 된 것처럼 앞으로 더 많 은 혁신이 중국에서 나오게 될 것"이라고 주장했다. 지식재산권에 대해 린 교수는 산업스파이나 지식재산권은 국가가 정책적으로 다 룰 문제가 아니라고 말하며, 과거 삼성과 애플 사이에서도 비슷한 사례가 있었던 만큼 기업 간 경쟁을 벌이다 보면 개인적 차원에서 사례가 나올 수는 있다고 말했다. 이어 그는 중국 기업들이 외국 기 업과의 법적 소송에서 승소한 비율이 약 80%나 된다고 덧붙였다. 중국 정부 차원의 기술 유출 비판은 증거 없는 의혹에 불과하다고 강조한 셈이다. 린 교수는 통화조작 의혹에 대해서도 "국제통화기 금IMF 조사 결과 조작이 이뤄지지 않았다고 판결이 났다"며 미국 측 주장을 반박했다. 두 석학의 토론 배틀은 마지막 주제인 중국 경제

성장 전망을 놓고도 엇갈렸다. 퍼거슨 선임연구원은 "중국 성장률은 정부가 정하기 나름이다. 그들이 6%라고 발표해도 실제는 그보다 조금 낮은 것으로 생각해야 할 것 같다. 레버리지를 일으켜 성장하는 중국의 과거 전략이 거의 한계점에 다다랐고 이제 통화조작으로 할 수 있는 것도 없기에 성장 폭은 줄어들 수밖에 없을 것"이라고 전망했다. 린 교수는 "미국이나 유럽을 포함한 세계 경제가 전반적으로 점점 하향하고 있고 중국에도 하방압력이 있는 것이 사실이다. 그러나 중국은 국내 투자나 도시화, 환경개선의 여지가 있으므로 앞으로도 연간 6% 성장은 가능하다고 자신한다"고 말했다. 좀처럼 해결점을 찾기 힘든 논쟁은 양국의 미래를 놓고 내기를 하면서 마무리됐다. 퍼거슨 선임연구원은 "역사적으로 자유민주주의는 전체주의를 앞서왔다. 앞으로도 미국 시장은 롱(매입)이고, 중국은 숏(매도)이 될 것"이라고 강조했다. 이에 린 교수는 즉석에서 내기를 제안했다. 그는 "당신은 지금 이야기한 것을 정말 믿을 수 있는가. 나는 20년 안에 중국이 미국을 추월할 것으로 본다. 이 안건을 두고 200만 달러를 걸고 내기를 하자"고 제안했다.

퍼거슨 선임연구원은 린 교수의 내기 제안에 "200만 달러는 너무 많지 않나. 난 그만한 돈이 없고, 미국 은행에서는 중국과 달리 그렇게 많은 돈을 빌려주지 않는다"라고 하면서도 내기 시합에 응했다. 린 교수는 "20년 뒤에 다시 청중 앞에서 만나 누가 옳았는지 보고 싶다"고 내기를 종용했고, 퍼거슨 선임연구원은 금액을 낮춰 타협안을 제시했다. 그는 처음에는 2,000달러, 그 후 2만 달러로 조정했다가 결국 양측 협의에 따라 2만 위안(약 337만 원)이라는 액수를 낙찰했다. 두 석학은 20년 뒤에 다시 세계지식포럼에서 만나 결과를 확인해보자고 약속했다.

'R의 공포(Recession·경기 침체의 공포)'
어디까지 왔나

누리엘 루비니 뉴욕대학교 스턴경영대학원 교수

누리엘 루비니

비관론적 경제관점 때문에 닥터 둠이라는 별명으로 불린다. 뉴욕대학교 경영대학원의 교수인 루비니는 2006년 신용 위기와 주택시장 거품으로 경기 침체가 올 거라고 예언했다. 그리고 2008년, 그의 예측대로 미국발 글로벌 금융위기가 나타나면서 그는 세계적인 인지도를 얻었다. 미국의 외교전문지 포린폴리시가 선정하는 '100명의 글로벌 사상가들'에서 4위에 오르기도 한 그는 현재 전 세계를 돌며 활발한 강연과 자문 활동을 벌이고 있다. 1998년부터 2000년까지 백악관 경제자문위원회 수석 경제학자를 지냈다.

"갈등을 겪고 있는 각국 당사자들은 방향을 틀지 않으면 치킨게임에서 죽는다는 것을 알고도 위험을 무릅쓰고 있다. 글로벌 3대 치킨게임 중 하나라도 최악의 상황으로 치달으면 지금의 경기 위축이 금융위기로까지 확산될 수 있다."

2008년 금융위기를 예측했던 누리엘 루비니 뉴욕대학교 스턴경영대학원 교수는 제20회 세계지식포럼에서 세계 경제 상황에 대한 엄중한 진단을 내놨다. 미국과 중국 간 무역전쟁뿐만 아니라 미국·이란 간 지정학적 갈등, 브렉시트 등 3대 '치킨게임'이 전 세계 경제 불황을 재촉하고 있다고 분석했다. 그는 세 가지 갈등이 장기화할 경우 세계 경제가 입을 타격은 2008년 금융위기 사태를 뛰어넘을 것이라고 평가하기도 했다.

루비니 교수는 '2020년 글로벌 경제위기 진단' 세션에서 향후 세계 시장 판도를 좌우할 요소로 '미·중 갈등', '미·이란 갈등', '브렉시트로 인한 영국과 유럽연합 간 갈등'을 세 가지 치킨게임, 즉 위험 요인으로 꼽았다. 3대 치킨게임이 가속화 할수록 기존의 글로벌 공급망 축소에 따른 공급 위축에 이어 소비 여력도 감소하면서 수요 불황도 가속할 것이라는 설명이었다.

그는 "미국과 중국의 패권 전쟁 사이에 낀 아시아와 중남미 유럽의 동맹국들은 미국과 중국 중 어디를 선택해야 할지 고민하고 있다. 이들 국가 중에는 중국과의 교역과 투자 규모가 미국보다 더 많은 곳도 있다. 미·중간 탈동조화와 분절 때문에 이들을 양자택일의 갈림길에 내몬다면 글로벌 공급 충격이 발생할 수 있다"고 경고했다.

이어 그는 "미국이 이란과의 전면전을 선언하면 유가가 100불에서 120불까지 치솟을 텐데, 유럽 같은 선진국과 터키, 인도 등 여러 신흥국에 부정적 영향을 미치게 될 것"이라며 "하드 브렉시트(영국과 유로존과의 완전한 결별) 역시 기업 심리 악화로 인해 유로존 경기 침체를 불러오는 것은 물론 아시아와 미국에도 파급효과가 미칠 수 있다"고 설명했다.

루비니 교수는 교역과 생산, 투자 감소 등 복합적인 불황 속에서도 완전한 침체로 넘어가지 않는 것은 민간 소비가 버티고 있기 때문이라고 설명했다. 하지만 그는 당장 2019년 연내 미국의 대중국 관세 부과 조치가 현실화되면 글로벌 경기 침체의 방아쇠가 당겨질 수도 있을 것이란 우려를 내놨다. 그는 "현재 예상대로 미국이 중국산 제품에 대해 25%의 관세를 부과한다고 하면 미국 중산층의 가

처분 소득을 둔화시키는 역할을 할 수도 있다"며 "이는 글로벌 경기 침체로 넘어가지 않게 예방 역할을 하는 민간 소비를 끌어내려 경제위기의 도화선이 될 수 있다"고 지적했다.

루비니 교수는 이번에 찾아올 경제 침체의 양상이 2008년 글로벌 금융위기와는 다를 것으로 내다봤다. 2008년 글로벌 금융위기는 수요부문이 유발한 경제 위축이었다. 따라서 확장적 재정정책과 완화적 통화 정책 등 각국 정부와 중앙은행이 사용할 수 있는 정책적 카드가 많았다. 그러나 다가올 경제위기에서는 그마저도 여의치 않다는 지적이다.

그는 "이미 확장적 재정정책과 통화 정책 완화로 정부와 기업 부채가 심각한 상황이다. 세계 주요국들은 이미 마이너스 금리로 이제는 더 낮출 여지가 없다"며 경제위기가 찾아오더라도 각국 정부와 중앙은행이 사용할 수 있는 정책적 총알이 마땅치 않다는 점이 문제라고 평가했다. 그는 특히 "이번에는 공급 충격으로 인한 경제위기로 통화 정책이나 재정 부양책이 솔루션이 될 수 없다"고 설명했다.

그는 미국식 주주 중심 자본주의가 다소 변화될 필요가 있다는 의견도 피력했다. 글로벌 각지에서 터져 나오는 세계화와 디지털화에 대한 반발이 주주 중심 자본주의가 낳은 부작용이라는 점에서다.

루비니 교수는 "숙련도가 약한 노동자들은 기술 발전이 이뤄지면 일자리와 소득을 잃을 수 있다는 위기감에 사로잡히고, 이는 디지털화와 세계화에 대한 반발로 나타난다"며 "이들이 투표를 통해 보호무역주의와 반세계화 쪽으로 표를 던지고 있다는 점을 고려하면, 시장 중심 자본주의가 효과적임에도 불구하고 공공선과 양극화를 완화하는 정책도 고민해야 할 시점"이라고 설명했다.

루비니 교수는 세션에 앞서 진행된 매일경제와의 별도 인터뷰에서 한국 경제 상황에 대한 분석을 내놓기도 했다. 그는 한국이 글로벌 경제가 처한 3대 치킨게임 외에도 자체적으로 두 가지 추가 치킨게임에 놓여 있다고 분석했다. 바로 미국과 북한과의 비핵화 협상, 일본과의 경제 전쟁이다.

루비니 교수는 한국과 일본의 무역 갈등이 경제의 대외 의존도가 높은 한국 경제에 부담이 될 것으로 평가했다. 그는 "양국 모두 아시아 공급망에서 중요한 위치를 차지하고 있으니 최근 갈등으로 투자가 위축되는 등 잠재성장률이 떨어질 수 있다. 한일 사이의 근본적 갈등의 원인이 과거사에 있다고 알고 있다. 될 수 있는 대로 외교적인 절차를 통해 해결해야 한다"고 조언했다.

루비니 교수는 글로벌 경제 위축이 발생하면 신흥국 시장이 연쇄적으로 무너질 수도 있다는 우려를 제기하기도 했다. 그는 "세계 경제 위축이 찾아온다면 우선 신흥국 시장이 피해를 보게 될 것이고, 특히 공공부채의 규모가 상당한 곳이 위기에 내몰릴 수 있다"고 예측했다. 아르헨티나와 베네수엘라가 대표적이고, 좀 더 작은 경제 규모에서는 파키스탄과 레바논이 해당한다.

다만 루비니 교수는 한국이 상대적으로 위기를 이겨낼 힘이 크다는 분석도 내놨다. 그는 "한국은 낮은 수준의 공공부채와 건전한 경제구조를 구축하고 있어 신흥국 중에서도 상대적으로 강한 것으로 보인다"며 "일본과의 경제 갈등과 미국과 중국 간 무역 분쟁으로부터 받는 영향이 상당하지만, 한국 경제의 혁신성을 고려하면 위기를 이겨낼 능력은 다른 신흥국 대비 우수하다"고 평가했다.

'디폴트' 우려 커진 글로벌 경제

로베르트 코프만 WTO 수석 경제학자 外

로베르트 코프만

WTO 수석 경제학자이자 국제통상 전문가다. 그는 통상 정책 변화를 추적하는 모델을 만들고, 장기적으로 유효한 국제무역 시나리오를 구축하는 연구를 해왔다. G20 무역투자실무회담에 WTO 대표로 참석했다.

엘레나 오코로첸코

S&P 글로벌신용평가의 상무이사 겸 아태지역의 대표로, 아태지역 내 S&P의 정책을 수립하고 지역 경제성장을 촉진하는 역할을 한다. 아태신용평가집행위원회ExCo 대표와 APAC 국제거버넌스 협회 지역 담당자로 재임 중이다.

브루스 카스먼

JP 모건의 수석 경제학자이자 책임자로, 30명의 경제학자를 이끌며 기업의 경제 전망을 그려낸다. 뉴욕 연방준비제도에서 미국의 무역과 대기업들의 활동을 관리하면서 금융업 경험을 쌓기 시작한 카스먼은 모건 스탠리의 유럽경제연구부장을 역임했다.

"전 세계 레버리지leverage(빚을 끌어다 투자하는 짓)는 지난 10년간 늘어나기만 했다. 그러나 이제는 신용 사이클 막바지에 이르렀다. 저금리 때문에 늦어질 순 있겠지만 이 사이클이 끝나면 2008년 금융위기 정도는 아니어도 꽤 힘든 디폴트(채무불이행)를 경험하게 될 수 있다." 엘레나 오코로첸코 S&P 아시아·태평양 대표는 말했다.

제20회 세계지식포럼 '세계 경제 전망' 세션에서는 미국과 중국의 경제 전쟁과 브렉시트 등 세계적인 불안 요인이 가중되면서 2020년 일부 국가나 주요 기업이 디폴트를 맞을 수 있다는 전망이 나왔다. 세션에 참석한 글로벌 투자은행과 국제기구 등 최고 경제 전문가들은 "미·중 무역 전쟁이 세계 경제를 위협하고 있다"고 강한 우려를 나타냈다.

이날 세션에는 엘레나 오코로첸코 S&P 아시아·태평양 대표, 브루스 카스먼 JP모건 글로벌 수석 경제학자, 로버트 쿱먼 WTO 수석 경제학자가 참석했다. 좌장은 제12대 통계청장을 지낸 이인실 한국경제학회 회장(서강대 경제대학원 교수)이 맡았다.

내년 일부 국가나 기업의 '디폴트' 가능성을 언급한 오코로첸코 대표는 "글로벌 기업의 레버리지 30%가 중국 기업"이라며 이는 유로존과 미국 기업의 레버리지를 합친 것과 같은 규모라고 지적했다. 그는 "다만 중국 레버리지는 중소기업 중심으로 이뤄지기 때문에 세계로 위기가 번질 가능성은 제한적이고, 문제가 생기더라도 2008년 금융위기만큼 심각하진 않다"고 설명했다.

글로벌 경제전문가들은 모두 세계 경제를 위협하는 요인으로 미국과 중국의 경제 전쟁을 꼽았다. 쿱먼 수석 경제학자는 "미·중 무역 긴장이 커지면서 교역 부담이 커지고, 전반적인 국내총생산 성장률도 둔화하고 있다"고 경고했다. 더불어 그는 "미국뿐만 아니라 유럽연합, 아시아 등 전 세계적으로 나타나는 현상으로, 특히 중국의 수요가 적어졌기 때문"이라고 설명했다.

카스먼 JP 모건 수석 경제학자도 전 세계적으로 2011년 유럽 통화위기 때와 비슷한 수준의 신뢰 위기가 나타나고 있다고 말을 이었다. 무역 갈등에 따른 간접적인 영향으로 기업들의 지출과 생산 설비 투자가 크게 줄고 있는데, 이것이 숫자로 드러나고 있다는 설명이었다.

그는 구체적으로 "지정학적 불안정으로 기업이 정치에 대한 두려움과 불안을 느끼는 분위기가 퍼지고 있다"며 "중국의 경우 상반기 기업 지출이 거의 없는 등 기업 지출이 쪼그라들고 있다"고 분석했다.

유럽 경제위기에 대한 지적도 나왔다. 카스먼 수석 경제학자는 "유럽 역할을 과소평가해선 안 되며, 노딜 브렉시트 같은 유럽의 지정학적인 불안전성도 같이 고려해야 한다"고 말했다.

다만 오코로첸코 대표가 지적한 경기 침체 가능성에 대해서는 전문가들 사이에서도 온도 차가 있었다. 카스먼 수석 경제학자는 "완전한 경기 침체까지 가려면 결국 신용에서 문제가 나타나야 하는데, 각국 부양책을 통해 침체까지 가지는 않을 것"이라며 "앞으로 6개월 정도를 잘 버티면 2020년 4월부터 다시 성장세로 돌아설 수 있다"고 덧붙였다. 더불어 "아시아의 경우 강한 충격을 받게 되면 의미 있는 재정적 대응이 나올 것"이라고 예상했다.

각 국가의 정책으로 향후 경제 상황이 달라질 수 있다는 견해에 대해서는 전문가들 모두 동의했다. 카스먼 수석 경제학자는 "미국 연방준비제도FED와 중국 모두 유연한 통화 정책을 펼칠 수 있다. 지난 몇 분기 동안 경제성장이 둔화했음에도 잘 통제되고 있다"고 말했다.

이날 세션에서는 일본과의 경제 전쟁을 중심으로 한국 경제에 대한 진단도 나왔다. 오코로첸코 대표는 한·일 경제 갈등으로 두 나라 모두 기술 가치사슬, 투자자 신뢰, 소비자 신뢰 등 세 가지 부문에서 영향을 받을 것이라 예상했다. 더불어 두 나라 모두 피해를 보겠지만, 특히 한국이 좀 더 많은 것을 잃을 수 있다고 경고했다.

이어 그는 "한국은 여러 화학물질과 중간재 등을 일본에서 수입하고 의존하고 있다. 반도체에 필요한 화학물질의 경우 일본이 전체 시장 점유율의 80%를 차지한다"며 "일본이 수입을 제한하면 한국은 반도체 생산에 큰 차질이 생기거나 고비용을 지불해야 할 것"이라고 진단했다.

이날 세션이 끝난 뒤 만난 카스먼 수석 경제학자는 "대외 의존도가 높은 한국은 국내보다는 미·중 무역 갈등과 브렉시트 같은 대외적인 상황에 따라 경제가 좌지우지될 것"이라고 말했다. 미국 연방준비제도의 추가 금리 인하 가능성에 대해선 "2019년 안에 연준이 두 차례에 걸쳐 금리를 추가 인하할 것"으로 전망했다.

OECD가 바라본 한국 경제

고노 마사미치 OECD 부사무총장

고노 마사미치

2017년 8월 OECD 부사무총장으로 부임했다. 현재 OECD의 정책 방향을 수립하고 지휘하는 역할을 맡고 있으며, 친환경·지속가능한 성장 전략, 금융 기업 정책, 부정부패 방지 정책에 깊이 관여해 왔다. 금융안정위원회FSB에서는 OECD를 대표하고 있다. OECD에 합류하기 전에는 일본은 물론 국제무대의 금융감독 분야에서 오랜 경력을 쌓았다. 일본 금융청 국제관계부청장을 지냈고, 국제증권감독 기구IOSCO 이사회 의장을 역임했다. 국제 회계기준IFRS 감시위원회장도 지낸 바 있다.

KNOWLEDGE REVOLUTION 5.0

   한국 경제가 'L자형 장기불황'의 덫에 빠졌다는 진단이 최근 심심찮게 등장하고 있다. 미·중 무역전쟁의 여파로 수출은 최근 9개월 연속 감소세고, 2019년 9월 사상 처음 소비자물가까지 마이너스로 돌아섰다. 경제협력개발기구OECD의 '2인자' 고노 마사미치 부사무총장은 그러나 다음 해에는 반도체 경기가 회복될 것이고, 한국 경제 또한 위기에 빠지지는 않으리라고 전망했다.

   제20회 세계지식포럼에서 매일경제와 만난 고노 부사무총장은 "한국의 대미 수출과 대중 수출을 합하면 전체 수출량의 40%"라며 "최근 경기 침체는 미·중 무역전쟁의 영향을 받은 것"이라고 설명했다. 또한, 글로벌 반도체 수요까지 저조한 상황이기 때문에 반도체 주요 생산국인 한국은 이것에도 영향을 받고 있다고 설명했다.

   그러나 고노 부사무총장은 한국의 반도체 산업 경쟁력이 아직 굳건하고, 2020년 중 반도체 경기도 회복될 것으로 보이는 만큼 현재는 경기 모멘텀이 있는 것으로 보인다고 진단했다. 그러니 부정적으로만 생각할 필요는 없다고 덧붙였다.

최근 침체 된 경기 지표에 대해서는 "물가(전년 대비 기준)의 경우 식량과 에너지를 제외한 근원물가는 0.8%였다. 한국은행 목표치인 2%에는 모자라지만 디플레이션과도 거리가 멀다"고 주장했다. 또한, 그는 미국·유럽·일본에 비하면 현재 한국은행의 기준금리 1.5%(2019년 9월 기준)는 높은 편이니, 아직 정책적 수단에는 여유가 있다는 의견을 보였다.

세계 경제에 대해서는 저성장 국면인 건 맞지만 기회도 많이 남아 있다고 평가했다. 그는 "각국 중앙은행이 돈을 풀고 있고, 확장적 재정정책도 각국 정부에 의해 집행되고 있다. 또한, 일본-유럽연합 자유무역협정, 포괄적·점진적 환태평양경제동반자협정CPTPP 등 자유무역 체결도 이어지고 있어 부정적이지만은 않다"고 설명했다.

세계 최대 신용평가사 리스크 진단

리처드 캔터 무디스 투자자 서비스 회장

리처드 캔터

무디스 투자자 서비스의 회장. 무디스는 1990년 설립된 미국의 신용평가회사로 영국의
'피치Fitch', 미국의 '스탠더드 앤드 푸어스S&P'와 함께 세계금융시장의 3대 신용평가기관
으로 꼽힌다. 그는 무디스의 신용 평가를 관장하고 기관의 글로벌 신용전략과 연구를 포
함한 신용 절차, 모델, 방법론 등을 총괄하고 있다. 그는 2009년부터 2019년까지 무디스
의 위험관리책임자CRO로서 기업의 위기관리를 맡았다. 2015년에는 APEC의 비즈니스 자
문위원회ABAC 미국 대변인으로, 2019년에는 태평양경제협력회의PECC의 미국 위원회 의장
으로 임명됐다.

글로벌 경제에 'R의 공포_Recession(경기 침체의 공포)'가 다가오고 있다는 예상이 곳곳에서 나오고 있다. 유로존의 경기는 좀처럼 침체 국면을 벗어나지 못하고 있고, 전문가들은 미국마저 정책 금리 인하에 가담하면서 저성장, 저금리, 저물가 현상이 세계로 퍼질 것이라는 분석을 내놓고 있다.

과연 세계적 신용평가사는 이러한 리스크를 어떻게 진단하고 있을까. 제20회 세계지식포럼을 찾은 리처드 캔터 무디스 투자자 서비스 회장은 '무디스가 전하는 2019 세계 신용을 바꾸는 6가지 테마' 세션에서 최근 글로벌 신용 리스크를 진단했다. 사회는 톰 번 코리아소사이어티 회장이 맡았다.

캔터 회장은 ①민간 부문 부채 ②정부 부채와 예산 부족 ③장기 저금리 현상 ④금리 수준 복원 요인 ⑤양적 완화의 한계 ⑥현대통화이론 등 6가지 분야의 세계적 신용 리스크 수준을 진단했다.

캔터 회장은 기업과 가계부문은 전반적으로 긍정적인 평가했다. 그는 "기업의 부채 비율은 높아졌지만, 현금을 보유하고 있어 장기적 관점에선 상황이 나쁘지 않다"고 진단했다. 가계부문에서도 "주거용 부동산 구매율이 떨어지며 과거보다 보수적으로 위기에 대응하고 있고, 일시 지불 능력과 이자 커버 비율이 개선돼 탄탄한 편"이라고 판단했다. 과거와 비교했을 때 민간과 가계부문의 기초체력이 좋아져 대대적인 신용 위기가 발생할 확률이 떨어졌다는 의미다.

그러나 캔터 회장은 꾸준히 늘어나는 공공부문 부채가 장기적인 위협이 될 수 있다고 지적했다. 아직 위험한 정도는 아니지만 부채 비율이 높아지면서 기업 투자를 저해하는 등 경제 주체에 영향을 줬고, 앞으로도 더 증가할 것으로 예상한다는 것이다.

그는 "저물가·저금리 기조가 계속돼 인플레이션을 만들어내지 않는다면 정부 부채는 계속해서 높아질 것"이라며 "아마 미국의 공공부채는 현재 GDP의 78% 수준에서 95%까지 오를 것"이라고 예상했다. 이어 "정부 부채가 없었다면 민간 투자는 훨씬 더 많았을 것이고, 정부 부채 비율 증가는 장기적으로 악영향을 미칠 것"이라고 평가했다. 더불어 "이런 현상에 대해 민간 분야에서 어떻게 대비해야 하는지 솔루션이 없다"고 덧붙였다.

캔터 회장은 "인구 고령화 문제를 겪는 특정 국가들을 중심으로 저축률이 크게 떨어지는 시점이 올 것"이라며 "특히 일본이 두려울 정도로 빠른 고령화 현상을 보이는데, 이것이 글로벌 경제에 어떤 함의를 갖는지 분석할 필요가 있다"고 이야기했다.

다만 그는 각국 정부의 부채 비율이 당장 문제가 될 수준은 아니라고 설명했다. 그는 "금융위기 이후 일본과 프랑스도 정부 부채 비율이 많이 증가했다. 그러나 선진국들은 10~15년 전보다 더 많은 부채를 감당할 수 있게 됐다"고 설명했다.

세계적인 저금리 추세가 계속해서 이어질 것인가 하는 문제에 관해서는 "더 낮아지긴 힘들지만, 현재 수준이 지속될 수는 있다"고 예상했다. 저금리는 가계와 정부, 기업의 이자 부담을 줄이고 자산 가치 평가를 개선하는 등 경제에 굉장히 이점이 많다. 캔터 회장은 "저금리는 자산이 유동화 되는 것처럼 보이게 만들고, 이는 경제 바퀴가 계속 굴러가게 하는 힘이 되기 때문"이라고 설명했다.

그는 현대통화이론MMT : Modern Monetary Theory에 대한 평가도 내렸다. MMT란 최근 많이 이야기되는 경제학 이론으로, 과도한 인플레이션만 없다면 국가가 경기 부양을 위해 화폐를 계속 발행해도 된다는 주장이다. 이는 정부의 지출이 세수를 넘어서면 안 된다는 주류 경제학의 철칙을 깬 것인데, 최근 미국 월가 등에서 동조론이 일며 다시 부상하고 있다.

캔터 회장은 "MMT는 저금리 환경에서 통화정책이 그다지 효과적이지 않기 때문에 재정정책을 적극적으로 써야 한다는 것인데, 결국 재정정책과 통화정책의 적절한 믹스가 정답이라고 본다. 세상이 얘기하는 만큼 MMT가 크게 신경 쓸 문제는 아니라고 생각한다"고 전했다. 끝으로 캔터 회장은 "저금리와 양적 완화 정책 기조

가 장기간 유지될지는 누구도 쉽게 예상할 수 없는 상황"이라며 "저
금리 기조의 함의와 장기적인 큰 그림을 그려보는 게 중요하다"고
덧붙였다.

새로운 금융환경, 테크핀의 시대

루벤 라이 그랩 금융그룹 대표 外

루벤 라이

그랩 금융그룹의 공동대표. 그랩의 동남아 지역 결제 및 금융서비스 사업을 총괄한다. 그랩 금융서비스의 열린 생태계를 구축하고 제품개발 청사진을 그리는 데 주력하며 전반적인 사업 확장을 책임지고 있다.

김형식

AI 기반 금융 솔루션 및 로보어드바이저 전문기업 크래프트테크놀로지스의 설립자 겸 대표. 2017년 10월 세계 최초의 글로벌 인공지능 상장지수펀드AI ETF 토론토 증시 상장에 성공했으며, IBK기업은행, BNK부산은행, 신한은행 등과 로보어드바이저를 출시했다.

라파엘 페레이라

IE 비즈니스스쿨의 교수. 20여 년간 금융시장을 연구해온 전문가다. 전에는 P&G에서 AI를 발전 업무를 담당했고, 맥킨지, 아마데우스 등에서 금융담당 컨설턴트로 일했으며 현재는 탄소 금융 분야 전문기업인 '헤라 W2RWaste to Resource'을 경영하고 있다.

"은행에도 데이터는 엄청 많다. 핵심은 어떻게 선별적으로 데이터를 활용하는가다."

제20회 세계지식포럼 '테크핀의 시대' 세션에서 루벤 라이 그랩 파이낸셜 공동대표는 "그랩페이가 동남아를 중심으로 서비스되면서 동남아 경제권에 새로운 바람을 일으키고 있다"고 말했다. 이 세션에는 김형식 크래프트테크놀로지 대표, 라파엘 페레이라 IE 비즈니스스쿨 교수 등이 참석했다.

'테크핀'이란 기술과 금융의 합성어로 핀테크를 구성하는 단어인 금융 및 기술을 거꾸로 배치해 만든 신조어다. 금융회사가 IT를 활용해 서비스를 제공하는 핀테크와는 달리 테크핀은 IT 회사가 주도하는 기술에 금융을 접목한 개념이다.

동남아의 우버로 불리는 차량 공유 서비스 업체 그랩은 2018년 초 금융 관련 사업을 총괄하는 그랩파이낸셜을 새롭게 만들었다.

이곳은 그랩이 기존 그랩페이를 기반으로 대출·보험·금융 등 금융의 본류로 진출하기 위한 밑그림을 그리는 과정에서 만들어졌다. 사업을 시작한 지 얼마 지나지 않았지만 그랩은 KPMG가 선정한 '글로벌 핀테크 100대 기업' 중 3위에 올라 업계를 놀라게 했다.

그랩은 2011년 차량공유 서비스로 시작해 현재 싱가포르·인도네시아·태국 등 동남아시아 8개국에서 서비스된다. 2018년엔 음식배달 서비스를 시작했는데, 2019년 상반기에만 필리핀·태국·베트남에서 전년 분기 대비 4배 이상 성장하면서 다양한 서비스로 사업을 확장하는 이른바 '슈퍼앱'의 반열에 오르고 있다.

라이 공동대표는 "동남아시아는 다양한 경제 수준이 섞여 있다. 싱가포르부터 베트남까지 발전이 다른 다양한 국가에서 초현지화 전략으로 접근했다. 특히 동남아 지역에서 각국의 대기업이나 주요 은행들과 협업했고, 이들 현지 기업들과 긴밀한 파트너십을 통해 빠르게 안착할 수 있었다"고 전했다.

초현지화 전략과 함께 그랩의 또 다른 전략 무기는 인공지능이었다. 그랩은 300여 명의 AI 전문가를 채용해 이 지역의 1억 6,500만 명에 관한 빅데이터를 기반으로 새로운 신사업을 구상하고 있다.

라이 공동대표는 "지난 7년 동안 그랩의 드라이버들이 170만 개의 계좌를 개설했다. 고객 상당수는 카드 결제 서비스 수수료가 비싸 이용하기 어렵고, 신용평가가 없으므로 은행 대출 서비스를 받기도 쉽지 않다. 이들의 노후 대비를 도와주고 싶었던 그랩이 테크핀 분야로 진출한 것은 자연스러운 일"이라고 설명했다.

그랩은 아세안 10개국 중 6개국에서 금융 사업을 펼칠 수 있는 'e
머니'를 받았다. 이를 토대로 그랩은 기존 손님을 운송할 때마다 2
달러 정도를 적립해 최신 스마트폰을 살 수 있는 금융상품을 만들
었다. 이외에도 초단기 보험 상품, 상환 유예 등 기존 동남아권 은
행들이 선보이지 않은 서비스로 주목받고 있다. 더불어 그랩은 소
액으로 가입할 수 있는 보험 상품을 제안했고, 이는 다시 그랩 운전
자의 삶의 질을 좋게 만들고 있다.

라이 공동대표는 "그랩 서비스 초기에는 고객들이 앱을 설치했다
가 다시 지우는 경우가 많았다. 그랩은 음식배달, 식품 배송, 택배
서비스 등을 모두 할 수 있다. 이것을 하나의 슈퍼 앱에 전부 담으
면 어떨까 생각했다"고 말했다.

그랩은 운전자의 소득을 안정시키고, 자동차를 구매할 수 있도록
하는 여신 사업도 펼치고 있다. 레스토랑을 운영하는 기업들을 상
대로도 여신 사업을 진행한다.

그랩파이낸셜은 은행의 기존 업무를 세세하게 쪼개고 있다. 대
출자들의 프로필을 살피고 대출을 상환할 능력과 의향이 있는지 점
검한다. 라이 공동대표는 "매일 대금을 결제하고 수금하는 것을 목
표로 하고 있다. 동남아는 연체를 90일 기준으로 관리하지만, 우리
에게 90일은 길다"고 말했다. 그는 앱을 사용하면서 얻게 된 정보와
통신사들의 요금 납부 여부 등의 비실명 데이터를 통해 여신을 관
리하고 있다고 설명했다.

라이 공동대표는 "동남아 사람들의 보험 보상범위는 아주 낮다"

고 말을 이었다. 그는 "그들이 보험에 관심이 없다고 생각하지만 모든 사람이 보험을 원한다. 1년 보험료를 한 번에 내 부담이 컸던 보험료를 나눠 낼 수 있도록 하면서 문제를 개선했고, 이를 통해 지난 한 달 반 동안 보험 가입률을 크게 높일 수 있었다"고 말했다.

김형식 대표는 새로운 업체들이 기존 은행이나 투자사를 넘어서기는 쉽지 않지만 테크핀 회사들이 비용 절감을 도와주는 회사로 인식된다면 고객 접점을 찾을 것이라고 내다봤다.

금융 투자는 아직 대면이 중요한 분야지만 AI가 증권 트레이딩과 비용 절감을 도와줄 수 있기 때문이다. 김 대표는 "실제 지난해 현업 증권 트레이더와 AI의 대결에서도 AI가 큰 차이로 승리를 거둔 바 있다"고 설명했다. 그는 시장 상황을 주고 순간 일어나는 '틱'의 변화를 어떻게 판단하고 사고팔아야 하는지를 판단하는 것이 투자의 핵심이라고 설명했다. 5GB 이상의 정보에 대해 AI는 분석적으로 반응하지만, 사람은 상대적으로 감정적으로 반응한다는 것이다.

페레이라 교수는 "핀테크는 경제에 긍정적인 영향을 주고 있다"며 "은행도 핀테크의 아이디어를 도입하고 비용과 지점을 줄여야 한다"고 주장했다. 이어 그는 "금융이 새로운 시대로 진입하고 있다"며 "창의성은 핀테크에 가장 많고, 테크핀도 가지고 있다. 은행이 오랫동안 존재했다고 해서 우위를 점하고 있지는 않다"고 진단했다.

이더리움 창업자가 내다본 블록체인

비탈릭 부테린 이더리움 재단 창업자

비탈릭 부테린

이더리움의 창시자. 2011년 비트코인을 통해 암호화폐 기술과 블록체인을 처음 접한 후
이 기술의 잠재력을 발견했다. 2011년 9월 비트코인 매거진Bitcoin Magazine을 공동 창립했으
며, 2년 반 동안 기존 블록체인 기술이 가진 제약과 응용 프로그램의 가능성을 연구한 끝
에 2013년 11월에 이더리움 백서를 작성했다. 현재 이더리움 리서치 팀을 이끌며 이더리
움 프로토콜의 미래를 연구 중이다.

"블록체인은 금융뿐만 아니라 재난을 당한 난민을 돕는 등 여러 가치 있는 일을 하고 있다."

비탈릭 부테린 가상화폐 이더리움 창시자는 4차 산업혁명의 핵심으로 떠오른 블록체인 기술이 금융 산업뿐만 아니라 일상생활을 바꿀 것으로 전망했다.

부테린 창업자의 말이다. 그는 제20회 세계지식포럼에서 '블록체인이 만드는 디지털 기관'이라는 주제로 세션을 이끌었다. 정병훈 디스트리트 대표가 세션의 좌장을 맡았다.

블록체인은 분산형 데이터 저장 기술이다. 금융기관과 같은 중앙집중형 서버에 거래 기록을 보관하지 않고 모든 거래 참여자들이 거래 내용과 정보를 공유한다. 데이터 위·변조가 어렵다는 장점이 있다.

부테린 창업자는 블록체인 적용 사례로 특히 가상화폐를 꼽았다. 그는 "가상화폐를 이용하면 수수료 없이 손쉽게 송금하는 등 사람들 삶을 편하게 할 수 있다. 회계와 보안, 재난 구호, 각종 증명서 진위 확인 등에 가상화폐와 블록체인을 사용할 수 있다"고 설명했다. 기존 금융 거래 때 1분 넘게 걸리던 시간을 블록체인을 이용하면 5초 안으로 단축할 수 있다는 게 그의 설명이다.

블록체인은 이더리움네임시스템ENS 등 금융 외 분야에도 많이 활용된다. ENS는 길고 복잡해서 기억하기 어려운 이더리움 지갑 주소를 간단한 도메인으로 변환해주는 시스템이다. 도메인네임시스템DNS은 중앙화 된 서버를 거쳐야 하지만 ENS는 이를 탈중앙화 된 방식으로 대체할 수 있다.

블록체인은 재직증명서와 졸업증명서 등 각종 증명서 진위 확인에도 유용하다. 부테린 창업자는 "블록체인을 이용하면 '스마트 계약'으로 자산 일부분을 소유할 수 있다. 이를 통해 특정인이 사산을 독점하고 이를 높은 가격에 판매하는 것을 막을 수 있다는 장점이 있다"고 설명했다.

스마트계약이란 블록체인에 기반을 두고 금융 거래와 부동산 계약, 공증 등 다양한 계약을 맺고 이행하는 것을 말한다. 예를 들어 부동산 거래를 한다고 가정하면, 블록체인 안 코드에 적힌 계약 조건만 만족하면 즉시 계약이 성사된다. 중개인 없이 자동으로 당사자들 간 거래하는 방식이다.

가상화폐공개ICO와 관련한 이야기도 이어졌다. 부테린 창업자는 "이더리움도 ICO에서 시작했지만, 보상 구조가 성숙하지 못했다"

고 전했다. ICO란 새로운 가상화폐를 출시하기 위해 불특정 다수 투자자로부터 초기 개발 자금을 모집하고 그 대가로 코인을 나눠주는 일종의 '크라우드 펀딩'이다. 투자자는 기업이 제공한 백서 등을 보고 투자 여부를 결정한다. 부테린 창업자는 "현재 다양한 자금 조달방법을 모색하고 있고 투기로 흐르지 않도록 노력하고 있다"고 말했다.

부테린 창업자는 ICO를 전면 금지하는 한국 정부 정책에 대해서 "가상화폐와 연결될 수밖에 없는 퍼블릭 블록체인(누구든지 자유롭게 참여하는 개방형 블록체인 네트워크)도 유용하고 중요하다"고 지적했다. 한국 정부는 지난해 비트코인 가격이 폭등하자 ICO를 전면 금지했다. 다만 정부는 ICO와 달리 블록체인 기술은 4차 산업혁명을 이끌 주요 기술로 판단하고 있다.

부테린 창업자는 최근 페이스북이 출시 계획을 발표한 '리브라'가 흥미롭다고 평가했다. 그는 "2억 명이 넘는 사람들이 동시에 같은 플랫폼을 사용할 수 있다는 점은 장점이다. 다만 사람들은 퍼블릭 블록체인을 더 쉽게 믿고 중립적이라고 생각한다"고 말을 이었다. 리브라는 '페이스북 코인'으로 인식되기 때문에 페이스북이 사람들의 신뢰를 얻는 것이 중요하다는 것이다. 블록체인 기술의 장점은 '탈중앙화'지만 중앙집권적인 기관이 나타나면 사용자의 신뢰를 얻기 어려울 수 있다는 지적이다.

2020년에는 기존보다 1,000배 이상 빠른 속도의 이더리움 2.0이 출시된다. 이더리움 2.0은 기존 플랫폼을 업그레이드하는 것인데,

부테린 창업자는 이더리움 2.0이 0단계부터 3단계까지 총 4단계에 걸쳐 이뤄진다고 설명했다. 다양한 분야에서 공공 네트워크를 강화하고 확장성을 확보하는 게 이더리움 2.0의 목표이다. 그는 "이더리움 2.0이 출범하면 지분 증명Proof of Stake 개념을 처음 적용하는 것"이라고 설명했다. PoS란 네트워크상 보유한 토큰 일부를 잠가 블록생성과 거래 검증을 한다. 또 채굴하는 데 대량 전기를 사용할 필요가 없어 사용자 접근성이 높아진다.

가상화폐가 '통화'냐고 묻자 부테린 창업자는 "우리가 가상화폐를 통화로 정의하지 않는다고 해서 가상통화를 사용하지 못하는 것은 아니다. 통화가 아니더라도 가상화폐를 활용하는 사례는 사라지지 않을 것"이라고 답했다. 이어서 그는 "다만 일부 국가는 소득세와 양도세 등의 문제로 장기적으로 가상화폐를 범주화하려고 한다. 그러나 가상화폐를 일정 범주 안에 넣지 않는 게 규제 당국 입장에서도 손쉬울 수 있다"고 덧붙였다.

실제 국제회계기준위원회IFRS 산하 IFRS 해석위원회가 지난 6월 가상화폐를 금융자산으로 분류할 수 없다는 유권해석을 내렸다. IFRS 해석위원회는 가상화폐를 무형자산이나 재고자산으로 볼 수 있다고 판단했다. 기업이 중개나 영업 목적으로 가상화폐를 보유하면 재고자산, 그 외에는 무형자산에 해당한다는 것이다. 이에 대해 부테린 창업자는 "가상화폐를 정의하고 범주화하려는 것은 좋은 의미"라고 평가했다.

위기가 아닌 기회, 실버 이코노미

이토 모토시게 가쿠슈인대 교수 & 김성주 국민연금공단 이사장

이토 모토시게

1996년부터 2016년까지 도쿄대학교 경제대학원 교수를 지냈고, 2007부터 2009년에는 같은 대학의 경제대학원 학장이었다. 일본 총리와 정부 기관의 고문 역할도 했고, 2013년부터 2019년 1월까지는 국가경제재정정책위원회의 위원이었다. 지금까지 40권이 넘는 책을 펴냈으며, 학술지와 신문·잡지에 정책 현안에 대해 정기적으로 기고하고 있다.

김성주

문재인 정부 출범 직후 정부 인수위원회 성격의 국정기획자문위원회에서 전문위원 단장을 역임하면서 문재인 정부의 국정철학과 국정과제 수립의 밑그림을 그리는 임무를 수행했다. 2012년 제19대 대한민국 국회의원으로 당선된 후 보건복지상임위원회 위원, 예산결산특별위원회 위원을 역임했다.

"고령화 시대는 실버산업 등 새로운 비즈니스 모델을 창출하는 기회가 될 것이다."

이토 모토시게 가쿠슈인대 교수는 제20회 세계지식포럼 '실버 이코노미에서 기업의 역할과 정부 협력' 세션에서 이같이 밝혔다.

고령화는 특정 국가에 국한되는 문제가 아니다. 핀란드는 85세 이상 인구가 1970년대 1만 5,000여 명에 불과했으나 현재는 15만 명에 육박하고 있다. 2040년에는 34만 명에 이를 것으로 전망된다. 중국도 1970년대 3만 명이던 85세 이상 인구가 현재 77만 명, 2040년에는 200만 명을 넘어설 것으로 예상된다.

하지만 이토 교수는 기대 수명이 늘어난 만큼 의료 분야에 있어 다양한 비즈니스 기회가 수반될 수 있다고 이야기했다. 그는 특히 인공지능과 빅데이터 등 4차 산업혁명 기술이 접목된 다양한 산업화에 주목했다.

그는 "의료 서비스에 대한 수요가 급격히 증가하면서 빅데이터를 활용한 환자 관리 등이 필요해졌다. 의료 서비스 제공 분야를 사람 대신 AI 로봇이 대체하는 기회가 열리고 있다"고 밝혔다.

근로 시장도 고령화 시대와 맞물려 변화될 것으로 내다봤다. 근로 수명이 늘어나면서 실버 세대들의 근로 욕구도 동반 상승할 것이란 분석이다. 이토 교수는 "가장 중요한 건 마음가짐이며, 건강한 사람의 정년을 미루고 노동 욕구를 높이는 사회적 분위기를 형성하는 것이 실버산업 발전에 중요한 원동력이 될 것"이라고 강조했다.

실버 세대의 확장과 맞물려 소비 시장도 더욱 팽창할 수 있다는 게 그의 견해다. 이토 교수는 "은퇴자, 실버 세대들은 계속 사들이고 있다. 실제로 현재 일본 가계 자산의 70% 정도를 65세 이상이 소유하고 있다"고 분석했다. 그는 "정부에서는 부유한 실버 세대들이 더 많은 소비, 더 많은 노동력을 제공할 기회를 장려해야 한다. 그러면 경제 또한 부흥할 수 있다"고 진단했다.

김성주 국민연금공단 이사장도 이른바 '실버 시장'에 대한 잠재력을 높이 샀다. 아직 국내시장에서는 실버 시대보다 젊은 층이 구매력이 높다는 게 정설이지만, 서서히 변화가 감지되고 있다는 것이다. 그는 우리나라 경제성장의 버팀목이 돼 온 베이비부머 세대들의 은퇴가 가속화되고 고령층에 완전히 편입되면 진정한 실버시장이 열릴 것으로 전망했다.

다만 김 이사장은 실버 산업화에 대한 사회적 공감을 끌어내는 게 관건이라고 목소리를 높였다. 김 이사장은 "국내에서도 한때 실버산업을 육성하자는 목소리가 나왔지만, 비용부담에 대한 공포가 앞서다 보니 담론이 형성되지 못했다"며 "실버 사회를 피할 수 없다면 이를 두려워하지 말고 자연스럽게 받아드리는 분위기부터 만들어야 한다"고 이야기했다.

또한, 김 이사장은 실버 산업화에 다수의 필요를 충족하는 비즈니스 모델이 필요하다고 진단했다. 그는 "한때 한국에서 안티에이징에 대한 연구개발 사업을 지원한 바 있지만, 노인 대부분은 피부보다는 건강 유지에 더 많은 관심이 있어 외면받은 바 있다"고 전했다.

고령화가 가속화되는 만큼 사회보장제도에 대한 개선 작업이 필요하다는 주문도 이어졌다. 좌장을 맡은 에스코 아호 전 핀란드 총리는 고령화의 문제로 늘어나는 부양비를 꼽았다. 그는 고령화가 급속도로 진행 중인 한국에도 이 문제가 극적으로 나타날 것으로 보인다며 우려를 표했다. 더불어 단순히 사회보장서비스를 개선하기보다는 재정 문제까지 손보는 등 전반적인 시스템의 변화가 시급하다고 진단했다.

특히 그는 적절한 범위의 서비스를 통해 자주적인 생활을 보장해야 한다는 주장을 펼쳤다. 그는 "무턱대고 '케어의 양'만 늘리는 것에는 동의하지 않는다"며 "적절한 순간에 돌봄 서비스가 제공된다면 사회적 비용도 완화할 수 있다"고 진단했다.

김 이사장은 한국의 연금제도 개혁을 향후 과제로 꼽았다. 그는 보험료 인상에 대한 국민적 거부감, 조세 부담에 따른 우려로 인해 제도 개혁이 쉽지 않음을 밝혔다.

그는 "현재 정년연장이나 고령자 재취업 정책이 청년실업과 대립할 수 있음을 우려하는 목소리가 적지 않음을 알고 있다"며 "두 가지 방안이 공존하고 같이 갈 수 있다는 인식 아래 정책적 해법을 찾는 데 주력해야 한다"고 덧붙였다.

한편 이토 교수는 세션 이후 매일경제와의 인터뷰에서 한국의 경제 정책과 관련한 조언을 내놓기도 했다. 그는 "최저임금의 경우 단시간 내 빠르게 인상하는 것은 현명하지 못하다"고 진단했다. 노동 수요 감소는 물론 중소기업들의 피해를 초래하기 때문이다.

이어 그는 "과거 김대중 정부 당시 개혁과 변화에 속도를 냈던 한국 경제는 지난 3~4년 사이 저성장 기조를 보인다"며 "결과만을 봤을 때 현재 한국의 경제 정책에 문제가 있는 것 같다"고 쓴소리를 했다.

이토 교수는 최저임금 정책 외에 재벌 대기업에 대한 높은 의존도 또한 지적했다. 그는 "대기업에 역동성이 없다면 한국 경제의 확장을 생각할 수 없다. 이 같은 현상은 경제뿐만 아니라 사회의 조화와 소득 평등의 관점에서도 좋지 않다"고 강조했다.

한일 갈등에 대해서는 "단기간 내 불씨가 꺼지기는 어려울 것이다. 그러나 한국 기업과 일본 기업은 (정부보다) 더 나은 커뮤니케이션을 하기에 정부의 새로운 규제에도 불구하고 좋은 관계를 지속할 것"이라는 생각을 밝혔다.

네트워크와 권력의 역사

니얼 퍼거슨 하버드대학교 선임연구원

니얼 퍼거슨

하버드대학교의 선임연구원. 《광장과 타워》를 통해 2016년 미국 대선 이후 실리콘밸리에 닥친 위기를 놀라울 정도로 정확히 예측했다. 그는 우리가 현대사회를 이해하기 위해 네트워크와 역사 모두를 철저하게 이해해야 한다고 주장한다. 전 미국 국무장관 헨리 키신저의 전기문을 저술하여 2016년 아서 로스 상을 받았으며, 같은 주제의 다큐멘터리 영화로 2011년 뉴욕 국제 영화제에서 최고 다큐멘터리상을 받았다. 그의 저서 《금융의 지배Ascent of Money》에 관한 다큐멘터리 역시 2009년 에미상을 받았다.

오늘날의 네트워크 시대는 기술 낙관론자들이 기대하고 예상했던 모습일까? 냉정히 보면 기대하고 예상했던 모습에 크게 못 미치고 있다. 왜곡된 정보와 가짜뉴스가 확산되고 있고 이는 극단적인 양극화를 불러오고 있기 때문이다.

현세대 최고의 경제사학자로 뽑히는 니얼 퍼거슨 하버드대학교 선임연구원은 제20회 세계지식포럼 '광장과 타워: 프리메이슨에서 페이스북까지, 네트워크와 권력의 역사' 세션에 연사로 나서 인류 역사를 움직이는 실체인 소셜 네트워크의 역사와 현재, 미래에 대해 강연했다.

앞서 퍼거슨 선임연구원은 네트워크와 권력의 역사를 다룬 그의 저서 《광장과 타워》를 통해 "소셜 네트워크는 언제나 형태를 달리해가며 사회 변화의 주역으로 존재해왔다. 종교개혁을 이끌었던 인쇄공들, 설교자들로부터 미국 혁명을 이끈 프리메이슨에 이르기까지

면면히 이어져 온 것"이라고 밝힌 바 있다.

퍼거슨 선임연구원은 저서에서 권력 구도를 종적, 횡적 구조로 나눠 상하 위계를 상징하는 '탑'과 계급 대신 네트워킹을 통해 생명력을 얻는 '광장'의 두 축으로 설명한다. 이러한 타워와 광장의 싸움이 지금까지 계속돼왔다는 것이다. 그는 "교황들과 왕들의 오래된 질서에 파문을 일으키는 '네트워커networkers'들은 언제나 있어왔다"고 주장했다.

그의 주장대로 소셜 네트워크는 사회 변화의 주역으로 자리 잡았다. 현대사회에 들어 소셜 네트워크는 혁신기술과 결합해 방대한 지식을 생산해내고 있다. 빅데이터를 활용한 인공지능 기술의 발전과 차세대 이동통신 5G의 보급은 이를 더욱 부추기고 있다.

하지만 네트워크를 기반으로 양산되는 왜곡된 정보, 즉 '가짜뉴스'로 인한 부작용은 예상보다 심각한 수준이다. 실제로 2016년 미국 대통령선거 당시 트위터로 퍼진 가짜뉴스 가운데 대부분은 힐러리 클린턴을 반대하는 내용이었다. 결국, 사람들의 예상을 깨고 도널드 트럼프의 당선이란 결과가 나왔다.

퍼거슨은 "오늘날 네트워크가 위계질서를 파괴하고 있다"고 지적했다. 그는 네트워크 세상이 무질서하며, 그런 무질서 속에서 구성원은 사악한 의도를 가진 거짓 정보에 감염되고, 정치적 복잡성을 띠는 네트워크의 바이러스는 정치적 위계에 위협을 가한다고 주장한다.

퍼거슨 선임연구원은 "모두가 자유롭게 이야기하고 정보와 아이디어를 공유하면 세상이 좋아질 거라 생각했지만, 네트워크가 구축된 세상이 멋지기만 한 것은 아니었다"고 이야기했다. 특히 그는 더 많은 뉴스가 소비될수록 가짜뉴스가 더 빠르게 전파되고 있다는 점이 가장 큰 문제라고 지적했다.

이러한 상황은 정치적으로도 많은 반향을 일으킨다. 퍼거슨 선임연구원은 '교황이 트럼프를 지지한다'는 내용의 가짜뉴스를 대표적인 예로 들었다. 그는 "자극적인 가짜뉴스가 이목을 끌고, 알고리즘으로 인해 몇 번만 추천을 받으면 왜곡된 정보가 무작위로 제공된다"고 문제를 제기했다.

그는 "당선 가능성이 낮다고 평가받던 도널드 트럼프를 3년 전 미국 대통령의 자리에 오르게 한 일등공신도 다름 아닌 트위터였다"며 트럼프 당선을 '가장 의도하지 않았던 네트워크 세상의 결과'로 꼽았다. 그는 "트럼프는 현재까지 39만 개의 트윗을 남겼고, 5,500만 명의 팔로우를 지녔다. 팔로우만 봤을 때 대선에서 트럼프의 압승을 어느 정도 예상할 수 있었다"고 말을 이었다.

퍼거슨 선임연구원은 이를 새로운 정치학이라 일컬었다. 그는 미국인의 80%가 페이스북이나 구글을 통해 뉴스를 접한다는 조사 결과를 언급하며, 자극적이거나 포퓰리즘에 무게를 둔 목소리는 앞으로도 더욱 빠르게 확산될 거라고 이야기했다. 그만큼 가짜뉴스의 위험성도 점점 더 커질 거라는 의미다. 또한, 모든 민주주의 국가가 유사한 형태의 왜곡된 정보에 영향을 받을 수 있다고 경고했다. 더불어 소셜 네트워크 플랫폼을 운영하는 특정 기업이 독점적 권한을 가질 수 있다는 점도 언급했다.

퍼거슨 선임연구원은 "네트워킹된 세상은 결국 페이스북 등 소수의 거대 기업으로부터 지배를 받게 됐다. 독점 자본주의가 다시 고개를 들게 된 것"이라고 지적했다.

KNOWLEDGE
REVOLUTION 5.0

III

글로벌 거버넌스
붕괴 위기와 뉴 리더십

트럼프 최측근에게 듣는
미국 대외정책 방향

라인스 프리버스 제27대 백악관 비서실장

라인스 프리버스

2016년 미국 대선 직후 백악관 비서실장으로 선임됐다. 그는 공화당을 역사적인 승리로 이끈 후 도널드 트럼프 대통령 취임과 정권 출범 후 100일을 지켜봤다. 백악관 비서실장으로 임명되기 전에는 최장기간 공화당 전국 위원회RNC 위원장을 역임했다. 프리버스는 선거에 승리하기 위한 지지기반을 확장시키고, 신기술을 활용함으로써 공화당의 압도적 승리에 필요한 인프라를 구축했다. 그는 미국 역사상 RNC를 가장 성공적으로 이끈 위원장으로 남아 있다.

"도널드 트럼프 미국 대통령은 대선 전까지 중국과의 무역 합의를 이뤄낼 것이다. 그렇지 않고서는 2020년 대선에서 이기기 어려울 것이기 때문이다."

라인 프리버스 전 백악관 비서실장은 제20회 세계지식포럼에서 미·중 무역 전쟁이 도널드 트럼프 미국 대통령의 주도로 이른 시일 내 합의점을 찾으리라 예측했다.

트럼프 정권 탄생의 일등공신이자 초대 백악관 비서실장을 지낸 그는 '트럼프의 속내와 미국 대외정책 방향은'이라는 주제로 열린 안호영 북한대학원대학교 총장과의 대담에서 "지식재산권과 기술 이전에 대한 합의와 미국이 고율 관세를 부과한 수입 철강·알루미늄에 대한 합의도 트럼프 대통령 주도로 조속히 끌어낼 것"이라고 전망했다.

현재까지 평행선을 달리고 있는 G2의 무역 전쟁에 대해 프리버스 전 비서실장이 낙관적으로 전망한 배경에는 2020년 미국 대선이 있다. 프리버스 전 비서실장은 "트럼프 대통령이 중국과의 협상에서 아무런 결과를 도출해내지 못하는 것은 2020년 대선에 결코 도움이 되지 않는다. 혹여 미국 경제가 둔화하면 재선을 장담할 수가 없다"고 말했다. 이어 "선거에서 경제는 절대 리스크를 무릅쓸 수 없는 부분"이라고 강조했다.

그는 "양국의 합의 패키지 안에는 트럼프 대통령의 재선 후인 2021년까지 시진핑 중국 국가주석과의 정상회담도 포함될 것"이라며 "그래야만 대선에서의 승리가 더욱 확실해질 수 있다"고 말했다.

결국, 미국이 주도적으로 나설 수밖에 없다는 게 그의 견해다. 그는 "중국은 1000년을 더 기다릴 수 있을지 몰라도 미국의 정치 환경은 중국과 다르다. 경제 없이는 재선도 없다"고 말을 이었다. 그는 "그러나 중국의 불공정한 무역 행태를 그대로 용인하겠다는 것은 아니"라고 덧붙였다. 이는 무역협상은 트럼프 대통령이 재선하는 데 꼭 필요한 카드지만, 중국 정부의 전환적인 태도 역시 끌어내야 한다는 주장이다. 또한, 프리버스 전 비서실장은 트럼프 대통령이 무역 전쟁을 일으킨 배경인 '중국의 공정무역·공정경쟁'을 포기하지는 않을 거라고 설명했다.

세션에서 그는 트럼프 대통령에게 '최선의 시나리오'는 무엇일지 제시하기도 했다. 프리버스 전 비서실장은 "지식재산권, 농업 분야, 철강·알루미늄 등 무역 전쟁의 수많은 요소 중 일단 작은 부분이라도 하나둘씩 협상을 맺으면서 나아가는 것이 최선"이라고 이야기했다. 또한, "2020년 대선 후인 2021년 봄께 정상회담을 미리 정해놓으면 가장 좋다"고 덧붙였다. 이어 그는 "그렇게 되면 트럼프 대통령은 아무것도 잃지 않는 동시에 재선 캠페인에서 활용할 수 있는 훌륭한 명분도 얻게 되는 것"이라고 설명했다.

프리버스 전 비서실장은 G2 무역 갈등으로 인해 세계 경제가 요동치고 있는 현재 상황에 대해서 "관련국들의 '인내심'이 필요하다"고 말했다. 그는 "중국이 공정무역을 하고 있지 않다는 것은 모든 나라가 공통으로 인식하고 있는 일"이라며 "사람들은 더 나은 결과를 위한 일시적 희생에 별로 관심이 없다. 그러나 미래를 위해 잠깐의 고통은 감내해야 한다고 생각한다"고 말했다. 이어 그는 "곧 무역 갈등이 해소되면 세계 경제는 이전보다 훨씬 좋아질 것"이라고 강조했다.

프리버스 전 비서실장은 트럼프 대통령의 '미국 우선주의'가 결코 고립주의는 아니라고 강조했다. 고립주의란 자국의 이익이나 안보와 직접적인 관련이 없는 경우, 다른 나라와 동맹을 맺지 않고 개입을 최대한 자제하는 외교정책을 의미한다. 안 총장은 "미국은 지난 70여 년 동안 전 세계를 안정화하는 데 중요한 역할을 했다. '미국 우선주의'라는 것이 미국이 세계 리더십에서 한 발짝 물러난다는 뜻이라면 대혼돈이 올 수도 있다"고 말했다.

이에 그는 "트럼프 대통령이 항상 자국의 이익을 먼저 생각하는 것은 맞지만, 오늘날과 같은 세계화 환경에선 우방과의 동맹도 꼭 필요한 전략이라는 것을 잘 알고 있다"고 답했다.

이어 그는 "미국은 이란과 이라크의 전쟁, 미국과 아프가니스탄의 전쟁에서 수천 명의 젊은 미국인들을 잃고 더 많은 사람이 미래를 잃었다"며 "이를 지켜봐 온 트럼프 대통령은 군인들이 진정으로 필요하지 않은 곳에 가서 해를 당할 필요가 없다고 생각했던 것"이라고 설명했다.

그렇지만 프리버스 전 비서실장은 미국 우선주의가 결코 동맹국들과의 관계를 저해하는 게 아니라는 점을 재차 강조했다. 자국의 이익을 가장 최우선으로 도모하되, 우방국들과의 동맹 관계 또한 발전시키는 게 미국 우선주의의 방향성이라는 것이다.

그는 미북 정상회담이 3차례나 이뤄질 수 있었던 점 역시 트럼프 대통령이 추구한 미국 우선주의의 일환이라고 설명했다. 그는 "소프트 외교나 상대국 원조 등 여러 국가와의 관계개선에 쓰이는 예산은 트럼프 정부 들어 많이 늘어난 상황"이라고 덧붙였다.

그는 그러면서도 미국이 자국의 이익을 포기하면서까지 세계평화에 힘을 기울일 수는 없다고 주장했다. 그는 "동맹국이라고 해서 평생 공짜점심을 먹을 수 있는 것은 아니다. 친구가 매번 밥값을 내왔다면 한 번쯤은 상대방도 계산을 해야 한다는 게 트럼프의 마음"이라고 전했다.

'트윗 정치'로 대표되는 트럼프 대통령의 '충동성'에 대해서도 프리버스 전 백악관 비서실장은 조금 다른 해석을 내놓았다. 그는 "사실 트위터는 백악관 내에서도 트럼프 대통령에게 자제해달라고 늘 조언했지만 소용이 없었다. 그러나 트럼프의 그런 모습이 아니었다면 애초에 대통령에 당선되기 어려웠을 것"이라고 말했다. 그는 "기성 정치인들에 회의적이었던 미국 국민이 뭔가 새로운 인물을 원했던 것"이라며 "일부 미국인들이 트럼프의 스타일을 좋아하지 않지만, 그의 그런 충동적인 스타일 덕분에 미·북 정상회담이나 IS 문제 등에서도 진전이 있었던 것"이라고 주장했다.

북핵 문제에서는 트럼프 대통령이 북한 '비핵화 로드맵'을 끌어낼 수 있는가가 관건이라고 이야기했다. 그는 "하노이 정상회담이 실패한 원인은 비핵화에 대한 정확한 정의조차 내리지 않았기 때문"이라며 "로드맵에는 반드시 CVID(완전하고 검증 가능하며, 불가역적인 비핵화)가 정의돼야 한다"고 말했다. 그리고 "북한이 비핵화 조치 단계를 밟을 때마다 경제제재가 하나둘씩 걷어지는 시스템이 정착돼야 한다. 그래야 북한이 비핵화의 결과가 어떤 이득을 가져오는지를 체감할 수 있다"고 말했다.

권력은 진실에서 비롯된다

밥 우드워드 워싱턴포스트 부편집인

밥 우드워드

미국의 저명 언론 〈워싱턴포스트〉의 부편집인. 우드워드는 1971년부터 〈워싱턴포스트〉에서 일했으며 언론계 노벨상으로까지 불리는 퓰리처상을 두 차례 수상했다. 1973년 '워터게이트' 사건 특종보도와 2003년 9/11 테러 사건 보도가 퓰리처상 수상으로 이어졌다. 우드워드는 지금까지 19권의 책을 펴낸 작가이기도 하다. 가장 최근 출간된 《공포: 백악관의 트럼프Fear: Trump In The White House》는 전 세계적 베스트셀러가 됐다. 다년간 깊이 있는 취재와 보도 활동을 이어온 그는 리처드 닉슨부터 도널드 트럼프까지 역대 미국 대통령을 가장 정확하고 날카롭게 분석하는 언론인으로 인정받고 있다.

"트럼프의 우크라이나 스캔들은 과거 닉슨 대통령의 워터게이트 사건과 비슷한 양상을 보인다."

미국 민주당이 도널드 트럼프 대통령의 '우크라이나 스캔들'과 관련해 트럼프 대통령에 대한 본격적인 탄핵 조사 절차에 돌입한 가운데, 제20회 세계지식포럼을 찾은 밥 우드워드 워싱턴포스트 부편집인은 이렇게 말했다.

우드워드 부편집인은 세계지식포럼 청중들 앞에서 '트럼프 시대 미디어의 역할'이란 주제로 장경덕 매일경제 논설실장과 대담을 나눴다.

2019년 9월 25일(현지시간) 백악관이 공개한 통화 녹취록에 따르면 트럼프 대통령은 볼로디미르 젤렌스키 우크라이나 대통령과의 통화에서 조 바이든 전 부통령 관련 의혹을 조사해달라고 요청했다. 조 바이든 전 부통령은 현 민주당 대선 주자 중 한 명으로 트럼프 대통령과 차기 대선을 놓고 경쟁을 할 수도 있는 인물이다.

바이든 전 부통령은 우크라이나에서 사업을 하던 아들의 부패 혐의와 관련해 우크라이나 측에 빅토르 쇼킨 검찰총장을 해임하지 않으면 10억 달러에 이르는 미국의 대출 보증을 보류하겠다고 위협했다는 의혹을 받은 바 있다. 이후 쇼킨 검찰총장은 실제 해임됐으나 바이든 전 부통령은 자신과의 연관성을 부인했다.

반면 트럼프 대통령은 젤렌스키 대통령에게 바이든 전 부통령을 수사하라는 압박을 넣었다는 의혹이 제기된 상태다. 트럼프 대통령은 의혹을 부인해왔으나 이날 공개된 녹취록에는 트럼프 대통령이 젤렌스키 대통령에게 "바이든이 검찰 수사를 중지시켰으며, 많은 사람이 그에 대해 알고자 한다. 당신이 법무부 장관과 뭐든지 하면 좋을 것"이라고 말한 게 드러났다.

우드워드 부편집인은 "트럼프와 젤렌스키의 공개된 대화 내용은 매우 심각한 사건이며, 트럼프 대통령의 권력 오남용에 대한 굉장히 중요한 증거"라고 지적했다. 우드워드 부편집인은 "과거 도청 지시 등 각종 의혹을 부인하던 닉슨 대통령 또한 FBI 수사 방해 공작을 승인하는 내용이 담긴 테이프가 공개되고, 관련 조사에서 다른 증거물들이 나오자 결국 사임하게 됐다"며 "현재 트럼프 대통령의 우크라이나 스캔들과 닉슨 전 대통령의 양상이 매우 비슷하다"고 설명했다.

그러나 우드워드 부편집인은 트럼프 대통령의 실제 탄핵 가능성에 대해선 조심스러운 입장이었다. 그는 "미 하원에서 공식적인 조사가 있을 테지만 상원은 공화당이 장악하고 있다. 어떤 일이 벌어질지는 아무도 모른다"고 말했다.

우드워드는 트럼프가 '공포정치'로 일관하고 있다고 주장했다. 대중 무역전쟁, 주한미군 철수 논란 등을 공포정치의 예로 들었다. 그는 "중국제품에 대한 높은 관세율은 사실 미국에 전혀 이득이 되지 않는다"며 "과거 김정은을 겨냥한 '핵버튼' 트윗, 주한미군 철수 논란 등 역시 상대방을 공포에 떨게 하려는 행동들"이라고 설명했다.

단, 우드워드 부편집인은 트럼프 대통령이 방위비 분담금 인상은 주장할지라도 주한미군을 철수하는 일은 없을 것으로 전망했다. 그간 수많은 군사·외교 전문가들이 동맹이 안보의 근간이란 점을 강조해온 만큼, 비록 트럼프가 원하진 않아도 지금은 그 사실을 받아들이는 것 같다는 설명이다.

백악관 내 여러 고위관계자를 취재한 우드워드 부편집인은 "심지어 백악관 내에서도 대통령에 대한 불안감과 공포가 가득하다"고 이야기했다. 트럼프 대통령이 한미 FTA를 폐기하려 했을 당시, 경제보좌관이었던 게리 콘 전 국가경제위원장이 한미 FTA 종료를 통보하는 서한이 대통령 책상에 있는 것을 보고 깜짝 놀라 몰래 훔친 뒤 버린 사실은 이미 그의 책을 통해 유명해진 일화다.

우드워드 부편집인은 닉슨 대통령부터 트럼프 대통령까지 9명의 대통령이 거쳐 간 지난 40여 년간 백악관을 출입하며 세계 최고 권력을 감시하는 역할을 해왔다. 9명의 대통령에 대한 총 19권의 저서는 대부분 베스트셀러에 올랐다. 지난 2018년 트럼프 대통령에 대해 날카로운 비판을 담은 책《공포: 백악관의 트럼프Fear: Trump In The White House》는 발간과 동시에 75만 부가 팔렸다. 그는 이 책에서 트럼프 대통령을 '정서적으로 지극히 흥분돼있고, 변덕스러우며 예측할 수 없는 지도자'라고 표현했다. 트럼프 대통령이 불러온 국제적인 혼란에 대해서는 '세계에서 가장 강력한 국가 행정부의 신경망이 무너진 것'이라 쓰기도 했다. 책 제목 '공포'는 실제 우드워드 부편집인이 트럼프 대통령을 인터뷰했을 당시 '진정한 권력은 공포에서 나온다'고 한 트럼프 대통령의 말을 인용한 것이다.

우드워드 편집인은 "트럼프의 재선 가능성은 예측할 수 없다"고 잘라 말했다. 그러나 그는 "변하지 않는 사실은 사람들의 선의와 상식이 승리한다는 것이다. 미국 사회가 거짓말쟁이를 원한다면 재선될 수도 있다"고 말하며 본인의 반反트럼프 의사를 분명히 밝혔다. 그는 이어 "트럼프 재선 여부는 오로지 미국 유권자들에 달려있다. 확실한 것은 대중은 공포를 주는 정부를 원하지 않는 것"이라고 강조했다.

그는 트럼프 대통령의 '가짜뉴스' 프레임에 대한 격한 반감을 드러내기도 했다. 우드워드 부편집인은 이날 한국 20여 개 언론사 소속 선임급 기자들과 함께한 '언론포럼'에서 "가짜뉴스라는 말도 트럼프 대통령이 만들어낸 말"이라며 "언론의 신뢰성을 저해시키고자 하는 의도로 자신을 비판하는 언론에 대한 불신을 심게 하려는 계획이며, 영리한 마케팅 전략"이라고 설명했다.

48년을 언론인으로 살아온 그는 이날 모인 국내 기자들에게 "우리 언론인들은 계속해서 할 일을 해야 한다. 진실을 파헤치는 것이 바로 우리의 일"이라며 "언론인이라면 실수를 저질렀을 때 고통스럽겠지만 잘못을 인정하고 성찰하는 시간을 가져야 한다"고 조언했다.

또한, "트럼프는 '권력은 공포에서 나온다'고 말했지만 절대 그렇지 않다. 진정한 권력은 진실에서 비롯된다"고 말했다.

우드워드 부편집인은 트럼프 대통령에 관한 또 다른 책을 집필 중이다. 그는 《공포》에 이어 트럼프 대통령의 실상을 파헤친 또 다른 책"이라며 더 이상의 말은 아꼈다. 끝으로 "책은 미국 대선 전에 세상에 내놓을 계획이며, 대선에 어떤 영향을 미칠지는 두고 봐야 할 것"이라고 덧붙였다.

갈림길에 선 트럼프의 미래

데이비드 어반 미국전쟁기념위원회 의장

데이비드 어반

미국전쟁기념위원회 의장. 현재 CNN 정치평론가이자 컨설팅회사인 ACG의 회장을 맡고 있다. 트럼프 대통령 대선 운동 때 참모 역할을 톡톡히 했다. 트럼프 정부 출범 이후에는 〈폴리티코〉에서 선정한 트럼프 정부에서 가장 영향력 있는 30명 안에 이름을 올리기도 했다. 그는 〈뉴욕타임스〉, 〈폴리티코〉, 〈더 힐〉 등 여러 매체에서 뛰어난 로비스트로 평가받는다. 알렌 스펙터 상원의원의 비서실장을 역임하며 입법, 정무, 언론, 행정 관련 일에 뛰어난 역량을 발휘했다. 펜실베이니아주 변호사로도 활동했다.

KNOWLEDGE REVOLUTION 5.0

"트럼프 탄핵당할 수 있는 증거 곧 나올 것"

밥 우드워드 워싱턴포스트 부편집인

"아직 아무것도 밝혀진 건 없다…가짜 뉴스 내는 언론이 문제다."

데이비드 어반 미국전쟁기념위원회 의장

도널드 트럼프 미국 대통령의 핵심 이너 써클Inner Circle 구성원이자 트럼프 정권 탄생의 1등 공신인 데이비드 어반 미국전쟁기념위원회 의장. 그 옆에는 트럼프를 '정서적으로 지극히 흥분돼있고, 변덕스러우며 예측할 수 없는 지도자'라고 깎아내렸던 밥 우드워드 워싱턴포스트 부편집인.

제20회 세계지식포럼에서는 대표적인 친親트럼프 인사와 반反트럼프 언론인이 한 자리에 마주했다. 둘은 '트럼프의 미래'를 주제로 한 세션에서 시종일관 트럼프 대통령에 대한 상반된 의견으로 날선 비판을 이어갔다.

공교롭게도 이날은 미국 민주당이 트럼프 대통령의 이른바 '우크라이나 의혹'과 관련해 하원 차원의 탄핵 조사에 들어가기로 한 날이었다.

우드워드 부편집인은 "탄핵 관련 논의를 하는 이 시점에 자리에 서서 기쁘다"고 포문을 열었다. 이어 "이미 트럼프에 대한 충분한 증거가 확보되고 있다. 닉슨 대통령도 과거 '닉슨 테이프'가 증거물로 나오면서 사임으로 이어졌다. 현재 흐름대로라면 어느 정도 증거가 나타날 것"이라고 말했다. 이에 대해 어반 의장은 "민주당의 탄핵 진상조사는 트럼프 정권 초기에서부터 있었던 여러 조사의 또 다른 버전일 뿐"이라며 큰 의미가 없다는 듯한 발언으로 맞섰다.

한미 FTA 재협상, 주한미군 축소 등 과거 한미관계를 둘러싼 논란에 대해서도 두 사람은 견해차를 보였다. 우드워드 부편집인은 "트럼프에게는 한미 FTA가 매우 중요하다. 경제적인 무역협정뿐만 아니라 군사적인 동맹에도 영향을 미치기 때문"이라고 말했다. 이어 "트럼프는 주한미군을 축소하겠다고 갑자기 트윗을 날리고는 모든 수습을 국방부에 떠넘겼다. 만약 주한미군을 축소하면 그건 북한에 심각한 신호를 주는 것이다. 전쟁이 시작되기 전 징후가 바로 동맹국에서 미군을 철수하는 행위이기 때문"이라고 비판했다. 이어서 그는 "트럼프 대통령은 이런 사안에 대해 충동적으로 결정을 내리거나 충동적인 발언을 할 가능성이 크다. '충동'은 위험하다는 것을 우린 역사를 통해 배워왔다"고 덧붙였다.

이에 어반 의장은 "방위분담금 문제는 대통령이 정권 초기부터 나토NATO 동맹군을 비롯해 얘기해온 사안"이라며 한국을 특별히 더 압박하고자 하는 것은 아니라고 설명했다.

일평생을 언론인으로 살아온 우드워드 부편집인에게 어반 의장은 각성을 요구하기도 했다. 검증되지 않은 내용으로 트럼프에 관한 비판적인 기사를 대량생산한 기성 언론들에 대한 불만이었다. 어반 의장은 "기준에 미달하는 언론인들이 너무 많다"며 "언론인들 사이에 자성의 목소리가 없는 게 문제"라고 지적했다. 이에 우드워드 부편집인은 "일부 감정에 호소하는 언론들이 있다"고 말하면서도 "트럼프 대통령이 언론에서 보도되는 뉴스 하나하나를 놓고 '이건 가짜, 저건 가짜'라고 얘기하는 게 더 문제"라고 꼬집었다. 감정에 호소하는 언론보다 더 큰 문제는 대통령 발언에 대한 보도가 나간 뒤 이틀 만에 말을 바꾸고 그전 보도를 놓고 가짜뉴스라고 지적하는 행동이라고 반박한 것이다.

트럼프 정권 들어 미북 관계가 진전되는 분위기가 형성되고 있는 점에 대해서도 양측은 평가를 달리했다. 어반 의장은 "한국 국민에게 미북 정상회담은 역사적인 순간"이라고 말했다. 반면 우드워드 부편집인은 "정보당국 관계자들 얘기를 들어보면 김정은이 핵을 절대 포기하지 않을 것이라 말한다"며 "김정은이 받아들일 수 없는 요구를 하는 것 자체부터 현실성이 떨어진다는 의견들이 많다"고 말했다.

대통령 재선 가능성에 대해서도 역시 엇갈린 반응을 보였다. 어반 의장은 "트럼프 정권 이후 실업률이 50년 만에 최저치를 기록하고, 소비자 신뢰도 역시 크게 오르고 있다"며 트럼프의 재선을 장담했다.

이에 우드워드 부편집인은 판단을 유보했으나 "야당이 변혁적인 모습을 취하지 않는다면 승산이 없다"고 이야기했다. 그는 "현재처럼 오바마케어(미국 의료보험 시스템) 등 지엽적인 문제를 부각하는 것은 민주당에 아무런 도움이 되지 않는다. 민주당은 미국 대통령의 역할이 무엇인지부터 고민해야 한다"고 덧붙였다.

한편, 어반 의장은 매일경제와 별도 인터뷰에서 굳건한 한미 동맹을 강조했다. 그는 "한미 동맹 관계는 트럼프 정권하에서 절대 흔들리지 않을 것"이라며 트럼프 대통령은 누구보다 한미동맹의 중요성을 잘 알고 있다고 설명했다.

트럼프 대통령의 주한미군 철수 발언 논란, 한미 방위비 분담금 협상 등으로 한미 동맹 관계가 자칫 흔들리는 것이 아니냐는 우려에 대한 그의 대답이었다. 어반 의장은 "트럼프는 비즈니스맨"이라며 "모든 이해당사자가 제값을 치르는 것을 매우 중요하게 여길 뿐"이라고 설명했다.

어반 의장은 트럼프 정부 하에서 주한 미군 철수는 절대 없을 것이라 단언했다. 그는 주한미국대사를 해군 제독 출신으로 보낸 것을 예로 들며 트럼프가 한국을 중요한 지정학적 동맹국으로 인식하고 있다고 설명했다. 그는 한미 방위비 분담금 협상에 대해서도 "단지 미국의 납세자들을 제대로 보호하려고 하는 것 뿐"이라고 말했다. 그는 트럼프 대통령이 세간으로부터 공정한 평가를 받지 못하고 있다고 주장했다. 특히 미국 언론에 대한 강한 불만을 드러냈다. 트럼프 대통령에 대한 편파적, 악의적 보도가 부정적인 이미지를 형성하는 데 일조했다는 게 그의 주장이다.

어반 의장은 "최근 뉴스와 해설기사, 인포테인먼트infotainment 간의 경계가 허물어졌다"고 지적했다. 자신이 정치평론가로 재직하는 CNN에 대해서도 "CNN에서 패널들이 등장하는 방송은 대부분 해설이지, 뉴스가 아니다. 팩트를 말하기보다는 (트럼프 대통령에 대해) 각자 느끼는 '감정'만을 얘기하고 있다"고 말했다. 그는 "미국 언론이 역사상 최저치로 내려간 실업률 같은 사실에 대해선 잘 보도하지 않고, 그저 각 언론사의 입맛에 맞는 해설을 할 뿐"이라고 덧붙였다.

일부 사람들은 트럼프 대통령의 돌발성 행동에 반감을 갖지만 실은 그와 같은 비선형적인 성향 덕분에 과거 대통령은 달성 불가능했던 업적을 남기고 있다는 게 어반 의장의 주장이다. 어반 의장은 2019년 6월의 판문점 북미 정상 회동 등 꽁꽁 얼어 붙어있던 북미 관계가 개선 조짐을 보이는 점을 대표적인 예로 들었다.

어반 의장은 "취임 초기만 해도 '로켓맨'이라고 부른 상대방과 2년 만에 판문점에서 악수할 수 있는 것은 트럼프 대통령만이 할 수 있는 일"이라며 "전통적인 외교 규범을 지키는 대통령이면 절대 불가능했을 것"이라고 말을 이었다.

어반 의장은 트럼프가 2020년 미국 대선에서 재선에 성공할 것
이라고 자신했다. 근거는 경제였다. 그는 "미국 경제는 현재 사회경
제적 지위가 가장 낮은 이들조차도 실질 임금 수준이 많이 증가했
을 정도로 경제 '붐'이 이어지고 있다. 일자리는 넘쳐나고 일할 사람
은 모자라 더 많은 임금을 제공할 수밖에 없다"고 이야기했다. 미국
유권자들은 현재 상황이 바뀌길 원하지 않을 것이라는 게 그의 설
명이었다.

글로벌 리더십 붕괴와 한국의 역할

제임스 존스 전 미국 국가안보보좌관 外

제임스 존스

전 미군 유럽사령부와 유럽연합군최고사령부의 지휘관. 북대서양 조약 기구NATO의 모든 군사작전을 지휘했다. 오바마 전 대통령의 국가안보보좌관을 역임했다.

배리 파벨

애틀란틱카운슬 수석 부회장. 전에는 조지 부시와 버락 오바마 전 대통령 행정부에서 근무했다.

오미연

애틀란틱카운슬 아시아프로그램 국장. 아시아 태평양 지역의 격변하는 경제구조를 연구하고, 동아시아 국가 간의 외교 관계, 그리고 미국과 중국의 경쟁 구도를 분석한다.

토머스 보서트

전 백악관 국토안보보좌관. 애틀란틱카운슬의 선임연구원이다. 조지 부시와 도널드 트럼프 대통령에게 사이버보안, 대테러, 국토안보 등 위기관리에 대해 조언했다.

　중국은 전례 없이 빠른 속도로 성장한 국가다. 한때 구 소련의 원조에 의존해야 할 만큼 빈국이었으나 1949년 10월 중화인민공화국 출범 이후 비약적으로 발전했다. 과거에는 선진국이 만든 제품을 모방한 '카피캣' 제품 양산국이라고 평가받았지만, 이제는 AI를 비롯한 첨단 분야에서 성과를 내며 기술 발전에 기여하고 있다. 화웨이와 샤오미, 알리바바와 같은 글로벌 기업도 배출해냈다. 현재는 명실상부 미국과 경쟁할 수 있는 강대국으로 자리 잡았다는 분석이 나온다.

　중국이 급부상하자 글로벌 지정학적 환경이 변하며 미국에도 큰 영향을 미치고 있다. 미국과 중국은 경쟁하는 동시에 협력해야 하는 위치에 놓이게 됐다. 미국, 중국과 국가안보, 무역 등 여러 분야에서 오랫동안 긴밀한 관계를 유지해온 한국의 셈법도 복잡해졌다. 한국 외 다른 아시아 국가도 마찬가지다.

미국 안보 전문 정책 연구기관 애틀란틱카운슬은 제20회 세계지식포럼 '혼란기 뉴 리더십-애틀란틱카운슬: G2와 글로벌 거버넌스' 세션을 통해 미국과 중국의 관계가 어떻게 변해왔는지, 한국을 비롯한 아시아 국가는 어떻게 대응해야 하는지 등을 논의했다. 제임스 존스 제22대 미국 국가안보보좌관, 토머스 보서트 전 백악관 국토안보보좌관, 오미연 애틀란틱카운슬 아시아 프로그램 국장, 배리 파벨 애틀란틱카운슬 수석부회장이 연사로 참여했다.

보서트 전 보좌관은 "중국이 글로벌 사회에서 주요 국가로 부상하던 시점 미국 경제는 성장이 다소 둔화했었다. 이로 인해 미국인 상당수가 두려움을 느끼게 되며 중국을 부정적인 존재로 보는 시각이 퍼진 것으로 판단된다. 중국에 대해 강경한 태도로 임하는 도널드 트럼프 대통령이 당선된 데에도 중국이 위험한 존재라는 의견이 결정적인 역할을 했다"고 설명했다.

존스 전 보좌관은 "기술이 발전하고 시대가 변하면서 평화와 안보 개념이 바뀐 것도 부정적인 인식이 급속도로 퍼진 요인이었다. 과거에는 전쟁하지 않는 것이 평화였다. 지금은 경제적 안보, 사이버 안보, 에너지 안보 등을 포함한 포괄적인 개념"이라고 설명했다.

트럼프 대통령이 역대 대통령과 달리 거래 중심적인 사고방식을 갖췄다는 점이 중국에 대한 여론이 바뀌는 데 적지 않은 여파를 미쳤다는 분석도 나왔다. 존스 전 보좌관은 "트럼프 대통령은 비즈니스 관점에서 외교 문제를 생각한다. 미국이 일방적으로 평화, 발전

등을 위해 노력하는 것보다 다른 주요 국가가 책임을 공유하는 방식을 선호한다"고 전했다.

현재 도널드 트럼프 대통령이 경쟁국, 우방국 가리지 않고 책임과 의무를 다해달라고 요구하며 자국 중심주의 정책을 펼치고 있지만, 동맹국과의 관계는 여전히 중요하다는 분석도 이어졌다. 보서트 전 보좌관은 "자본주의의 기본 가치는 흔들리지 않는다. 미국은 자유무역을 비롯한 가치를 공유하는 우방국과의 관계를 유지, 강화하는 데 전력을 다할 것"이라고 설명했다.

법치주의에 기반을 둔 국제 질서를 유지하려는 미국의 시도에는 공감하지만, 아시아 국가들에 중국과의 관계를 하루아침에 끊어버릴 것을 요구해서는 상황이 개선되지 않을 것이라는 의견도 나왔다.

오 국장은 "아시아 국가 상당수는 경제적으로 중국에 많이 의존한다. 그렇기에 미국과 가깝고, 경제적 안정성을 어느 정도 갖춘 한국과 일본은 중국과 경쟁 관계로 비치는 것을 꺼린다"며 "미국과 협력 관계가 덜 탄탄한 국가 입장에서는 더욱 어려울 것"이라고 지적했다.

이어서 그는 "중국 의존도를 점진적으로 낮추는 방안을 추진하는 것은 필요하겠지만 갑작스러운 관계 단절은 부작용이 클 것이며, 미국이 이를 인지하는 것이 중요하다"고 강조했다.

오 국장은 "한국이 추진하는 신남방정책이 미국의 아시아 지역 전략과 추구하는 바가 비슷하다는 것을 강조해야 한다"고 말했다.

그는 "한국은 신남방정책을 통해 동남아 국가와의 관계를 강화하려
한다. 이는 미국의 목표와 비슷하다. 그러나 워싱턴에서는 이를 온
전히 이해하지 못하고 있으니, 비슷한 로드맵을 구상하고 있다는
사실을 알려야 한다"고 말했다.

미국 보수진영 원로가 내다본 대선 전망

에드윈 퓰너 헤리티지재단 창립자

에드윈 퓰너

미국의 보수성향 싱크탱크인 헤리티지재단 창립자이자, 현재 아시아연구센터의 회상.
1977년부터 2013년까지 헤리티지재단 이사장으로 일하며 정부의 정책 결정에 막대한
영향력을 끼쳤다. 로널드 레이건 행정부의 공산권을 압박하는 정책인 레이건 독트린의
핵심 지원자로 평가받았다. 그는 일찍이 '아시아 시대'의 도래를 예측해왔으며 삼성그룹
등 한국 정·재계 인사들과 밀접한 인연을 맺고 있다. 저서로는 《미국을 바로잡다》와 《자
유의 행진》 외 다수가 있다.

KNOWLEDGE REVOLUTION 5.0

"2020년 미국 대선에서 가장 유력한 민주당 주자는 조 바이든이다." 미국 정가의 대표적 지한파 인사로 손꼽히는 에드윈 퓰너 헤리티지재단 창립자는 이렇게 말했다. 그는 바이든과의 대결에서 트럼프의 승리를 단언했다. 그는 "한국은 미국과 번영의 경험을 공유했다. 미중 패권전쟁에서 중국보다는 미국 편에 서야 할 것"이라고 권고했다.

매일경제는 제20회 세계지식포럼에서 미국 정가의 대표적 지한파 인사로 손꼽히는 에드윈 퓰너 헤리티지재단 창립자를 만났다. 그는 미국의 대표적 보수진영 싱크탱크인 헤리티지재단을 만들어 1977년부터 2013년까지 36년간 이사장을 역임했다. 트럼프 정부 정권인수위원회 위원을 지냈고, 지금도 트럼프 대통령에게 수시로 정책 조언을 하는 워싱턴의 대표적인 원로다.

퓰너 창립자는 보수진영 원로답게 트럼프 대통령의 외교정책에 대해 강한 지지를 보냈다. 한·미 동맹에 대해서도 아낌없는 애정을 보여줬다. 그는 서양원 매일경제 편집 담당 상무 겸 세계지식포럼 총괄국장의 사회로 진행된 최중경 한국공인회계사회 회장(전 지식경제부 장관)과의 대담에서 내년 미국 대선, 북한 비핵화, 한미동맹 등에 대한 견해와 미국 워싱턴 정가의 입장을 가감 없이 소개했다.

Q 북한의 비핵화에 대한 단계적 접근 방식을 제시했다.
그 의미는 무엇인가.

미국은 트럼프 대통령 전에도 한반도에 많은 돈을 쏟아부었지만 별 효과가 없었다. 그러나 트럼프 대통령은 이 일을 혼자서 해내고 있다. 새로운 내화거리를 만들어내면서 김정은과 세 번이나 만났다. 어떤 이들은 아무것도 일어나지 않았다면서 비판한다. 하지만 무언가 분명히 일어났다. 트럼프 대통령은 한국과 미국 간 협력을 바탕으로 앞으로 북한이 어떤 새로운 존재가 될 것인지, 세계전쟁은 어떻게 될 것인지 이야기하고 있다. 협상가인 트럼프 대통령은 미국의 전략을 절대 포기하지 않겠다고 이야기한다. 북한은 북한만의 카드, 즉 포기하지 말아야 하는 독립적 핵실험 역량을 포기하려고 하고 있다. 이것이 현재 협상의 진행 상황이다. 향후 누가, 언제, 어떻게 해야 할지를 단계적으로 정하는 것이다.

Q. 문재인 정부는 '한반도 운전자론'을 내세우고 있다.
북한도 트럼프 대통령도 문 대통령의 행동을 비판한다.

항상 좋을 수는 없다. 사람에 따라, 시대에 따라 긍정적일 수도 부정적일 수도 있다. 하지만 문 대통령과 트럼프 대통령의 관계는 사실 굉장히 긍정적이라고 판단한다. 부정적 관계는 작고, 긍정적 관계는 크다는 데 주목해야 한다. 서울과 워싱턴은 매우 가까워야 한다. 우리는 같은 노래를 불러야 한다.

Q 존 볼턴 백악관 국가안보보좌관 경질 후 협상 분위기가 달라졌다.

내 사무실에서 근무한 마크 에스퍼를 계속 지켜봐 왔다. 그는 동북아시아의 중요성을 인지하고, 동북아시아와 미국 간 국제무역 시장과 한국의 안보를 잘 이해하고 있어 국방부 장관으로 지명되었다. 그의 모든 생각을 예측할 순 없지만, 그와 오랫동안 지내왔기 때문에 나는 그를 잘 안다. 미군과 한국군의 관계는 그에게 매우 중요하다. 그는 자신감도 있다. 에스퍼는 트럼프 대통령을 위해 좋은 모습을 보이려 노력한다. 마이크 폼페이오 국무장관은 에스퍼와 미국 육군사관학교의 같은 반 친구였다. 한국에서도 반 친구였다는 사실이 드러나면 사이가 크게 달라진다고 알고 있다(웃음).

Q 볼턴의 후임 로버트 오브라이언은 볼턴과 어떤 점이 다른가.

오브라이언은 원칙적이고 진지하지만, 볼턴처럼 냉철한 면은 없다. 나는 볼턴을 좋아한다. 하지만 가끔 볼턴은 자신의 상사가 누구인지 잊는 듯하다. 오브라이언은 상사가 언쟁을 원하지 않을 때 바로 알아차리고 "예, 알겠습니다."라고 하는 편이다. 오브라이언이 가장 먼저 한 일은 그의 보좌관으로 국가안전보장회의NSC를 그만둔 매슈 포틴저를 지명한 것이다. 포틴저는 미국과 한국, 미국과 일본, 중국 이슈 등 아시아를 빠삭하게 이해하고 있어 오브라이언에게 강한 버팀목이 되어줄 것이다.

Q 당신은 한국 사람들에게 미국을 택해야 하는 이유를 어떻게 설명하겠나.

매우 중요한 질문이다. 내가 중요하게 생각하는 것은 미국과 한국 간의 공유된 경험이다. 2차 세계대전 때 우리는 기본적으로 한국을 일본의 지배에서 자유롭게 해주었고, 최종적으로 민주화를 이루도록 격려했다. 한국의 정치·경제 기관, 새로운 기업과 기술은 혁신을 거듭한다. 15년 전 판교에는 들판뿐이었다. 지금은 고층 빌딩 숲이 되었다. 실리콘밸리 회사에는 이미 여러 부서에 리더 김, 리더 박(한국인 지도자)이 많다.

Q 미·중 패권 경쟁의 상황에서 중국을 택하면 안 되는 이유는.

중국은 한국 관광을 제한하고 중국에 있는 한국 제품을 사지 말라고 하는 등 한한령을 내리기도 했다. 기술전쟁이 시작됐다. 화웨이가 빠르게 성장하고 있고, 빅데이터가 수집된다. 화웨이가 사람들의 전화를 통제할 수 있고, 안면인식을 통해 내가 베이징 어디에 있는지 알 수 있다. 베이징은 인터넷도 통제한다. 그들은 자유롭게 대화하지 못하고, 그들의 생각을 교환하지 못한다. 중국 정부는 중국 사람들이 오늘 하루 무슨 말을 했는지 찾아내고 있다. 이것은 잘못된 일이다.

Q 트럼프 대통령 재선 가능성은.

나는 트럼프 사람이다. 그의 모든 면에 동의하지는 않지만, 그는 많은 것을 해내고 있다. 누가 트럼프에 대항할는지는 사실상 9~10개월이 지나야 알 수 있을 것이다. 보통 미국 대선은 편안한 승리로 끝나지 않는다. 굉장히 긴장된 상태가 이어진다. 하지만 현재 경제 상태, 취업률 상태, 사람들의 평균 임금 상태를 보면 트럼프가 굉장히 유리하고 할 수 있다.

Q 미디어에 의해 트럼프 대통령이 평가절하되고 있다고 생각하나.

물론이다. 그들은 트럼프의 어떤 성공도 인정하지 않고 있다. 미디어에 부정적으로 알려지는 것은 확실히 약점이다. 하지만 많은 미국인은 그들의 재정 형편이 나아지고 있다는 것을 느낄 것이다. 현재 낸시 펠로시 미국 하원의장이 탄핵 조사를 개시했다. 무엇을 근거로 탄핵 조사를 하는가. 내부 고발자의 말에 근거한 것이다. 직접 트럼프와 우크라이나의 대화를 들은 것도 아니고 단지 누구에게 전해 들은 것뿐이다. 우리는 그 사건을 실제로 전한 사람이 누군지도 모르고 있다. 하지만 나는 깨달았다. 모두들 트럼프 대통령이 우크라이나 대통령과 통화한 사실에만 관심이 있지, 실제 바이든의 아들이 우크라이나에서 정확히 무엇을 했는지는 궁금해하지 않는다. 그들은 탄핵에 대한 열정으로 트럼프에 대한 강경한 태도만을 내세우고 있다.

Q 펠로시 하원의장이 탄핵 조사를 시작한 것이 단지 바이든을 향한 비판을 막기 위한 정치적 입장에서라고 생각하는가.

펠로시는 버니 샌더스, 엘리자베스 워런의 말을 듣는 민주당에 남은 극좌 인사다. 그들은 사람들에게 트럼프와 우크라이나 대통령의 전화 통화 장면을 상상하게 해 트럼프를 압박하려 하는 것이다.

리처드 닉슨이나 빌 클린턴 탄핵 과정 중에 나타난 민주당과 공화당 간 관계는 지금만큼 심각하지 않았다. 내가 클린턴 탄핵과 관련해 발견한 것이 있다. 미국 사람들은 혼란과 분열을 싫어한다는 것이다. 정기적 규칙에 따라, 즉 4년마다 대통령을 선택하는 것이 규칙인데, 이번에는 탄핵을 정말 강하게 밀어붙이고 있다. 이것은 그들에게 도움이 안 될 것이다. 공정한 마음을 가진 사람들은 단순한 정치적 문제로 의회가 혼란스러운 것을 원하지 않는다. 아직 임기가 남은 트럼프 대통령은 경제와 관련해 본인의 실력을 증명해야 한다.

탑 싱크탱크들이 바라본 글로벌 거버넌스

로빈 니블릿 채텀하우스 소장 外

로빈 니블릿

영국 외교정책과 유럽 정치·경제·안보 전문가. 미국의 정치, 외교·안보에 대해서도 해박한 그는 향후 5~10년을 비교적 정확하게 내다본다는 평을 받고 있다. 세계경제포럼 국제안보위원회 위원과 북대서양조약기구 정상회의 전문가그룹 의장을 역임했다.

주 펑

난징대학교 교수. 난징대학교 남중국해 공동 연구소와 국제관계 연구원의 원장을 맡고 있다. 중국 안보 전문가로 손꼽히는 그는 중국 정부 자문위원의 역할도 겸하고 있다.

티에리 드 몽브리알

프랑스 국제관계연구소와 세계정책회의의 설립자이자 소장. 1973부터 1979년까지 프랑스 외교부 소속의 자문 싱크탱크인 Centre d'Analyse et de Prevision의 초대 국장이었으며 이후 전략연구재단의 의장도 역임했다.

KNOWLEDGE REVOLUTION 5.0

"세상의 상호의존성이 높아지고 있다. 21세기 냉전이 불가능한 이유다."

제20회 세계지식포럼 '탑 싱크탱크들이 바라본 글로벌 거버넌스' 세션에 참가한 로빈 니블릿 채텀하우스 소장은 현재의 글로벌 거버넌스가 큰 도전을 받고 있다고 분석했다. 세계 초강대국이 '아메리칸 퍼스트'를 외치고 있기에 다른 국가들은 2등, 3등 국가로 뒤처질 수밖에 없다는 분석이다. 미중 갈등은 각자의 이해관계에 따라 악화하고 있고, 세계의 모든 국가가 미국의 눈치를 보면서 중국 입장도 무시할 수 없는 난감한 상황에 내몰렸다는 지적이다.

니블릿 소장은 글로벌 거버넌스의 회복을 위해 싱크탱크의 상호 연대가 절실하다는 태도를 보였다. 그는 "몇몇 나라의 노력만으로는 기후 변화 등 인류에게 닥친 큰 문제를 해결할 수 없다. 더불어 미국과 유럽만으로는 아프리카 경제발전을 이뤄낼 수 없다"며 "중국의 힘이 절대적으로 필요하고, 이럴 때일수록 글로벌 싱크탱크의 협력이 필요하다"고 주장했다.

티에리 드 몽브리알 프랑스 국제관계연구소 소장은 상호 의존성 심화가 글로벌 거버넌스의 위기를 불러오고 있다고 지적했다. 그는 "국가 간 상호 의존성이 높아지면서 자국 문제를 외부로 화살을 돌리는 게 쉬워졌다"며 "전 세계가 내셔널리즘과 포퓰리즘으로 옮겨가고 있다"고 설명했다.

몽브리알 소장은 지금 글로벌 거버넌스가 '킨들버거의 함정'에 걸려들 위험이 있다고 경고했다. 킨들버거의 함정은 찰스 킨들버거 전 MIT 교수가 만든 개념으로, 영국의 뒤를 이어 강국으로 등장한 미국이 신흥 리더로서 역할을 제대로 하지 못해 대공황이 발생한 것을 일컫는다.

그는 전 세계가 킨들버거의 함정을 상기해볼 필요가 있는 시점이라고 말을 이었다. 몽브리알 소장 또한 현재 국제 시스템이 와해 되지 않기 위해서는 글로벌 싱크탱크들의 협력이 중요하다고 강조했다. 지금도 미국이 절대적인 패권국 역할을 하지 못하는 가운데 G2 무역전쟁과 브렉시트 등 혼란이 거듭되면서 세계 경제에 불황이 올 수 있음을 경고하는 것으로 풀이된다.

글로벌 싱크탱크가 협력해야 한다는 주문이 쏟아졌지만, 미국과 중국 싱크탱크의 생각은 사뭇 달랐다. 중국 측은 미국 트럼프 행정부의 반세계화 기조에 대한 비판을, 미국 측은 불합리한 미·중간 경쟁 환경을 지적했다.

미국의 보수성향 싱크탱크인 헤리티지재단 창립자 에드윈 퓰너 아시아연구센터 회장은 미국의 자국 중심주의가 당분간 지속될 것으로 전망했다. 그는 "50년 후에는 미국과 중국이 양대 산맥으로 부상한다는데, 경쟁을 한다면 같은 환경과 기준 아래에서 해야한다"며 "미·중 관계는 물론 미국과 다른 국가와의 관계 또한 이전의 상황으로 돌아가지는 않을 것이고, 미국 우선주의는 (2020년 대선에서) 누가 대통령이 되든지 이어질 것"이라고 예상했다.

이에 대해 중국 정부의 자문 위원 주 평 난징대학교 국제관계연구원장은 미국의 자국 중심주의가 글로벌 거버넌스를 더욱 악화시키고 있다는 분석을 내놨다. 그는 "이번 유엔 연설에서 트럼프 대통령이 반反글로벌리즘을 표방한다고 강력히 천명했는데 이는 상당히 놀라운 일"이라며 "글로벌 거버넌스가 시험대에 내몰린 상황에서 보호주의와 독단주의는 해결책이 될 수 없다"고 강조했다.

니블릿 소장은 매일경제와의 별도 인터뷰에서 브렉시트와 북한 비핵화 협상 등 다른 글로벌 현안에 대한 견해를 밝히기도 했다.

그는 일각에서 제기되고 있는 이른바 '노딜 브렉시트'의 가능성이 매우 낮다고 분석했다. 또한, 브렉시트가 어떤 식으로 이뤄지더라도 영국 경제는 단기적 부침을 겪은 뒤 빠르게 회복될 것으로 전망했다.

그는 "확률은 낮지만 노딜 브렉시트가 일어난다면 영국의 강한 민족주의적 성향이 당분간 유지될 것으로 예상된다. 다만 어떤 경우에도 영국 경제는 약 5년 내의 단기적 부침을 겪은 뒤 빠르게 회

복할 것"이라고 전망했다. 유로존을 탈퇴하더라도 영국 경제의 기초 체력과 경쟁력에 대해 충분히 긍정적인 평가를 할 수 있다는 분석이다.

그는 미국과 북한 간 비핵화 협상의 장기적 결과에 대한 짧은 예상도 내놨다. 비핵화 협상 결과에 대한 질문에는 비교적 긍정적으로 전망했지만, 북한의 최종적 핵 폐기는 어려울 것으로 봤다.

니블릿 소장은 "'비핵화'를 완전한 핵 폐기로 밀어붙인다면 결국 실패할 것"이라고 설명했다. 그는 다만 "이것을 실패라고 생각할 필요는 없다. 장기적으로 본다면 평화적인 체제 안정과 상호 협력 체계 구축까지 나아갈 수 있다고 생각한다. 그리고 이것은 충분한 성공"이라고 덧붙였다.

G2 무역전쟁 속 한국 경제 돌파구

제프리 숏 피터슨국제경제연구소 선임연구원 & 쑹 훙 중국 사회과학원 부소장

제프리 숏

피터슨국제경제연구소의 선임연구원. 국제무역 정책과 경제 분야를 담당한다. 미국 조지
타운대학교와 프린스턴대학교에서 학생들을 가르쳤고, 카네기 국제 평화재단의 수석연
구원으로 활동했다. 미국 무역대표부의 통상 및 환경 정책 자문위원회의 공동의장, 미 국
무부의 국제 경제 정책 자문위원을 역임했다.

쑹 훙

중국 사회과학원 세계정치경제연구소의 부국장이자 선임연구원. 무역과 투자 산업, 그리
고 이어지는 경제발전을 중점적으로 연구한다. 특히, 중국과 아시아 개발 도상 국가들의
산업 발전이 어떻게 현재 다양한 다국적 기업들로부터 영향을 주고받는지 연구한다.

"한국, 환태평양경제동반자협정TPP 등 다자무역협정 통해 무역전쟁 극복하라."

미국과 중국이 좀처럼 타협점을 찾지 못하며 무역 전쟁이 장기화하는 모습이다. 한국 경제만 따로 놓고 봐도 무역진쟁 여파가 얼마나 심각한지 여실히 드러난다. 2019년 1~7월까지 한국 누적 수출액은 3,173억 3,600만 달러로 지난해 동기 대비 8.94% 줄었다. 세계 10대 수출국 중 감소 비율이 가장 크다.

제20회 세계지식포럼에서 진행된 'G2 무역전쟁과 한국의 대응' 세션에 연사로 참가한 제프리 숏 피터슨국제경제연구소 선임연구원과 쑹 훙 중국사회과학원 세계정치경제연구소 부소장은 앞으로 무역전쟁이 어떻게 진행될지, 한국은 어떻게 대응해야 하는지에 대한 고민을 나눴다.

제프리 숏 선임연구원은 "미국과 중국은 경쟁 관계에 있지만 동시에 협력해야 하는 위치에 있다. 그러나 두 나라는 갈등을 더 깊게 만들고 있다"며 "지난 18개월여 동안 두 국가가 보인 행보는 글로벌 사회 전체에 부작용을 일으키고 있다"고 분석했다.

이처럼 부정적인 여파가 지속되고 있으나 짧은 기간 안에 통상마찰이 해결되기는 어려울 것이란 전망이 나왔다. 2020년 11월 미국 대선이 예정돼있는 만큼 도널드 트럼프 미국 대통령이 강경한 대중 정책을 유지할 확률이 높다는 설명이다. 숏 선임연구원은 "대선을 앞두고 정치적 압박을 느낀 트럼프 대통령이 중국과 관련해 오히려 지금보다 더 강력한 정책을 들고나올 수도 있다"고 전망했다. 중국을 견제하지 않으면 자국 기업을 충분히 지원하지 않는다는 비판을 받을 수 있기 때문이다.

시진핑 중국 주석 역시 쉽게 양보할 수 없는 상황이라는 평가가 나왔다. 쑹 훙 부소장은 "중국과 미국이 동등한 위치에서 협상해야 하지만 미국은 중국에 자국 통상법 301조를 따를 것을 요구하고 있다. 국제 이슈를 미국 국내법에 근거를 두고 해결하겠다는 뜻인데 이런 상황에서 중국이 우호적인 태도를 보일 가능성은 낮다"고 분석했다.

그는 이밖에도 중국이 2021년 중국공산당 창당 100주년, 2049년 신중국 건국 100주년 등 중대 시점을 앞둔 데다 '중국제조 2025'를 비롯한 굵직한 산업정책을 추진하고 있는 만큼 쉽게 양보하지는 않을 것이라는 분석을 내놨다.

한국 대응책으로는 다자무역협정을 활용할 것을 제안했다. 숏 선임연구원은 "지난 몇 년간 한국 정부는 무역협상에서 의미 있는 성과를 내지 못했다. RCEP(역내포괄적동반자협정)에 가입돼있지만, 실질적으로 한국에 큰 도움이 되기 어렵다고 판단된다"고 지적했다.

이어 그는 환태평양경제동반자협정TPP 등 한국이 새로운 시장에 발을 들일 수 있도록 실질적인 도움을 줄 만한 다자무역협정에 적극적으로 참여하는 방안이 효과적일 것이라고 제언했다. 중국과 미국 두 국가와의 협력도 물론 이어가야 한다는 의견도 전했다.

쑹 홍 부소장은 중국과 경제 협력을 유지하기 위한 노력을 지속해야 한다고 지적했다. 그는 "한국과 중국 정부가 의견을 나누고 투자 관련 현안을 원활하게 논의할 수 있도록 비즈니스 협회를 만들어 모임을 주선하는 것이 좋은 선택지가 될 수 있다"고 전했다.

세션 좌장을 맡은 안충영 중앙대 국제대학원 석좌교수도 "무역 대상국 다변화가 시급하다"며 "인도네시아와 태국, 싱가포르, 말레이시아를 비롯한 아세안 국가와 인도 등 다른 국가로의 수출을 늘려야 하고, 한중 FTA와 한중일 FTA를 강화하는 것도 해결책이 될 수 있다"고 말했다.

트럼프&김정은, 에너미에서 프레너미로

캐슬린 스티븐스 한미경제연구소장 外

캐슬린 스티븐슨

한미경제연구소장 겸 CEO. 정통 외교관 출신인 그는 2008년부터 2011년까지 주한미국 대사를 지냈고 2018년부터는 한미경제연구소의 소장이자 CEO로 한국과의 인연을 이어 가고 있다.

앤드루 김

28년 동안 CIA의 한미 정보장교이자 코리아미션 센터장이었다. 2018년 6월 북미 정상회 담의 기반을 다지는데 기여했으며, 현재 스탠퍼드대학교 객원교수로서 아시아-태평양 지역과 미국이 한층 더 높은 대화와 협력을 이룰 방법을 모색하고 있다.

조지프 윤

미국 내에서 손꼽히는 북한 전문가. 현재는 전략 컨설팅 기업인 아시아 그룹The Asia Group과 미국 평화 연구소의 자문위원과 CNN 국제정세 해설가로 활동하고 있다. 2016년부터 3 년간 미국 국무부 대북정책특별대표로 활동하면서 미국이 북한을 상대로 하는 비핵화 정 책에 기여했다.

"70여 년간 갈등한 미국과 북한은 서로의 뉘앙스를 읽는 게 중요하다."

'프레너미frenemy'라는 신조어를 설명할 때 이보다 더 적절한 예시도 없을 것이다. 바로 김정은 북한 국무위원장과 트럼프 미국 대통령 관계다. 두 사람은 대면하고 편지를 주고받을 땐 친밀한 모습을 보이다가도 뒤돌아선 원수처럼 적대 수위를 높인다. 친구friend와 적enemy 사이에서, 프레너미로 지내는 두 정상은 과연 친구로 발전할 수 있을까. 아니면 지난 70여 년 동안 미북 국가수반이 그랬던 것처럼 적대 관계로 퇴보할 것인가.

제20회 세계지식포럼에서는 향후 미북 관계 전개 방향에 대한 전문가들의 식견을 엿볼 수 있는 자리가 마련됐다. '트럼프 & 김정은: 에너미에서 프레너미로' 세션에 참가한 캐슬린 스티븐스 한미경제연구소KEI 소장과 앤드루 김 전 미국 중앙정보국CIA 코리아미션

센터장, 조지푸 윤 전 미 국무부 대북정책특별대표는 미·북 정상이 서로에게 손을 내미는 모습을 긍정적으로 평가함과 동시에 향후 두 나라가 갈 길이 순탄치만은 않을 것이라 입을 모았다.

스티븐스 소장은 "양국 간 긴장은 그것이 가장 고조됐던 2017년보다는 완화됐다. 트럼프 대통령 역시 이번 정권에서 낸 가장 큰 업적은 미북 관계에서의 성과라고 말한 바 있다"고 말했다. 이어서 그는 "신뢰를 구축하는 방향으로 나아가야 한다"며 "서울과 워싱턴이 긴밀한 공조 체제를 유지하는 가운데 남북미 신뢰 구축 프로세스를 만들어야 한다"고 말을 이었다.

김 전 센터장도 두 정상이 양국 긴장을 떨어뜨리는 데 일조했다는 의견에 동의했다. 싱가포르 1차 미·북 정상회담 성사에 깊이 관여한 그는 "트럼프 직전 미국 정권에서는 전략적 인내를 견지하며 북한과 직접 대면하지 않았다"며 "내가 2017년 CIA에 있을 때 그곳엔 북한과 관련된 일을 하고 싶은 사람은 많았지만, 북한 사람의 뉘앙스를 읽어낼 수 있는 사람은 부족했다"고 회상했다.

그래서 그는 북한의 '진의'를 해석하는 데 집중했다고 털어났다. 김 전 센터장은 "최근 1, 2년간 북한과 협상할 때는 메시지를 제대로 해석하기 위해 큰 노력을 기울였다"고 전했다. 그는 "북한 당국에서 '지난 70년간 우리는 적대국이었고 서로를 신뢰하지 않았다. 어떻게 우리가 바로 비핵화할 수 있겠느냐. 신뢰할 수 없는 사람과는 비핵화에 관한 이야기를 할 수 없다'고 이야기했다"며 "나는 그 말이 매우 논리적일 뿐만 아니라 그들이 새로운 친구를 만들고 싶다는 의미로 들렸다"고 밝혔다. 김 전 센터장은 "요즘 우리가 다시 볼 수 있는 건 미·북이 소통하지 않는 모습"이라며 "미국과 북한이 정말 친구가 되고 싶다면 서로의 사고를 더 배워야 할 것 같다"고 아쉬움을 토로했다.

윤 전 대표는 미북 관계에 성취가 있었음은 인정하면서도 두 정상 사이엔 '존중'이 빠져있어 여전히 위험한 상태라고 평했다. 윤 전 대표는 "에너미가 아닌 프레너미가 되려면 어떤 관계를 맺어야 한다"며 "미북 정상 간엔 그런 관계가 없다"고 설명했다. 그는 "내가 1990년대 후반에 한국에 있었는데 클린턴 전 미국 대통령은 김대중 전 대통령에 대한 어마어마한 존경심을 갖고 있었다. 세계 정상 간에도 서로 존중하곤 하는데 트럼프와 김정은의 경우는 그렇다고 생각되진 않는다"며 "서로의 간을 보면서 게임을 하는 것 같다"고 부연했다.

세 전문가는 김정은 위원장이 영리한 지도자임을 공통으로 짚으면서 한국과 미국이 그에게 끌려다니지 않아야 한다고 강조했다. 김 전 센터장은 "내 커뮤니케이션 경험으로 봤을 때 북한은 (북한 문제가) 미국의 대선 쟁점이 되길 원한다"며 "북한 이슈가 미 대선의 이슈가 되는 건 북한의 입김을 강화하는 결과"라고 분석했다. 그는 김 위원장에게 받은 인상을 전달하는 과정에서 "김 위원장이 테이블에서 자꾸 반말을 했다"며 "트럼프 나이의 반밖에 되지 않는데도 주제에 대해서 굉장히 잘 이야기하고 있는 것을 느낄 수 있었다"고 일화를 밝히기도 했다.

윤 전 대표는 "미북 간 협상 1라운드에서는 결국 아무것도 포기하지 않은 김 위원장이 이겼다고 봐야 한다"며 "앞으로 적어도 15개의 라운드가 있을 것"으로 예측했다. 김 전 소장은 "최종 전쟁에서 이기는 게 중요하므로, 최종 목표를 달성할 때까지 긴장을 늦추지 않아야 한다"고 목소리를 높였다.

브렉시트 후유증과 EU의 미래

에스코 아호 전 핀란드 총리 & 프랑수아 올랑드 전 프랑스 대통령

에스코 아호

36세에 핀란드 역사상 최연소로 취임한 제37대 핀란드 총리. 총리 재직 시 핀란드의 유럽연합 가입을 적극적으로 추진해 핀란드의 EU 합류를 이끌었다. 이후 EU 가입으로 핀란드 경제 회복의 발판을 마련했다는 평가를 받았다. 2008년 노키아의 수석 부사장으로 합류해 사회적 책임과 대외협력 관계를 담당했다. 2010년부터 '러시아의 실리콘 밸리'라 불리는 스콜코보 혁신센터의 위원회에서 활동했다.

프랑수아 올랑드

제24대 프랑스 대통령. 2012년부터 2017년까지 재임하며 경제·산업적 개혁을 단행했고, 프랑스의 경제성장과 경쟁력을 끌어올리는 데 기여했다. 2015년과 2016년에 발생한 테러 사태에 단호하고 강경한 태도로 대응했으며, 아프리카 말리 북부 및 사헬 지역 대테러전에 참전해 일명 '살쾡이 괴멸작전Operation Serval'을 주도하기도 했다. 2015년에는 온실가스 감축을 주요 의제로 하는 UN 기후변화협약을 채택하는 데 동의했다.

KNOWLEDGE REVOLUTION 5.0

"브렉시트를 계기로 유럽연합의 분열이 가속화될 것으로 우려되는 만큼 회원국 간 다양성을 인정하고 통합과 협력에 집중해야 한다."

제20회 세계지식포럼 '브렉시트 후유증과 처방' 세션에서는 브렉시트에 따른 유럽연합 분열 가능성이 쟁점으로 떠올랐다. 영국의 유럽연합 탈퇴를 뜻하는 브렉시트는 지난 2016년 6월 23일 영국의 국민 선거를 통해 결정된 이후 이행 절차와 시기를 놓고 논란이 계속되고 있다.

당분간 영국을 유럽연합 관세동맹에 잔류시키는 조치인 일종의 안전장치 백스톱backstop을 놓고 아직 입장을 좁히지 못하면서 영국이 아무런 합의 없이 유럽연합을 탈퇴하는 '노딜 브렉시트'가 현실화될 가능성도 점쳐진다.

세션에 참가한 에스코 아호 전 핀란드 총리는 브렉시트 전망에 대해 여러 가능성을 제시하면서도 '노딜 브렉시트'에 무게를 뒀다. 그는 "영국은 결국 빠져나올 구멍이 없는 결론에 도달할 것"이라며 영국이 더 나은 결정을 내리기 어려운 상황에 있다고 전망했다.

특히 브렉시트가 영국만의 문제로 치부되기에는 무리가 있다는 게 전문가들의 평가다. 우선 크게는 EU 분열로 이어질 수 있다는 우려가 안팎으로 나온다.

로빈 니블릿 채텀하우스 소장은 "브렉시트를 두고 EU 후발 가입 국가들 중심으로 회의적인 분위기가 형성될 가능성이 크다. 주권을 강력하게 지켜야 한다는 태도를 보일 수 있다"고 말했다.

그는 "영국뿐만 아니라 다른 회원국들도 얼마든지 EU 탈퇴 혹은 잔류라는 극단적인 선택의 갈림길에 설 수 있다"고 지적하며 "이 같은 현상이 EU의 미래에 걸림돌이 될 수 있다"고 우려했다.

프랑수아 올랑드 전 프랑스 대통령과 아호 전 총리도 EU 분열 가능성에 공감했고 통합과 협력에 집중해야 한다고 주문했다.

올랑드 전 대통령은 "영국이 브렉시트를 결정한 이후 실천까지 많은 시간이 허비됐고, 영국뿐 아니라 EU 내부적으로도 의견이 충돌하는 등 분열이 생기고 있다. 국가 연합이 무너지는 것과 단일국가가 무너지는 것은 다르다. 유럽연합이 무너진다면 감당할 수 없는 위기가 닥칠 것"이라고 설명했다. 그는 이어 "국가주의자나 포퓰리스트가 활개를 치면서 유럽 단일화를 더욱 흔들고 있다. 민주주의 국가에서 절대 국민투표는 하지 말아야 한다는 교훈을 얻었다"고 경계했다.

아호 전 총리 역시 브렉시트의 후유증에 대해 경고 메시지를 보냈다. 브렉시트가 실현되면 EU와 영국의 경제성장에 부정적인 영향을 미칠 것이며 기업들의 탈 EU 현상은 더욱 가속화될 거라는 설명이었다. 더불어 한국 등 여러 국가에서도 교역 측면에서 다양한 부작용이 발생할 수 있다고 설명했다.

아호 전 총리는 EU가 새로운 의제를 이끌어야 한다고 제안했다. 그는 "이제는 다양성, 복수의 국가가 존재한다는 점을 인정하고 지정학적 요소 등을 바탕으로 정책적 결정을 내려야 한다"며 "그 어느 때보다 화합과 통합이 필요한 시기"라고 강조했다. 또한, 융합을 위해 억지로 단일화를 추진하는 건 다양한 부작용을 초래할 수 있다는 점을 명심해야 한다고 지적했다.

아호 전 총리는 EU 회원국 간 협력 강화 방안에 대해 자유무역 확대를 꼽았다. 이어 아직 부분적으로 이뤄지고 있는 공동시장을 보다 확대 개방할 필요가 있으며, EU가 선두에 설 수 있는 환경 분야와 관련된 비즈니스 모델을 강화하는 방안 또한 검토해야 한다고 주문했다.

KNOWLEDGE
REVOLUTION 5.0

IV

세계 질서의 새로운 중심축,
원아시아의 미래

새 시대 새 미래를 위한 공존

왕자루이 제12기 중국 전국인민정치협상회의 부주석

왕자루이

현재 중국 쑹칭링기금회 주석. 중국 최고 정책 자문회인 제12기 중국 인민정치협상회의
부주석(부총리급)을 역임했다. 1970년 정치 활동을 시작해 1973년 중국공산당 당원이 되
었으며, 1998년 칭다오시 시장을 거쳐 2000년 중국공산당 중앙 대외연락부 부위원장을
맡았다. 2003년 위원장으로 정식 취임했다. 여러 차례 북한을 방문한 바 있으며, 중국공
산당 내 최고의 대북통이다.

KNOWLEDGE REVOLUTION 5.0

왕자루이 중국 쏭칭링기금회 주석(제12기 중국인민정치협상회의 부주석)은 북한을 비롯한 전 세계를 대상으로 교류를 펼쳐온 외교가답게 이번 세계지식포럼의 화두로 세계 평화를 꼽았다. 제20회 세계지식포럼에서 '새 시대 새 미래를 위한 공존'이라는 주제로 축사를 맡은 왕 주석은 "평화야말로 가장 보편적인 시대적 테마"라고 주창했다. 10여 분간 진행된 그의 축사에서 평화和平라는 단어는 총 14회나 등장했다.

왕 주석은 "인류 전체의 이익과 미래에 대한 책임이 우리에게 있다는 정신으로 자국의 이익만이 아닌 공동의 이익도 생각해야 한다. 그래야 진정한 상생을 이뤄갈 수 있다"고 말했다. 또한, 그는 "중국이 세계 평화의 건설자, 세계발전의 공헌자, 국제질서의 수호자 역할을 담당할 것"이라며 "세계적인 선진국과 비교하면 여전히 격차가 있지만 글로벌 시대의 중요한 참여자로서 힘이 닿는 한 세계 평화와 안전, 다자주의를 지키기 위해 노력할 것"이라고 설명했다.

왕 주석은 세계 평화를 위해 거버넌스 문제의 해결이 시급하다고 강조했다. 새로운 기술혁명과 산업혁명이 세계를 빠르게 재편하고 경제 세계화가 더욱 두드러지고 있지만, 거버넌스의 혁신은 그 변화를 따라가지 못한다는 것이다. 그는 "대변혁은 큰 변수다. 그러나 엄청난 기회를 내포하고 있는 만큼 세계 흐름을 파악해서 지혜를 공유할 필요가 있다"고 주장했다. 그는 글로벌 거버넌스 혁신의 조건으로 개방과 상생을 내세웠다. 왕 주석은 "2019년 10월 1일 70주년을 맞이하는 중화인민공화국은 18차 공산당 전당대회 이후 개혁 심화를 추진하고 전면적인 개방을 추진하고 있다"고 말을 이었다. 그는 "역사적으로 개방은 인류에게 진보를 가져다 주었지만, 쇄국은 낙후만을 가져왔다. 인류 전체의 이익과 미래를 책임진다는 정신으로 자국뿐만 아니라 타국의 발전을 돕고, 자신뿐만 아니라 타인의 선택을 존중해야 한다"는 말도 덧붙였다.

왕 주석은 그가 몸담은 쑹칭링기금회의 세계 평화 발전을 위한 활동을 소개하기도 했다. 쑹칭링기금회는 순원의 아내이자 중국의 명예주석으로 추앙받는 쑹칭링 여사를 기념하고 그가 생전 해왔던 사업을 발전시키기 위해 1982년 5월에 설립된 기구이다. 기구에서는 국제 청소년 공익사업을 펼쳐오고 있다. 그는 "세계적인 대변혁이 진행되는 가운데 인류 번영을 찾기 위한 과정에서 쑹칭링기금회는 세계인들과의 대화와 교류를 심화하고 실질적인 협력을 강화하려 한다" 기구를 소개했다.

한편, 그는 이날 축사 이후 매일경제와 만나 한반도 문제의 평화 해법에 대한 의견을 추가로 내놨다. 왕 주석은 "김정은 북한 국무위원장의 영변 핵시설 폐기는 돌이킬 수 없는 비핵화라고 봐야 한다"며 "그의 핵 포기 결심은 진짜"라고 이야기했다.

왕 주석은 "한반도 문제는 반드시 해결될 것이며, 밝은 미래를 전망할 수 있다는 것이 중국 정부의 생각이자 희망"이라며 "'석자 얼음은 하루아침에 언 게 아니다'라는 중국의 속담이 있듯이 유래 깊은 한반도 문제 해결을 위해선 신뢰를 쌓아가야 한다"고 조언했다. 그는 또 "중국 정부 역시 단계적인 해결방법을 한국 외교당국에 여러 차례 제시했었다"며 "모든 외교 당사자가 한 걸음씩 다가서며 신뢰를 쌓고 마지막에 결론을 내리면 좋겠다"는 의견을 밝혔다.

왕 주석은 미국의 역할이 크다는 점을 강조했다. 그는 "미국은 대북관계에서 중요한 역할을 하는 국가"라며 "중국과 한국이 미국대신 결단을 내릴 수는 없지만, 미국을 설득할 수는 있다. 특히 문재인 대통령이 미국 대통령을 직접 설득하는 게 중요하다"고 설명했다. 이어서 그는 문 대통령의 평창 동계올림픽 외교가 효과적이었고, 중국도 이를 높게 평가한다고 언급했다.

그는 김 위원장의 '자신감'을 높여주는 것이 한반도 문제의 해결책이 될 것이라고도 제시했다. 김정은의 비핵화 의지가 외부로부터 호응을 얻지 못한다면 그가 오히려 자신감을 상실할 수 있다는 것이었다. 그는 "단계적 해법으로 자신감을 올려주고 이후 결단을 내리도록 이끄는 것이 중요하다"고 설명했다.

한일 관계 악화 원인과 해법은

마크 내퍼 미국 국무부 동아시아태평양담당 부차관보 外

마크 내퍼

2018년 8월 미국 국무부의 동아시아태평양담당국 부차관보 대행으로 부임했다. 전에는 주한미국대사관 차석과 대리대사를 역임했으며, 2000년에는 방북 선발팀에 동행하기도 했다. 1997년에는 미 국무부 대변인을 지냈다.

랜들 존스

컬럼비아 대학교 객원교수이자 대학의 일본 경제경영센터 선임연구원. 미시간대학교에서 경제학 박사학위를 취득한 후 미국 대통령경제자문위원회와 국무부 자문위원회에 합류했다. 1989년부터 OECD에서 근무했던 존스는 16건의 OECD 한국경제보고서와 15건의 OECD 일본경제보고서를 작성했다.

백진훈(하쿠신쿤)

일본 민주당 소속의 국회의원. 참의원 규칙 및 행정위원회와 헌법위원회의 국장이며 외무와 국방위원회의 일원으로 활동한다. 또한, 2010년 북한의 일본인 납치 사건에 대응하기 위해 설립된 특별위원회의 의장이었다.

2019년 7월 일본 경제산업성이 반도체·디스플레이 핵심 소재 세 가지에 대해 수출 규제를 강화한 데 이어 8월에는 한국을 화이트 리스트(전략물자 수출심사 우대국)에서 제외하면서 양국 관계는 악화 일로를 걷고 있다. 그후 한·일 양국의 정치와 경제는 물론 민간 교류까지 악영향을 받는 모습이다.

제20회 세계지식포럼 '한일 관계 악화, 원인과 해법은?' 세션에서 각국 전문가들은 사태가 장기화하지 않도록 양국이 적극적으로 나설 필요가 있다고 조언했다. 한국과 일본이 서로의 잘못을 따지기보다 양국 공통의 문제에 관심을 가지고 해법을 찾기 위해 노력할 때라고 입을 모았다. 또한, 정치적 교류는 물론 민간 차원의 교류를 확대하고 이를 문제 해결의 실마리로 삼아야 한다는 데 의견을 같이했다.

대담에는 마크 내퍼 미국 국무부 동아시아태평양담당 부차관보,

백진훈 일본 민주당 참의원, 랜들 존스 전 경제협력개발기구OECD 한국일본 담당관, 이토 모토시게 가쿠슈인대학교 교수가 참여했다. 사회는 신장섭 싱가포르국립대학교 교수가 맡았다.

내퍼 부차관보는 "한국과 일본은 인구학적으로나 북한의 핵·미사일 위협, 러시아와 중국의 부상 등 지정학적으로 서로를 활용해야 할 기회들이 많으니, 잘잘못을 밝히고 책임을 따지는 것이 중요하다고 생각하지 않는다"고 이야기했다.

내퍼 부차관보는 일본에서 장기간 근무했고, 주한 미국 부대사를 역임해 양국을 모두 이해하는 인사로 꼽힌다. 최근 일본 정부 관계자를 직접 만나 한일 갈등을 해소하기 위해 설득 작업에 나서기도 했다.

내퍼 부차관보는 한국과 일본이 자체적인 해결방안을 마련하는 게 중요하다고 지적했지만, 미국 역시 양국 관계를 위해 긍정적인 역할을 하고 싶다고 이야기했다. 그는 이어 "미국은 그동안 앞에 드러나기보다 조용히 양국이 대화할 수 있도록 독려해왔는데, 그것이 가장 효과적이라고 생각하기 때문"이라고 설명했다.

내퍼 부차관보는 한·일 양국 갈등이 안보 분야에 미칠 악영향에 대해 우려를 표명했다. 그는 "미국의 최대 우방인 한국과 일본의 관계가 나빠지는 상황이 크게 우려된다. 군사정보보호협정GSOMIA(지소미아) 종료는 미국에 우려를 주는 결정이며 번복되길 바란다"고 밝혔다.

내퍼 부차관보는 또 2019년 7월 23일 중국 H-6 폭격기와 러시아 TU-95 폭격기 등 군용기 5대가 동해 한국방공식별구역KADIZ에 무단 진입한 사실을 거론하며 안보 문제에 우려를 표명했다. 그는 "러시아와 중국이 처음으로 동해를 공동 정찰했는데, 위치를 보아 우연이 아니라고 생각한다. 한일 관계가 계속 악화되면 이런 도발도 지속될 수밖에 없다"고 말했다.

일본 참의원인 백 의원은 현재는 책임만 묻기보다 함께 지혜를 짜내야 하는 상황임을 환기했다. 그는 "최근 양국 아이들의 교류까지 끊어지는 상황을 접했는데, 정치가 민간 교류의 발목을 잡는 상황이 유감스럽다"고 전했다.

백 의원의 아버지는 한국인이고 어머니가 일본인이다. 그래서 그는 한일 양국 입장을 가장 잘 공감할 수 있는 일본 정치인으로 꼽힌다. 그는 한국식 이름인 백진훈白眞勳(하쿠 신쿤)을 그대로 사용하고 있다. 도쿄 출신인 그는 40여 년간 한국인으로 살다 뒤늦게 일본 국적을 취득한 뒤 2004년 7월 참의원에 비례대표로 처음 당선됐다. 그는 과거에 선거를 치르면서 '아버지의 나라 한국, 어머니의 나라 일본'이라는 문구를 홍보물에 넣어 화제를 모으기도 했다.

백 의원은 세션에서 양국 관계 회복을 위한 구체적 방안을 제안했다. 한국인 강제노역 피해자 보상 문제는 한국 측에서 법률 제정을 통해 해결한다. 그리고 일본 기업은 그 판결에 따르는 보상금을 자발적으로 내고, 한국 기업과 함께 기금을 창설하면 된다는 해법이었다. 더불어 그는 한일 양국을 둘러싼 역사 인식의 틈을 좁히기 위해 지속적인 노력이 중요하다고 덧붙였다.

대담에 참여한 경제 분야 전문가들은 이번 사태가 장기화할 가능성이 있으며 큰 경제적 손해가 우려되는 만큼 빠른 문제 해결이 중요하다고 분석했다. 특히 환태평양경제동반자협정TPP 등 다양한 국제적 경제 공동체에 참가하는 것이 좋은 방법이 될 수 있다고 조언했다. 아울러 고령화 같은 공통의 문제를 해결하는 데 협력해 나가야 한다고 입을 모았다.

존스 전 담당관은 "다수의 한국인과 일본인이 서로를 믿을 수 없다고 답한 설문조사를 고려하면 이번 사태는 정부 간 문제만은 아닌 것으로 보인다"며 "성장률이 둔화하면 세계 경제에도 악영향을 미칠 것"으로 전망했다. 그는 한국과 일본이 함께 TPP 등 경제 협력체에 함께 참여하는 것이 좋은 방안이 될 수 있다고 제안했다.

이토 교수 역시 다양한 국제적 경제 공동체에 함께 참가하는 것이 문제 해결의 실마리가 될 수 있다는 존스 전 담당관의 의견에 동의했다. 그는 아세안 국가의 사례를 예로 들어 경제 공동체에 함께 참가하는 일이 갈등 관계를 개선하는 데 도움이 됐던 적이 있음을 설명했다.

이토 교수는 이어 "양국이 대치하는 상황을 벗어나기는 쉽지 않다. 그러나 고령화, 노동시장, 보호주의, 자동차산업 등 공통의 과제에서 협력의 대상을 찾는 게 좋을 것"이라고 조언했다.

이토 교수는 한국에 대한 수출 규제와 화이트리스트 제외 등 일련의 조치가 일본 정부의 정책 기조 변화에 따른 것이기에 일시적인 현상이 아닐 거라는 예상도 내놨다. 그는 "일본 정부의 결정은 아베 총리의 개인적 성향에 따른 것이 아니라 달라진 일본 정치·외교의 전개 양상을 반영한 것"이라며 "지금과 같은 기조가 당분간 지속될 것"으로 전망했다.

정보기술과 아시아의 도약

스탠리 리 DXY 창업자 & **최원식** 맥킨지 앤 컴퍼니 한국 지사장

스탠리 리

중국 최대 의학 포털 서비스 DXY의 창업자. 그는 2000년 7월 하얼빈 의과대학 재학 중 의학 전공자들 간 정보 교류 및 커뮤니티 활동을 위해 사이트를 만들었다. 전문가 중심 사이트는 일반인에게 문을 넓혔고, 2014년에는 중국 1위 인터넷 서비스 회사인 텐센트로부터 7,000만 달러를 투자받았다. 이후 의학 Q&A 플랫폼 서비스를 선보이며 기업가치 10억 달러 이상의 유니콘 스타트업 대열에 올라섰다. 2018년 사이트의 회원 의사는 210만 명, 모바일 앱 사용자는 3,000만 명이었다. 다른 플랫폼 채널을 통해 들어오는 이용자들까지 합치면 사용자 수는 8,000만 명에 이른다.

최원식

세계적인 컨설팅 기업 맥킨지 앤 컴퍼니의 한국 지사장이며 대한민국 산업통상자원부의 자문위원. 다년간의 컨설팅 경험을 바탕으로 대한민국을 포함한 아시아계 기업들을 담당하는 그는 첨단기술 발전 과정과 다국적 기업 거래 간 기회를 창출하기 위해 노력하고 있다. 2013년 4월에 발표된 맥킨지 한국 보고서 〈Beyond Korean Style, Shaping a New Growth Formula〉의 공동 저자다.

미중 무역전쟁으로 아시아 경제가 동시에 요동치면서 이 지역의 지정학적 리스크가 명백해진 가운데, 아시아 각국이 인공지능과 공유경제, 원격진료 등의 기술혁신에 협업함으로써 역내 자생력을 키워야 한다는 주장이 나왔다.

제20회 세계지식포럼에서 스탠리 리 DXY 창업자 겸 대표, 루벤 라이 그랩파이낸셜 공동대표, 도란다 두 아이플라이텍 수석부사장, 최원식 맥킨지 앤 컴퍼니 한국 지사장은 IT 기업이 어떻게 아시아를 진보시키고 있는지 공유하고, 각국 기업 간 시너지 효과를 극대화할 방안을 모색했다.

'아시아의 미래'를 주제로 열린 세션에서 참석자들은 뉴노멀 시대의 아시아 성장 추진력은 인적자원을 기반으로 한 4차 산업혁명에서 나온다고 강조했다. 인공지능과 온·오프라인 연계 서비스020, 공유경제 서비스는 데이터가 많을수록 정교해지는 특성이 있기에 인구가 많은 아시아가 유리한 고지에 있다는 설명이다.

리 대표는 지난 5년간 DXY를 위해 900만 개의 혈액표본을 받고, 70만 개의 위챗(중국 SNS) 대화를 확보했다고 한다. 그는 DXY가 15만 명의 당뇨병 환자에게 실시간으로 혈당 정보를 받고, 그들이 식생활과 생활습관을 건강하게 가져갈 수 있도록 유도한다고 이야기했다. 중국의 공공병원에는 사람이 너무 많아서 의사들은 환자 눈을 바라볼 시간도 없지만, DXY에서는 중국 의사의 70%가 환자들의 온라인 질문에 답변해주고, 의사의 전문지식도 일반인이 알아들을 수 있는 쉬운 표현으로 바꾸고 있다.

아시아협업의 가장 큰 걸림돌이었던 언어장벽도 조만간 극복 가능할 것으로 관측된다. 중국 AI 기업 아이플라이텍은 58개 언어를 실시간으로 통역할 수 있는 통번역기를 개발, 판매하며 언어장벽을 허물기 위해 노력하고 있다. 두 수석 부사장은 "우리가 개발한 음성평가기술은 중국뿐만 아니라 일본 한국에서도 유용하게 쓰일 것"이라며 "국가 간 교류 과정에서 기술이 선도적 역할을 해야 한다"고 설명했다.

3,300위안(약 55만 원)에 판매 중인 이 회사의 통·번역기는 현재까지 25억대가 팔렸다고 한다. 그는 AI 앵커가 한국어, 영어, 중국어, 일본어 등 각국 언어로 똑같은 내용의 뉴스를 진행하는 모습도 보여줬다. 두 부사장은 "앵커의 표정과 입술이 언어와 맞게 움직인다. 중국어, 영어, 한국어, 태국어 등 50여 개의 언어를 지원하는 이 앵커의 장점은 절대 피로를 느끼지 않는다는 것"이라고 부연했다.

기술혁신 기업이 자신의 영역을 아시아 인접국으로 확장해나갈 때 '진출' 또는 '정복'한다는 생각보다는 파트너를 찾는다는 마음을 견지해야 한다는 제안도 나왔다. 라이 대표는 "중국의 기술이전으로 큰 혜택을 받았다"고 전했다.

그랩파이낸셜은 동남아시아 차량공유 앱의 금융 플랫폼 계열사로 모바일 결제와 대출, 보험 등 폭넓은 서비스를 제공한다. 라이 대표는 "마이크로 인슈어런스(저소득층을 위한 소액 보험)를 도입하는 데 있어 중국 최대 보험사로부터의 기술이전에 힘입었다"며 "앞으로 문화적 부분까지 서로가 가진 기술을 공유할 수 있다면 아시아 협력에서 더 큰 효과가 있을 것"이라고 덧붙였다.

이날 참석자들은 서구 선진국과 비교해 여전히 낙후한 아시아 국가들의 현 상황이 사업가와 투자자에겐 매력적으로 느껴질 수 있다는 의견을 공통으로 제시했다.

그랩 초기에는 이용자들이 요금을 현금으로 냈다고 한다. 라이 대표는 "자카르타에서는 직원 수백 명이 운전자를 기다리면서 현금을 받을 준비를 했던 기억이 난다"고 회상했다. 그는 "앞으로 운행 차량이 늘어도 운전자와 이런 식으로 수익을 나눌 수 있을까 고민하다 만든 것이 파이낸셜 서비스"라며 "70%의 동남아시아 시민들은 아직 은행에 접근하지 못하고 있음을 파고들었다"고 설명했다.

최 대표는 "그간 아시아 기업과 국가는 서양을 보면서 방법을 연구하고 그들을 따라 했지만, 이제는 성공하기 위해 아시아 내에서 사례를 찾아야 할 것"이라고 말했다.

비즈니스 성장의 중심 아시아

토마스 트리카시 렘봉 인도네시아 투자조정청 청장 外

토마스 트리카시 렘봉

인도네시아 투자조정청 청장. 인도네시아 무역부장관을 지냈다. 1994년 모건 스탠리에서 일하기 시작했고 이후 싱가포르의 사모펀드 부서에서도 근무했다.

조슈아 림

싱가포르 경제개발청EDB의 지역 담당국장으로, EDB의 정책을 총괄 감독한다. EDB는 싱가포르가 국외자본 유치 등 전 세계 비즈니스의 중심지로 발돋움하기 위한 전략들을 기획하고 실행한다.

딘티땀 히엔

주한베트남대사관의 투자참사관. 베트남 투자에 관심 있는 한국 기업 또는 투자자를 위해 베트남의 사회경제적 발전, 전망, 법, 정책 등의 정보를 제공한다.

이명재

법무법인 율촌의 아시아 프랙티스 팀 책임자. 기업, 금융, 국제거래와 분쟁 분야의 업무를 담당한다. 미국 뉴욕주와 뉴저지주의 변호사다.

세계적인 저성장 기조에도 연간 5%대의 높은 성장률을 기록하는 지역이 있다. 6억 명이라는 거대 시장을 기반으로 성장세가 멈추지 않는 곳이다. 평균 연령이 30세일 정도로 역동적이고 매력적인 시장이기도 하다. 지난 2015년에는 경제통합으로 하나의 단일시장을 만들면서 그 매력을 배가시켰다.

인도네시아, 싱가포르, 태국, 말레이시아, 필리핀, 라오스, 베트남, 캄보디아, 미얀마, 브루나이 등 동남아시아 10개국이 모여 있는 아세안ASEAN이 바로 그곳이다.

제20회 세계지식포럼에는 세계 경제의 새로운 성장엔진으로 떠오르는 아세안을 조명하는 세션이 열렸다. '비즈니스 성장의 중심 아시아: 어느 국가에서 투자와 사업을 해야 하는가?'라는 주제로 진행된 세션에서 아세안 각국 대표들은 투자처로서 아세안이 지닌 매력을 어필했다.

참석자들이 꼽은 아세안의 최대 강점은 높은 성장세다. 토마스 트리카시 렘봉 인도네시아 투자조정청장은 "연 2조 5,000억 달러의 대규모 경제에도 불구하고 연 5%대의 성장을 지속하고 있는 곳이 아세안"이라며 "아세안 경제는 이제 임계질량에 도달해 새로운 전환점을 맞게 될 것"이라고 전했다.

아세안 경제는 연 5%대의 고속성장을 질주 중이다. 국제통화기금에 따르면 올해와 내년에도 5.0%와 5.1%의 성장률이 전망된다. 나란히 고성장세를 구가하던 인도와 중국이 최근 수년간 내림세를 면치 못한 것과는 대조적이다.

렘봉 청장은 이자율에 따라 자산이 두 배가 되는 시간을 의미하는 '72의 법칙'을 인용하며 아세안 경제의 장밋빛 미래를 강조했다. 그는 "72를 5로 나누면 14가 된다. 지난 10년간 5%대의 성장을 꾸준히 지속하고 있는 아세안은 14년마다 경제 규모가 2배가 되고 있다"고 설명했다. 이어 그는 "인도네시아의 경우 지난 2017년에 1조 달러를 넘어섰는데, 2030년 지나면 2조 달러를 넘어설 것으로 보인다"고 덧붙였다.

렘봉 청장은 아세안 경제가 현재 '황금 균형점'에 있다고 비유했다. 시장의 성장세가 약하지 않으면서, 다른 개발도상국들처럼 인프라가 너무 부족하지도 않다는 의미다. 그는 아세안을 '기술경제가 성장을 주도할 만큼 고도화됐으나 동시에 앞으로 성장 여지가 큰 곳'으로 평가했다. 그는 "과도하게 성장하여 선진국 대열에 진입하면 1~2% 성장을 위해 고군분투해야 하고, 쉽게 딸 수 있는 과

실도 없다. 그러나 아세안은 인적자원과 인프라가 과도하게 부족할 정도로 미성숙하지도 않은 시장"이라고 설명했다.

아세안이 가진 투자처로서의 매력은 이미 수치로 입증이 되고 있다. 세계은행WB이 매년 발표하는 기업환경평가지수에 따르면 2019년 싱가포르는 세계 2위, 말레이시아 15위, 태국 27위, 베트남은 69위에 올랐다. 필리핀, 캄보디아, 라오스, 미얀마 등 나머지 국가들도 순위가 매해 오르는 추세다. 렘봉 청장은 "노동시장 규제, 건설 인허가, 전기보급, 부동산 등기, 소수 투자자 보호, 계약 집행 등 모든 면이 갈수록 좋아지고 있다"고 말했다.

세션에 참가한 아세안 연사들은 모국에 대한 개별적 어필도 빼놓지 않았다. 딘티땀 히엔 주한베트남대사관 투자참사관은 베트남이 해외 선진국들과의 FTA를 늘리고, 환태평양경제동반자협정TPP에도 가입돼있는 점을 강조했다. 그는 "2020년이 되면 베트남은 55개 국가와 경제 네트워크가 형성될 것"이라며 "이는 글로벌 GDP의 4분의 3을 연결하는 기반이 됨을 의미한다"고 말했다.

조슈아 림 싱가포르 경제개발청 지역 담당국장 역시 "싱가포르가 맺은 FTA는 전 세계 GDP의 60% 규모"라며 지리적으로도 거대 시장인 인도, 중국 등과 가깝다는 점을 언급했다. 더불어 '산업 4.0'을 통해 스마트 산업을 전폭적으로 지원하며 혁신 기반 경제로 발돋움하고 있고, 지식재산권을 철저히 보호하는 등 기업뿐 아닌 개인들에게도 매력적인 장소라고 덧붙였다.

한국과 아세안의 도전 과제

주형철 청와대 경제보좌관 外

주형철

현 청와대 경제보좌관. SK 커뮤니케이션즈 대표이사, 서울산업진흥원 대표를 역임했다.
IT/SW 전문가로, 중소 및 벤처 기업의 창업 지원과 생태계 조성 등 공공 정책 업무 경험
이 있다.

팜 키 롱

베트남 사회과학연구원 동북아 연구소 부소장. 동북아 연구를 위한 베트남 저널 부국장
과 베트남 일본 연구 센터 소장으로 활동했다.

이재현

아산정책연구원의 선임연구위원. 2012년까지 외교통상부 산하 국립외교원의 외교안보
연구소에서 객원교수를 지냈다.

이충열

한국금융연구원 부연구위원을 역임했고, 1998년부터 고려대학교 세종캠퍼스 경제학과
교수로 재임하고 있다. 2016년부터 ㈔한국동남아연구소 소장직을 맡고 있다.

미국 등 강대국들의 자국 중심주의로 인해 개발도상국들의 경제적 불확실성이 증폭되고 있는 가운데 한국과 아세안이 전략적으로 협력을 강화할 필요가 있다는 제언이 나왔다.

이재현 아산정책연구원 선임연구위원은 제20회 세계지식포럼 신남방정책특별위원회 세션(지정학·지경학의 상호작용 - 한국과 아세안의 도전 과제)에서 "한-아세안 협력을 전방위적으로 확대할 필요가 있다"고 주문했다.

수십 년간 동아시아 지역은 세계화와 교역, 투자를 통해 경제적 성장을 이어왔다. 이 과정에서 역내 생산 네트워크가 생겨나고 제조업에서는 '글로벌 밸류 체인'의 주요 부분을 점유하게 됐다. 하지만 참석자들은 무역 갈등으로 대변되는 미·중 경쟁 등 지정학적 불안 요소가 늘어나면서 입지가 좁아지고 있다는 평가를 내놨다.

이 연구위원은 "아세안, 한국 모두 미국과 중국 등 초강대국 대결의 도전에 직면해 있다"면서 "중소권력을 보호했던 규칙이 점차 사라지고 자율적 공간도 좁아지고 있다"고 진단했다. 그는 이어 "안보와 경제 문제에 있어 강대국의 자국 중심주의가 중소국가를 강타하고 있고 한국와 아세안 역시 경제적 불안전성과 불확실성 아래 놓여 있다"고 말했다.

이 연구위원은 강대국 간 경쟁이 경제적, 군사적, 강압적 권력을 활용한 대결로까지 확산되면서 한국과 아세안이 강대국의 '전장'이 될 수 있다는 분석도 내놓았다.

그는 한국과 아세안은 평화협력 범위를 양자를 넘어 지역 전체로 확장해야 한다고 주문했다. 이 연구위원은 "그동안의 한-아세안 평화 협력이 양자 관계에 초점이 맞춰져 있었다면 이제부터는 양자를 넘어 지역 전체로 넓혀야 한다"며 "그래야만 신남방 정책의 아젠다를 확대하고 보다 의미 있는 결실을 거둘 수 있다"고 밝혔다.

이충열 고려대 경제통계학부 교수도 다자간 협력 강화의 필요성을 강조했다. 이 교수는 "중소국가들이 힘을 합쳐야 하지만 모든 개별 국가들은 중국과 미국 등의 눈치를 봐야 하기 때문에 쉽지 않은 상황"이라며 "다자간 협력에 있어 선두 역할을 할 수 있는 리더십이 필요한 때"라고 진단했다. 특히 그는 "한국에 두 번째로 큰 무역 상대국인 아세안은 향후에도 안정적인 성장세를 이어갈 것으로 전망된다"며 "아세안 경제 통합은 더욱 장밋빛 전망을 가져올 것으로 예상된다"고 말했다.

다만 아직은 갈 길이 멀다는 게 이 교수의 견해다. 그는 "아세안의 경우 한국에 두 번째로 큰 무역 상대국이지만 아세안에 대한 경제정책은 오직 한국의 이익만을 추구하는 형태"라며 "한국과 아세안과의 경제관계는 주로 민간이 주도해왔고, 정부가 주도하는 정책이나 전략은 아직 실행되지 않고 있다"고 지적했다.

그러면서 그는 한국은 아세안이 갖고 싶어 하는 것을 제공할 수 있어야 한다고 강조했다. 그는 "한국 정부나 기업은 아세안과의 경제 협력 프로그램을 발굴하고 추진할 필요가 있다"면서 "몇 개의 주요 협력 파트너 국가와 몇 개의 주요 협력 분야를 선택하는 것도 좋은 방법 중 하나다"고 제언했다.

다른 연사들의 시각도 비슷했다. 리처드 볼드윈 제네바 국제경제대학원 교수 역시 미·중 무역전쟁이 동아시아의 경쟁력을 위협하고 있다는 점에 주목했다. 그는 "트럼프 미 정부의 무역정책은 중국의 부상을 억제하고 미국과 중국의 경제적 분리를 강요하는 방법으로 행해지고 있다"며 "이는 중국뿐만 아니라 많은 '작은 선수'들에게 경제적 피해를 입힐 위험성이 있다"고 밝혔다. 그는 현 상황을 "1997년 아시아 외환위기 이후 가장 심각한 위기"라고 진단했다.

다만 그는 "이러한 혼란 속에서도 5G 등 디지털 기술은 동아시아의 또 다른 기회가 될 수 있다"며 "외부의 개입 없이 국가 및 회사 경계를 허무는 정보통신 기술이 글로벌 밸류 체인을 보다 효과적이게 만들 것"이라고 전망했다.

인도, 변화의 한복판에 서다

스리프리야 랑가나탄 주한 인도대사 外

스리프리야 랑가나탄

주한 인도대사. 1994년 인도 외무부에 외교관으로 합류했다. 미얀마 양곤에 있는 인도 대사관에서 근무했으며, 이 외에도 앙카라와 홍콩 등지에서 외교관으로 일했다.

푸르미나 셰노이

기술산업 엑셀러레이터 '더 게인The Gain'의 공동창업자이자 현 CEO. 더 게인은 스타트업들을 투자자들과 연결하며 지속적 성장을 이룰 수 있도록 돕는다. 그녀는 과거 두 개의 스타트업 창업 경험이 있으며 인도 전자기기 및 반도체협회IESA 초대 회장이었다.

수조이 보스

민관협력의 인도국영투자인프라펀드NIIF 총괄 대표. 세계은행 산하의 국제금융공사IFC에서 25년간 근무했다. IFC 인프라 및 자원 담당 부장으로 교통, 공익사업, 전력, 석유 사업에 들어갈 126억 달러 예산의 운용을 책임졌다.

"인도는 제조업 육성과 인프라 구축에 박차를 가하고 있다. 해당 분야에 강점이 있는 한국 기업들에 좋은 투자 기회가 많을 것이다."

스리프리야 랑가나탄 주한 인도대사는 제20회 세계지식포럼 '인도, 변화의 한복판에 서다' 세션에서 이같이 역설했다. 이날 세션에는 수조이 보스 인도국영투자인프라펀드 대표와 푸르미나 셰노이 더 게인The Gain CEO도 연사로 나섰다.

보스 대표는 인도가 갈수록 훌륭한 투자처로 부상하고 있음을 어필하며 모디 1기 정부가 이뤄낸 금융·조세 개혁에 주목해야 한다고 주장했다.

그는 "1기 정부는 국민에게 주민등록증과 은행 계좌를 만들 것을 장려하면서 2014년부터 2017년 사이 신규 계좌가 무려 2억 5,000만 개가 생겼다"며 "같은 시기 전 세계 신규 은행 계좌의 55%는 인도 계좌였다"고 언급했다. 이어 그는 인도 정부가 금융 개혁을 통해 포용적인 경제 국가로 성장하고 있음을 강조했다.

인도의 조세 제도 개혁도 세계적인 투자자들의 이목을 끌었다는 평가가 나왔다. 보스 대표는 "기존 인도는 주별로 시장이 다 달라 한 국가 안에 개별 시장이 30개나 존재했지만, 조세 개혁 덕분에 드디어 단일시장이 됐다. 전에는 인도에 공장을 세우면 주별로 세금을 다 달리 매겼지만, 이젠 세제 격차 없이 사업을 영위할 수 있다"고 말했다. 조세 제도 개혁 이후 인도는 7%가 넘는 경제성장률을 기록하고 있으며 나아가 세계의 기업들이 모디 2기 정부가 단행하는 '법인세 인하' 정책도 주시하고 있다고 한다.

보스 대표는 한국 기업들도 인도 정부가 추진하는 인프라 개발사업에 주목할 필요가 있다고 귀띔했다. 그는 "모디 2기 정부는 향후 5년간 인프라 개발에 1조 5,000억 달러를 투자하겠다고 발표했다. 한국 기업이 인도의 인프라 개발 분야를 잘 공략하길 바란다"고 조언했다.

랑가나탄 대사도 "인도 경제는 2014년 2조 달러에서 현재 3조 달러로 커졌고 시일 내 5조 달러 규모를 돌파할 것"이라며 "잠재력이 큰 인도는 한국 기업에 많은 기회를 제공할 것"이라고 말했다.

그는 "인도에 투자한 한국 기업이 1,000곳이 넘는다고 알고 있다. 실제 인도에선 1분마다 한국 냉장고가 13개씩 팔린단 통계도 있다"고 말했다. 앞으로 사업 확대 기회는 더욱 많을 것이라는 게 랑가나탄 대사의 전망이다. 그는 "식품, 자동차, 섬유, 화학 등 여전히 한국과 인도 기업 간 협업할 수 있는 분야는 넘친다"며 "인도 정부가 인프라와 방위 산업을 하는 데 있어 민간 분야에 문을 여는 것도 한국 기업에 긍정적 요소"라고 설명했다.

다만 랑가나탄 대사는 향후 인도에 투자할 계획이 있는 한국 기업이라면 인도의 지역별 특성을 잘 고려해야 한다고 조언했다. 인도가 인구 13억 명의 거대 시장이긴 하지만 아직은 도시마다 시장 특성이 각기 다르단 의미에서다. 그는 "뭄베이는 금융, 델리는 화학, 벵갈루루는 IT 산업의 중심지"라며 "도시별 핵심 산업이 다른 만큼 인도에 투자할 땐 '지역 맞춤형' 전략이 필수"라고 강조했다.

셰노이 CEO는 특히 드론·물류·헬스케어·전자상거래 등 발전 가능성이 큰 4가지 분야를 소개했다. 그는 인도 정부가 앞으로 140억 달러를 투자해 스마트 시티를 건설할 계획이며, 스마트 시티에선 드론을 활용해 많은 사업이 영위될 것이라고 밝혔다. 이어 그는 "물류비용을 지금보다 4%포인트 줄이는 목표를 갖고 있기도 하다. 물류 분야에 자동화 기기나 로봇, AI 등이 적극 활용될 것"으로 전망했다.

셰노이 CEO는 인도 헬스케어 산업 역시 향후 성장 가능성이 크다고 봤다. 그는 "인구가 13억 명에 달하는 만큼 여전히 의료 서비스의 혜택을 충분히 받지 못하는 곳이 많다. 헬스케어 분야 기업들의 성장 속도가 눈부신 상황"이라고 전했다. 또한, IT 산업을 육성하는 벵갈루루에서 핀테크 산업이 급성장하고 있다는 점을 어필하며 한국 스타트업들의 관심을 촉구했다.

KNOWLEDGE
REVOLUTION 5.0

V

불확실성 시대의
새로운 투자전략

글로벌 거시경제 리스크 관리 노하우

존 스터진스키 핌코 부회장

존 스터진스키

세계적인 투자 관리 회사 핌코PIMCO의 부회장. 전 세계 클라이언트의 핵심 고문을 맡아 기업 전략의 발전을 주도한다. 모건 스탠리에서 투자와 은행업 경력을 시작했고, 그곳에서 유럽 투자은행 부장을 지냈다. 2018년 핌코로 옮기기 전까지 블랙스톤Blackstone에서 부회장을 역임했고 채권 및 기관 투자자들의 관계와 전체적인 부서 관리를 담당했다. 현재 영국 내무부의 회계 감사 및 위기관리 위원회ARAC의 의장이며 Business Against Slavery 포럼의 공동의장을 겸임하고 있다.

"우리는 미·중 무역전쟁, 브렉시트 등 복합적인 지정학적 위험 속에 있다. 이 같은 복합적인 리스크가 글로벌 경제의 불확실성을 초래하고 있는 만큼 투자에 있어 보다 신중한 접근이 필요하다."

존 스터진스키 핌코 부회장은 제20회 세계지식포럼 '글로벌 거시경제 전망의 지정학적 접근: 리스크 관리와 투자 수익 실현 노하우' 세션에서 이같이 밝혔다. 세계 금융위기가 장기화하면서 탄탄했던 동맹에 금이 가기 시작하고, 새로운 갈등과 위기가 발생하고 있다는 점에서다.

그는 국가 간 중앙은행과 정부 기관 사이에 존재했던 다양한 협력 분위기 역시 점차 수그러들고 있고, 초강대국인 미국과 중국 사이에서 벌어지고 있는 무역전쟁은 진정될 기미가 보이지 않아 투자자들이 부담을 느끼고 있다고 분석했다.

스터진스키 부회장은 현 상황을 '갈림길이 아닌 절벽 앞에 서 있는 모양'이라며 "2차 세계대전 이후 누려왔던 평화와 번영의 시대는 막을 내렸다. 앞으로 나아갈 수 있는지는 의문이다"라고 말을 이었다. 그는 무역전쟁과 브렉시트 등 복합적인 리스크를 떠안고 있는 현 시대를 '급진전적인 불확실성 시대'라고 일컬었다. 그리고 여러 리스크가 복합적으로 발생한 지금, 비즈니스는 둔화되고 저성장이 이어질 거라고 설명했다. 불확실성이 높아지면 경영자들은 자본 투자를 미룰 수밖에 없다. 스터진스키 부회장은 "벤처처럼 새로운 사업은 물론 기업들의 인프라 투자도 둔화되기 마련"이라고 덧붙였다.

좌장을 맡은 장동헌 행정공제회 최고투자책임자CIO 역시 기록적인 수준에 도달한 글로벌 불확실성 지수를 언급하며 경각심을 내비쳤다. 그는 미중 무역전쟁이 더욱 확대돼 화폐 경쟁으로까지 이어질 수 있고, 그렇게 된다면 글로벌 경제 성장을 저해할 수 있다고 진단했다.

경제적 불확실성이 장기화할 것으로 전망한 스터진스키 부회장은 더욱 신중한 투자를 주문했다. 핌코 역시 매우 조심스러운 포지션을 취하고 있다는 얘기다. 그는 "주식시장은 특히 더욱 신중하게 접근해야 한다. 현시점에서는 고수익을 낼 수 없다"고 제언했다. 이어 불확실성이 워낙 심하므로 투자자들은 현금 유동성을 확보할 필요가 있다고 조언했다.

물론 비관적인 부분만 있는 건 아니다. 스터진스키 부회장은 "장기적인 관점에서 채권 투자는 좋다고 본다. 특히 주택이나 부동산에 대해서는 낙관적으로 보고 있다"고 밝혔다.

미중 무역전쟁의 해결방안과 한국의 포지션에 대해서도 조언을 아끼지 않았다. 스터진스키 부회장은 "미국과 중국이 사실 내면적으로는 상호 의존을 절실히 원하고 있다"며 "글로벌 안정성을 위해서라도 장기적 관점에서 서로 도움이 될 방안을 찾아야 한다"고 소신을 밝혔다. 이어 그는 "정상들이 각종 지정학적 리스크를 해결하려는 의지를 보여야 한다. 경각심을 가지고 향후를 대비해야 한다"고 제언했다.

한국이 나아갈 방향에 대해서는 "글로벌 불확실성이 한국 경제 등 다양한 분야에 부정적인 영향을 미치고 있는데, 현재로서는 여러 국가와 건전한 관계를 유지할 필요가 있어 보인다"면서 "한국의 강점인 조선, 자동차, IT 분야의 경쟁력을 장기적으로 끌고 가려는 노력도 필요하다"고 주문했다.

글로벌 투자가들의 비법노트

윤제성 뉴욕생명자산운용 CIO & 톰 모팻 CBRE 투자 브로커

윤제성

뉴욕생명자산운용사의 최고투자책임자이자 투자관리위원회의 의장. 뉴욕생명의 경제·
경영 및 금융팀의 전략 성과를 총괄한다. 아울러 뉴욕생명의 제3자 다중 자산 전략 및 경
제 분석을 관리하는 전략적 자산 배분 및 전략팀을 이끌고 있다.

톰 모팻

글로벌 부동산 컨설팅 회사인 CBRE의 상무이사. 아시아 태평양 지역의 투자거래 활동
에 15년이 넘는 경력을 보유하고 있다. 덕분에 수많은 투자자에게 손꼽히는 투자 브로커
로 거듭났다.

글로벌 금융위기 이후 10년 만에 'R Recession(경기 침체)의 공포'가 현실화한 가운데 세계지식포럼을 찾은 글로벌 투자전문가들은 미리 경기 하락 사이클(경기둔화 국면)에 대비한 투자 전략을 세워야 한다는 조언을 내놨다. 전문가들은 경기둔화의 영향을 상대적으로 덜 받는 부동산과 인프라스트럭쳐 등으로 투자 포트폴리오를 다변화해야 한다고 지적했다.

제20회 세계지식포럼 '글로벌 투자가들의 비법 노트' 세션에서 윤제성 뉴욕생명자산운용 최고투자책임자CIO는 "각국 정부는 재정정책으로, 중앙은행은 통화정책으로 경기둔화를 막으려고 하고 있지만 서비스와 고용지표, 설비투자 계획에서 침체 징후가 나타나고 있다"며 향후 1~2년간 침체 주기가 이어질 수 있다고 경고했다.

윤 CIO는 부채시장의 버블을 글로벌 경제의 위험 요인으로 평가했다. 기업들이 저금리로 돈을 빌릴 수 있는 상황이 수년째 이어지면서 기업 부채 문제가 심각한 상태로 커지고 있다는 것이다. 경기 침체 국면으로 세계 경제가 흘러간다면 부실이 도미노처럼 번져갈 수 있다는 판단이다. 그는 "미국 연방준비제도는 경기 안정화를 위해 너무도 큰 불안정을 만들어내고 있는 상황"이라며 "특히, 발행한 채권이 정크 수준으로 떨어진 기업들이 많아지고 있어 회사채 등 부채시장에 대한 굉장히 우려가 큰 상황"이라고 평가했다.

그는 경기 침체의 우려가 커진 상황에서 전술적인 리스크 배분이 투자의 성패를 가를 수 있다고 내다봤다. 경기 침체 국면에서 신용 리스크가 큰 기업 투자를 피하고, 평판이 좋거나 꾸준한 현금흐름을 창출하는 기업 쪽으로 눈을 돌리라는 조언이다.

윤 CIO는 투자자들에게 부동산과 인프라 등 대체자산에 주목하라고 제안했다. 주식과 채권같은 전통자산 대비 자산 확보와 수익 실현까지 기간은 오래 걸리지만, 경기 침체에 상대적으로 영향을 덜 받을 수 있다는 이유에서다. 그는 "지금은 데이트가 아닌 결혼의 관점에서 투자 전략을 짜야 할 시점"이라며 "어느 날 갑자기 찾아올 경기 침체 상황에서도 걱정을 적게 할 수 있는 인프라 자산에 투자하는 것이 좋다"고 말했다.

윤 CIO와 함께 세션을 함께 이끈 톰 모펏 CBRE 상무이사는 다시 찾아온 저금리 환경을 적극적으로 활용할 것을 주문했다. 그는 "불과 1년 전까지만 해도 금리 인상 가능성에 대한 시장 우려가 컸지만, 상황이 달라졌다"고 분석했다. 금리는 부동산 투자에 대한 자금 조달 비용을 크게 만들어 수익률에 부정적인 영향을 미친다. 모펏 이사는 "12~18개월 전 금리 인상 우려가 있었지만, 지금은 금리가 오히려 떨어졌고, 앞으로 더 낮아질 것이란 기대가 나오고 있다"며 투자자들이 달라진 금리 환경에 주목할 필요가 있다고 조언했다.

모펏 이사는 산업용 물류 부동산과 데이터센터, 인구 고령화에 대비할 노인·헬스케어 관련 부동산을 주목할만한 부동산 투자처로 꼽았다. 그는 "투자부터 수익 실현까지 평균 7년에서 10년이 걸리는 장기 투자인 만큼 사회와 산업 변화에 따라 성장성이 높은 자산군을 취사선택해야 한다"고 부연했다.

그는 "온라인 시장의 성장과 함께 물류창고 같은 산업용 부동산의 수요가 크게 늘고, 폭발적인 데이터 수요와 함께 데이터센터에 대한 필요성 역시 커질 전망"이라며 "고령화에 따라 고급 임대주택과 헬스케어 관련 부동산도 성장 가능성이 커지고 있다"고 평가했다.

북한 투자의 도전과 기회

이반 톤키호 라선컨트란스 CEO 外

이반 톤키호

건설회사 라선컨트란스의 CEO. 라선컨트란스는 2008년에 설립된 북-러 합영회사다. 기업의 최종 목표는 러시아, 북한, 대한민국의 협력으로 한반도 철도와 시베리아 철도와 연결해 유라시아 지역을 관통하는 철도를 건설하는 것이다.

톰 번

코리아소사이어티 회장. 이전에는 무디스 투자자 서비스의 부회장이었으며 국제 금융 협회 아시아부의 수석 경제학자를 지냈다.

김병연

서울대학교 경제학과 교수. 주요 연구 분야는 북한을 포함한 근대 사회주의 국가들을 대상으로 한 전환 경제학과 응용 계량 경제학이다. 최근 케임브리지대학출판국에서 북한 경제에 관한 책을 출간했다.

"신 북방정책을 제대로 완수한다면 개성공단 같은 특구가 10개 생기는 것보다 더 효과가 클 것이다."

제20회 세계지식포럼에서 열린 '북한 투자의 도전과 기회' 세션에 참가한 연사들은 당장 소규모 성과가 생기는 경협보다 향후 남북 경제 통합에 대비할 수 있는 경협을 더 적극적으로 추진해야 한다고 주장했다. 경제 통합에 대비하는 '목적 지향적 경협'의 대표 사례로는 문재인 정부의 신 북방정책을 꼽았다.

북한 경제전문가 김병연 서울대학교 교수는 "개성공단 같은 특구가 10개 생긴다고 하더라도 남한 국민총소득GNI을 0.1~0.5%가량 증가시키는 정도에 그칠 것"이라며 "낮은 단계의 단순 경협은 경제 파급효과가 굉장히 제한적"이라고 지적했다.

전문가들은 현 정부가 경협을 정치적으로 활용하려는 의도 때문에 개성공단에 집착할 뿐, 정작 중요한 신 북방정책에 대해선 추진

의지가 미약하다고 지적했다.

남·북·러 물류 협력 사업인 '나진-하산 프로젝트'를 주도하는 이반 톤키흐 라선컨트란스 CEO는 문재인 정부가 2017년 신 북방정책 논의를 시작한 이래 현재까지 아무런 진척이 없다고 평가했다. 그는 "나진-하산 프로젝트는 비즈니스임에도 정치적으로 바라보는 시각이 한국에 있는 것 같다. 한국 측은 말만 하고 행동을 하지 않고 있다"고 비판했다.

20년간 신용평가회사 무디스에서 한국의 국가신용등급을 결정한 톰 번 코리아소사이어티 회장은 "제재 국면에서 한국의 경제적 지원은 북한 김정은 정권에 필수적"이라면서도 "어떤 지원이건 북한의 구체적인 비핵화 조치와 연계돼야 함을 잊어선 안 된다"고 단서를 달았다.

한편 매일경제와의 별도 인터뷰에서 톤키흐 CEO는 '남북 물류 협력'이란 아이디어를 제안했다. 러시아산 석탄을 러시아 하산시와 북한 나진시를 잇는 철도로 운반하고, 나진항에서 출발하는 배에 실어 포항이나 부산항 등으로 수입하는 식이다.

톤키흐 CEO는 "나진항을 통해 러시아산 석탄을 사면 블라디보스토크를 통해 석탄을 사는 것의 절반 가격"이라며 "한국 정부는 1년에 총 1,500만 달러를 절약할 수 있다"고 전망했다.

그는 이어 "한국에선 남북협력을 다룰 때 개성공단 등 직접투자 모델만을 생각한다"며 "개성공단이 막힌 현재 남북의 물류 협력은 새로운 협력 대안이 될 수 있다"고 강조했다.

북한 나진 특구와 라선컨트라스는 최근 유엔 안보리로부터 제재 예외를 인정받았다. 그러나 현재 우리 정부의 독자제재가 '180일 이내 북한에 기항한 제3국 선박의 국내 입항을 금지'하고 있으므로 사업은 벽에 가로막혀 있다.

톤키흐 CEO는 "한국도 유엔의 예외인정 조치를 따라 독자제재를 재고할 것을 조언하고 싶다"며 "유엔이 예외를 결정했으니 문제는 없다"고 밝혔다. 이어 그는 "그 전 단계로 한국 독자제재에 대한 '유예'를 요청한다"며 "한국의 항구 중 하나를 1년간 개방해 지역경제에 미치는 영향, 수입 비용 절감 효과 등을 모니터링하고 제재를 해제할지 결정하라"고 제안했다.

정부의 북한 개발 전략과 관련해 톤키흐 CEO는 ①인프라 프로젝트에 투자 ②나진 특구에 제2의 개성공단 설립 ③북한 천연자원과 한국 식량 교환 등의 모델을 제시했다. 그는 "나진항에 공단을 설립하면 러시아 국경을 넘어 유럽으로까지 철도가 이어지기 때문에 운송에 유리하다. 또한, 일정 비율로 한국 곡물과 북한 천연자원을 교환한다면 북한 식량난을 조속히 해결할 수 있을 것"이라고 덧붙였다.

세계 최대 보험사 CEO의 리스크 인사이트

브라이언 두퍼로 AIG CEO

브라이언 두퍼로

세계적 보험회사 AIG의 CEO. 보험업계에서 잔뼈가 굵은 인물인 그는 2017년부터 AIG 의 사장 겸 CEO를 맡고 있다. 앞서 2013년부터 2016년까지는 해밀턴 보험사의 회장 겸 CEO로 재직했으며 2008년부터 2012년까지는 보험 중개사 마쉬앤맥러넌의 사장 겸 CEO였다. 이처럼 여러 보험사의 최고경영진으로 활동할 수 있었던 배경에는 AIG에서 갈고닦은 업무 경험이 주효했다. 그는 1973년 AIG에 입사해 1994년까지 20여 년간 다양한 보직을 거쳤다.

앞으로 '사이버 리스크'가 국가와 기업에 가장 큰 위협으로 떠오를 것이라는 전망이 나왔다. 글로벌 보험업계 거물 브라이언 두퍼로 AIG CEO는 제20회 세계지식포럼에서 'CEO의 리스크 인사이트'를 주제로 강연했다. 테리 마르틴 도이체벨레 선임 앵커가 좌장을 맡았다.

두퍼로 CEO는 "내가 우려하는 것은 국가나 기업이 여전히 사이버 리스크의 이유를 잘 모른다는 것"이라며 "앞으로 데이터 유출과 시스템 공격, 인터넷 해킹, 사물인터넷 해킹 등 사이버 리스크가 가장 중요해질 것"이라고 밝혔다. 그는 "2016년 한 연구 결과에 따르면 2021년까지 사이버 범죄로 인한 비용이 6조 달러에 이를 것으로 전망됐다"며 사이버 공격은 리스크 관리 방법보다 더욱 빠르게 진화하고 있다고 경고했다.

두퍼로 CEO는 전 사회적으로 사이버 리스크의 큰 파급력에 미리 대비해야 한다고 강조했다. 그는 "급격히 변화하는 사이버 리스크에 제대로 대처하지 못하면 한 회사나 개인이 아닌 다수에 피해를 줄 수 있다"고 경고했다.

두퍼로 CEO가 꼽은 또 다른 위험은 '기후 변화'였다. 그는 "최근 도리안 태풍이 바하미 섬을 강타해 수천 명이 실종되고 70억 달러 규모 피해를 보았다"고 설명했다. 이어 "기후 변화 관련 리스크를 평가할 땐 데이터조차 의심스럽다. 전혀 예측하지 못한, 가능성이 거의 없다고 생각한 일이 계속 벌어진다"고 말했다.

또한, 두퍼로 CEO는 전 세계적인 '진실과 신뢰의 침식'을 우려했다. 그는 "삶의 질은 과거보다 높아졌지만, 여전히 많은 사람이 세상이 잘 돌아간다고 느끼지 않는다"며 아무리 기술이 좋아져도 삶은 취약할 수 있음을 경고했다. 질병, 테러리즘, 무역 갈등이 일상 곳곳에 스며 예상하기 어려운 리스크가 된다는 게 그의 설명이다.

두퍼로 CEO는 글로벌 리스크에 맞서 보험이 삶의 조력자 역할을 한다고 설명했다. 그는 보험사를 '고객 신뢰를 얻기 위해 데이터를 기반으로 리스크를 평가하는 곳'으로 정의했다. 보험사는 데이터를 분석하여 사람들이 놓치는 부분까지 한발 앞서 예측해야 한다는 얘기다.

그는 "사람들이 모든 것에 대한 신뢰를 잃고 있고, 누구를 믿어야 할지, 무엇을 믿을지 모른다. 그렇지만 그들은 무엇인가 신뢰하고 의지하기를 원한다"고 설명했다. 이어 그는 "누군가 모범을 보이고 책임을 져야 하는데 그게 바로 보험사"라고 강조했다.

두퍼로 CEO는 2008년 금융위기를 언급하며 규제 당국이 나아가야 할 방향도 언급했다. 그는 "금융사인 AIG는 많은 규제를 받지만 어떤 회사는 리스크가 있어도 규제를 받지 않기도 한다"며 "금융사든 아니든 규제 당국이 회사가 실제 무슨 일을 하는지를 보고 규제해야 한다"고 주장했다.

KNOWLEDGE
REVOLUTION 5.0

VI

글로벌 난제와
공동 번영의 길

인류 종말의 트리거, 기후 변화와 위기

반기문 제8대 유엔 사무총장 세계지식포럼 공동의장 外

반기문

대한민국 최초로 유엔 사무총장을 역임했다. 2004년 1월부터 2006년 11월까지 노무현 정부에서 제33대 외교통상부 장관을 지냈다. 이후 2006년 제8대 유엔 사무총장으로 선출돼 한차례 연임을 거쳐 지난 2016년까지 재직했다. 외무부 미주국장, 외교정책실장, 대통령 비서실 외교안보수석 비서관, 외교통상부 차관 등을 지낸 정통 외교관 출신이다. 2016년 미국 외교잡지 〈포린 폴리시〉는 파리 기후협정을 성사시킨 공로로 세계의 사상가 100인 중 한 명으로 그를 선정하기도 했다.

도널드 존스턴

1996년부터 2006년까지 10년간 OECD 사무총장을 지냈다. 변호사 출신으로 캐나다 의원과 정부 각료 등을 역임한 그는 자유무역주의의 강력한 신봉자다. 그가 10년 이상의 정치활동을 그만두고 OECD에 합류한 것도 캐나다-미국 FTA를 소속정당이 반대했기 때문이었다. 지한파 인사이기도 한 그는 연세대 언더우드 국제대 석좌교수로 2006년부터 2009년까지 활동했다. 현재 자신이 설립한 로펌 히난 블래키Heenan Blaikie의 고문이다.

  기후 변화가 인류의 멸종을 부추길 정도로 심각한 수준인 만큼 저탄소 경제로의 전환이 시급하다는 주장이 제기됐다.

  제20회 세계지식포럼 '국가기후환경회의-대기오염과 기후 변화 대응' 세션에서는 기후 변화의 심각성이 주요 쟁점이었다. 좌장을 맡은 도널드 존스턴 전 OECD 사무총장은 "기후 변화에 대한 모든 보고서가 비관적"이라며 "그리스의 경우 대기오염으로 인해 평균 수명이 2년씩 감축되고 있다는 분석도 있을 정도로 심각한 상황이다"라고 전했다.

  존스턴 전 사무총장은 온실가스 배출 저감을 위한 국제사회의 노력 부족을 지적했다. 그는 "온실가스로 인한 이산화탄소는 100년 이상 대기에 축적돼 떠다닌다. 대기 중 이산화탄소와 지구온난화 문제는 1866년 스웨덴의 화학자가 처음 언급했지만 100년이 지나도록 충분한 조치가 취해지지 않았다"고 설명했다.

계속해서 그는 국제사회가 기후 변화의 심각성을 인식하고 노력해야 한다고 지적했다. 그는 "1997년 뉴욕 UN 총회 당시에도 기후변화의 심각성이 논의됐다. 당시 이산화탄소 배출률을 6% 줄이자고 했지만, 오히려 현재 20%가량 늘어났다. 세계 기온을 2도 이상 올리지 않는 게 목표였지만 지금 상황으로는 2도 이상으로 상승할 처지"라고 설명했다.

고노 마사미치 OECD 부사무총장도 "현대 사회에 접어들면서 각국의 미세먼지 농도가 세계보건기구가 정한 지침을 훌쩍 넘고 있다. 이것은 사실상 각국의 노력이 미미하거나 역행하고 있다는 방증"이라고 목소리를 높였다.

반기문 전 UN 사무총장은 더 지체한다면 지구 종말이 올 수 있다고 경고했다. 그는 마이애미 같은 해안 주를 예로 들었다. 마이애미는 2019년 7월 120년 만에 가장 더운 날씨를 기록했다. 이는 무려 1.61도나 기온이 상승한 것이었다. 반기문 전 UN 사무총장은 "실질적으로 세계적 기후가 3도에서 5도까지 상승할 가능성이 있고, 이는 지구 종말이 올 수도 있다는 얘기"라고 설명했다.

프랑수아 올랑드 전 프랑스 대통령도 "지구온난화는 팩트다. 최근 쓰나미와 태풍 등 다양한 이상기후가 특정 지역에 국한되지 않고 주기적으로 반복되고 있다"고 우려했다.

연사들은 '저탄소 경제'로의 전환이 시급하다는 데 의견을 같이했다. 고노 부사무총장은 저탄소 경제 실현을 위해서 민간 부문의 자발적 참여가 절실하다고 강조했다. 그는 "이제 GDP에만 집중해서는 안 된다. 패러다임을 전환할 수 있는 환경 지표에 관심을 가질 필요가 있다"고 밝혔다.

구체적으로 그는 도로 확장과 교통량 증대를 지양하고 이동성에 대한 대안을 제시해야 한다고 설명했다. 주차장을 없애는 대신 자전거 보급을 확대하고, 신체활동을 위한 공원화를 추진하는 방안 등을 예로 들었다.

기업들이 책임경영을 해야 한다는 점을 강조하기도 했다. 그는 "기업이 나서서 이산화탄소 배출량을 줄이려 노력해야 한다. 산업 현장에서 콘크리트 사용을 자제하고 신재생에너지로 대체하기 위한 시설 투자를 확대하는 등 민간에서부터 저탄소 경제 실현을 위해 앞장서야 한다"고 덧붙였다.

반 전 사무총장도 기후 변화에 저항력이 있는 인프라 투자에 집중해야 한다고 제안했다. 반 전 총장은 "제조업은 물론 농업 등 모든 산업 분야에서 기후 변화를 늦출 수 있는 시설 투자를 보다 확대하고 지원해야 한다. 이제는 대비를 떠나 예방 차원에서의 과감한 투자를 해야 할 때"라고 설명했다.

그는 자연 회복력 등을 고려하면 시설 투자는 장기적으로 상당한 이익이 될 거라고 전망했다. 반 전 사무총장은 "만약 우리가 2030년까지 기후 변화에 저항력이 있는 시설 투자를 위해 1조 7,000억 달러를 투자한다면 미래에는 8조 달러에 가까운 효과로 되돌아올 것"이라며 "지금부터 움직여야 한다"고 당부했다.

올랑드 전 대통령도 환경과 경제성장 두 마리 토끼를 잡는데 시간과 돈을 들여야 한다고 거듭 강조했다. 그는 "석탄 화력이 다른 에너지보다 많은 이산화탄소를 발생시킨다는 것은 명백한 사실"이라며 "민간 부문에서 탄소 배출 시 비용을 내고 이를 기후 변화 억제를 위한 인프라에 재투자하는 선순환 시스템을 구축해야 한다"고 제안했다.

에너지 전환이 가져올 인류의 미래

쑨 쎈성 국제에너지포럼IEF 사무국장 外

쑨 쎈성

2016년 국제에너지포럼IEF의 사무국장으로 임명됐다. 중국석유공사CNPC의 경제기술연구소장을 지냈으며 중국 정부의 에너지 정책 수립, 천연가스 가격책정 그리고 국제 에너지 협력체 확립에 기여했다.

헤르만 프란센

에너지 인텔리전스의 전무와 국제전략연구소의 선임연구원을 겸하고 있다. 오만의 수석 경제 자문위원이었으며, OPEC에 소속돼 있지 않은 14개의 석유수출국을 위한 비공식 단체인 IPEC 설립을 주도했다.

조용성

대한민국의 에너지경제연구원장. 고려대학교 생명자원연구소 소장, 서울에너지공사 에너지연구소 소장을 역임했다. 지식경제부 에너지위원회와 교육과학기술부 교육과정심의회에 참여했다. 고려대학교 생명과학대학 식품자원경제학과 교수이다.

"지구온난화와 기후 변화에 대한 과학적 팩트들은 쌓여가는데, 국제적 노력은 여전히 부족하다."

제20회 세계지식포럼 '세계 에너지의 미래: 화석 연료 감축 수순에 따른 세계 기후 변화' 세션에 참가한 각국 에너지 분야 전문가들은 한목소리로 '에너지 전환'을 위한 지구적 노력을 당장 시작해야 한다고 지적했다. 특히 지구온난화처럼 명확한 기후 변화의 징후가 나타나는 데도 화석 연료 에너지 의존도가 쉽게 낮아지지 않는 점에 대한 우려를 나타냈다.

쑨 쎈성 국제에너지포럼 사무국장은 "에너지 전환은 결국 경제나 기후 변화과 관련된 문제다. 모든 국가가 사정이 다르기 때문에 조속히 균형점을 찾아 협력하는 과정이 필요하다"고 설명했다. 그는 "북유럽 국가들은 재생에너지의 비율이 높지만, 아시아는 석탄 발전 비중이 높고 여전히 전기를 공급받지 못하는 사람들도 많다"며

"각국 국민의 생활 여건과 삶의 질 등 다양한 이슈들이 복합적으로 얽혀있기 때문에 일률적인 처방은 정답일 수 없다"고 말했다.

헤르만 프란센 에너지 인텔리전스 전무 또한 에너지 빈곤 문제와 기후 문제는 반드시 해결해야 할 시급한 문제임을 전했다. 그는 "기술적, 재정적, 지정학적, 정치적으로 거대한 변화를 해야만 우리가 원하는 미래를 맞을 수 있다. 미국, 중국, 터키 등이 국수주의적 모습을 보인다. 그러나 그런 태도로는 문제를 해결하지 못할 것"이라고 강조했다.

프란센 전무는 계속해서 "정부가 10년, 20년 후까지의 계획을 세우지만 결국 실행은 산업 분야에서 해야 하는 것"이라며 "당장 어떤 행동을 취하는 것이 단기적인 만족을 주진 않겠지만, 문제가 발생하는 시점까지 기다린다면 이미 늦게 될 것"이라고 강조했다.

그는 2019년 여름 프랑스 파리에서 이상 고온 현상이 일어난 사례 등 기후 변화의 징후가 나타나고 있는 점도 여러 차례 언급했다. 프란센 전무는 "7월의 파리가 40도를 넘겼다. 올해 허리케인이 나타나고 가뭄 등 자연재해도 점점 빈번해 지고 있다. 최근 발표를 보면 엘살바도르의 가뭄 때문에 커피 생산에 어려움을 겪어 미국으로 향하는 난민이 늘고 있다"고 설명했다.

조용성 에너지경제연구원장은 한국의 온실가스 배출 현황과 특징을 분석한 뒤 산업 부문에서 구조 전환이 미진한 상태라고 지적했다. 온실가스 배출량 증가추세는 둔화되고 있지만, 감축 목표량 대비 초과 배출량은 늘어난 상태라고 한다. 그는 "공급 측면에서는 석탄 발전소의 신설과 증설이 계속 이뤄져 왔고, 냉난방 증가와 상대적으로 낮은 전기 요금으로 수요도 늘어나고 있는 상황"이라고 분석했다.

마지막으로 조용성 원장은 에너지 패러다임 전환에 대한 고민이 필요한 시점임을 환기했다. 그는 "과거에는 저렴한 가격에 에너지를 공급하는 게 중요했다면, 이제는 에너지 전환에 따른 사회적 비용부담의 필요성을 논의할 시점"이라고 말했다.

스마트 시티와 인류 생활의 진화

조녀선 웨츨 맥킨지 글로벌연구소 소장 外

조녀선 웨츨

맥킨지 글로벌연구소 소장. 도시화, 생산성, 사회기반시설, 불평등, 지역 경제 등에 관한
연구를 주도한다. 칭화대학교와 공동으로 중국 도시화와 지역 개발을 연구하고 있다.

탄 콕얌

싱가포르 총리실의 스마트국가·디지털정부 차관. 싱가포르를 '스마트국가'로 변모시키기
위한 데이터, 기술, 기후 변화 등의 사업을 총괄하는 역할을 맡고 있다.

에리크 레제

슈나이더일렉트릭의 글로벌 마케팅 부문의 수석 부사장. 이후 마케팅 커뮤니케이션, 내
부 커뮤니케이션 및 인터내셔널 부문의 디지털 커스터머 익스페리언스를 이끌고 있다.

김세용

서울시 서울주택도시공사 사장. 공공임대주택 확충과 도시재생, 스마트시티 조성에 힘쓰
고 있다. 고려대학교 건축학과 교수, 정부 국가건축정책 위원을 역임했다.

맥킨지 글로벌연구소MGI는 제20회 세계지식포럼에서 스마트시티 관련 세션을 주최했다. 조너선 웨츨 맥킨지 글로벌연구소장과 탄 콕얌 싱가포르 총리실 스마트국가·디지털정부 차관, 에리크 레제 슈나이더일렉트릭 글로벌 마케팅 부문 수석 부사장, 김세용 서울주택도시공사 사장이 연사로 참석했다.

연사들은 스마트시티를 '데이터와 네트워크를 이용해 삶의 질을 끌어올린 도시'라고 정의했다. 데이터를 활용해 교통 시스템을 갖추고, 범죄 예방과 대응 체제 등을 개선해 시민이 더 나은 삶을 누릴 수 있도록 해주는 곳이라는 설명이다.

맥킨지 글로벌연구소가 50개 도시를 분석한 연구를 보면 이들의 결론이 사실임을 알 수 있다. 도시가 스마트해지면 출퇴근에 걸리는 시간은 15~30분 줄고 연간 범죄 건수는 1~5만 건가량 줄어든다. 또한, 인구 1인당 하루에 사용하는 물의 양이 25~80리터가량 줄어들고 온실가스 배출량은 10~15% 감소한다. 재활용되지 않는 쓰레기 배출량은 1인당 연간 최대 130kg 줄어든다. 웨즐 소장은 "이 같은 효과를 종합해보면 스마트시티에서의 삶은 일반 도시에서의 삶보다 만족도가 10~30% 높다"고 설명했다.

탄 차관은 그간 싱가포르가 낸 성과를 공유했다. 싱가포르는 스마트시티 구축 프로젝트를 체계적으로 추진하기 위해 지난 2017년 총리실 산하 기관 '스마트국가 정부그룹Smart Nation Digital Government Group'을 만들었다. 스마트시티 구축에는 여러 기술이 필요하고, 그만큼 여러 기업과 공공기관이 협업해야 한다. 따라서 이들을 제어하는 기관이 필요하다는 판단 아래 기관이 설립됐다.

탄 차관은 "스마트국가 정부그룹은 디지털 기술을 통해 삶의 질을 끌어올리는 것을 목표로 다양한 프로젝트를 진행하고 있다. 싱가포르 시민이 전자상거래를 비롯한 온라인 서비스를 손쉽게 이용할 수 있도록 디지털 ID를 만든 것이 대표 사례"라고 전했다.

이어 그는 "인공지능과 자율주행 자동차, 클라우드 등 핵심 분야 육성을 위해 투자하는 중"이라며 "스마트시티 조성에 가장 중요한 요소는 데이터라는 판단에 데이터 수집에도 공을 들이고 있다"는 설명도 덧붙였다.

이밖에도 싱가포르 정부는 2023년까지 데이터 과학 교육과정을 이수한 공무원 2만 명을 배출하고 정부에서 제공하는 서비스를 모두 디지털화할 계획을 세우는 등 '스마트 싱가포르'를 위해 역량을 집중하고 있다.

김 사장은 서울주택도시공사가 국내에서 진행하는 사업을 소개했다. 서울주택도시공사는 마곡 도시개발사업지구를 미세먼지 감지 시스템, 모션센서가 내장된 가로등 등을 갖춘 스마트시티로 조성하는 중이다. 이는 지난 2007년 시작된 사업으로 2020년 마무리를 앞두고 있다. 이밖에 서울주택도시공사는 사물인터넷 기술을 활용해 강동구 고덕강일지구 역시 스마트시티로 만들겠다는 계획을 세우고 있다.

　　연사들은 스마트시티 조성에 필요한 정부와 기업의 역할은 무엇인가에 대해 의견을 나눴다.

　　레제 부사장은 스마트시티를 구축하기 위해서는 이해관계자들의 협업이 필수라는 점을 강조했다. 그는 11년 전 슈나이더일렉트릭 한국 지사장을 맡으며 송도 시마트시티 건설에 참여했던 경험담을 들려줬다. 그는 "당시 정부는 물론 컨설팅 업체, SI 업체, 이동통신사 등 다양한 분야의 기업이 협력했고, 시민의 목소리를 최대한 반영하려고 노력했다. 여러 이해관계자가 의견을 나누고 힘을 합치지 않았다면 송도 스마트시티 프로젝트는 성과를 낼 수 없었을 것"이라고 말했다.

　　웨츨 소장 역시 협력과 융합이 중요하다는 의견을 냈다. 그는 "스마트시티를 구성하는 핵심 요소는 인프라와 디지털 기술이다. 이 두 가지를 따로 지원해서는 제대로 된 스마트시티를 만들 수 없다. 디지털화된 인프라 지원책을 마련해야 하고, 데이터가 공공부문과 민간부문 사이에서 자유롭게 오갈 수 있도록 돕는 것도 중요하다"

고 설명했다.

이 외에도 기술 육성을 위한 투자가 필요하다는 제언도 이어졌다. 특히 연사들은 사물인터넷을 비롯해 기계와 기계, 혹은 기계와 사람을 연결해주는 기술, 5G를 비롯한 네트워크 기술, 데이터 수집을 위한 센서 기술 등에 관심을 기울일 것을 주문했다.

스마트시티를 만드는 것은 결국 IT 기술 활용도를 높이는 작업인 만큼 IT 기기 활용도가 높은 젊은 연령대 인력이 프로젝트의 주도적인 역할을 맡을 수 있도록 길을 열어줘야 한다는 의견도 눈길을 끌었다.

웨츨 소장은 "정부에서 핵심 역할을 맡는 인력은 대부분 40대나 50대. 이들이 최신 IT 기술에 빠르게 적용하고 활용하는 패스트 팔로워가 될 수 있도록 돕거나 IT 부문에서 역량을 갖춘 20대와 30대 인력을 공공부문으로 많이 끌어들여야 한다"고 설명했다.

눈여겨봄 직한 도시로는 호주 시드니, 독일 베를린이 언급됐다. 시드니는 에너지 부문에서 특히 두각을 나타낸다. 원격감시제어시스템과 IP 카메라를 설치해 수도 공급 시스템 효율성을 끌어 올리고 월평균 전력 150메가와트를 아끼며 구체적인 성과를 내는 중이다.

베를린에서는 혁신 클러스터인 유레프EUREF가 눈길을 끈다. 유레프에서 쓰는 에너지의 80% 이상은 친환경 에너지이며 도시 곳곳에서 자율주행 버스를 찾아볼 수 있다. 슈나이더일렉트릭, 시스코 등 글로벌 대기업은 물론 인프라랩을 비롯한 스타트업이 이곳에 사무실이나 연구소를 운영하며 스마트시티 관련 기술 개발에 매진하고 있다.

웨츨 소장은 서울에 대해 "기술 수준만 놓고 보면 최상위권이다. 빠르고 안정적인 인터넷 네트워크를 보유하고 있는 등 기본 인프라는 탄탄하다. 그러나 인프라 수준에 비교했을 때 기술 활용도는 낮은 편이라고 본다"고 분석했다.

도시에서 IT 기술이 차지하는 비중이 높아짐에 따라 생길 수 있는 부작용에 대한 논의도 이어졌다. 웨츨 소장은 "고소득층은 스마트화 된 도시의 혜택을 누리지만, 저소득층은 이로부터 소외될 가능성이 있다. 문제를 최소화하려면 비용과 혜택 모두를 분담할 수 있는 체제를 마련하는 것이 필요하다"고 전했다.

한국 4차 산업혁명의 현주소

팀 황 피스컬노트 창업자 겸 CEO.

팀 황

피스컬노트FiscalNote의 창업자이자 CEO. 피스컬노트는 '특정 법안의 통과 가능성을 AI가 분석한다'는 아이디어를 구현한 스타트업이다. 기업이 미치는 영향력은 IT 기업부터, 로펌, 비영리 기관, 정부 기관까지 다양한 분야를 넘나든다. 피스컬노트는 〈더 이코노미스트〉, 제리 양과 같은 대기업과 인사로부터 투자를 받았고, 2018년에는 정치 전문 매체 시큐롤콜CQ Roll Call을 인수했다. 팀 황은 〈포브스〉가 뽑은 '주목할만한 30세 이하 리더'에 이름을 올렸다.

KNOWLEDGE REVOLUTION 5.0

"4차 산업혁명과 혁신경제를 준비해야 하는 지금, 한국은 매우 위태로운 상황에 놓여 있다고 생각된다."

제20회 세계지식포럼에는 글로벌 각 지역을 대표하는 창업가들이 대거 연사로 참여했다. 한인 2세로서 미국을 대표하는 스타트업 '피스컬노트' 창업자인 팀 황 대표는 '자동화, 긱 경제Gig Economy, 그리고 21세기 한국 경제' 세션에 연사로 나서 한국이 4차 산업혁명을 제대로 준비하지 못하고 있다고 쓴소리를 내놨다.

황 대표는 AI 자동화 시대에서의 노동을 기술 집약도에 따라 4단계로 분류했다. 1단계는 컴퓨터나 가전 등 AI의 껍데기인 하드웨어를 제조하는 일자리다. 2단계는 AI가 인식해야 할 엄청난 양의 동영상·이미지·텍스트 등을 분류하는 작업이다. 3단계는 방대한 데이터를 활용해 자동화 프로그램을 만드는 것, 4단계는 단순한 자동화를 넘어 기계가 스스로 학습하고 능력치를 높이는 AI 머신러닝이다.

그는 글로벌 노동시장이 국가별로 AI 기술 수준에 따라 차별화되고 있다고 지적했다. 인도나 파키스탄처럼 산업화가 진행 중이되 아직 전반적 소득 수준이 낮은 나라들은 1·2단계 일자리를 늘리고 있다. 반면 G2로 손꼽히는 미국과 중국은 더 고차원적인 3·4단계 일자리 창출을 위해 데이터 과학자나 머신러닝 설계자 등 AI 전문가를 적극적으로 유치하고 있다.

그렇다면 한국은 어느 쪽일까. 황 대표는 한국이 교차점에 있다고 진단했다. 그는 "4차 산업혁명이라고 많이 이야기들은 하지만 전술적으로 이것을 어떻게 받아들이고 이끌어 갈 것인지 미래 비전은 없다는 게 리스크"라고 지적했다. 그는 "제대로 대응하지 못하면 한국의 1인당 국내총생산이 하락할 수도 있다"고 우려를 나타냈다.

그는 이어 "중국과 일본 사이에 있는 한국이 미래 전략을 제대로 세우지 못하고 헤맨다면 자칫 중국과 일본 기업이 한국의 단순 데이터 노동자들을 고용하고, 정리된 데이터에 대한 고차원 처리는 중국과 일본에 내줘야 하는 상황을 맞이하게 될 수도 있다"고 덧붙였다.

황 대표는 한국이 AI 시대 경쟁력을 키우려면 관련 기술을 가진 벤처기업들을 상대로 적극적으로 인수·합병에 나설 필요가 있다고 강조했다. 그는 "전 세계적으로 AI 벤처회사들이 엄청 많고 이들을 노리는 사모펀드 자금 또한 많다. 그러나 한국은 관련 인수·합병 시장에서 그렇게 활발하지 않다. 핵심 기술을 가지려면 보다 적극적으로 인수해야 하고 그래야 윗자리(3·4단계) 경쟁을 펼칠 수 있다"

고 설명했다.

피스컬노트는 현재 미국 연방과 50개 주 정부·의회·법원이 공개한 빅데이터를 실시간으로 끌어와서 AI로 분석한 다음, 이를 필요로 하는 수요자들에게 제공하는 방식으로 수익을 창출한다. 피스컬노트는 2018년 8월 영국의 유력 언론사인 이코노미스트 그룹과 1억 8,000만 달러짜리 계약을 체결했다. 이코노미스트가 보유한 '시큐롤콜CQ Roll Call'이란 미국 백악관·의회 소식을 다루는 정치 전문 매체를 인수한 것이다. 대신 이코노미스트는 현금과 피스컬노트의 지분 18%를 받기로 했다.

황 대표는 현재 한국 시장 진출을 준비하고 있다. 한국은 인터넷 보급률이 세계 최고 수준이고 데이터 수집의 '테스트 베드'로 크기도 딱 알맞기 때문이다. 그는 한국에서 성공한 정보사업 모델을 가지면 미국이나 EU로 가져갈 수도 있다고 봤다. 그는 "2020년도 한국 국회의원 선거를 앞두고 모든 국회의원 후보 연설문, 언론사 기사 정보 등을 수집해 필요로 하는 고객에게 제공하고 도움을 줄 수 있을 것"이라며 "정치 분야뿐만 아니라, 유통·소매업이나 부동산·인프라 개발사업 정보도 AI를 통해 구조화하면 판매할 수 있는 정보로 만들 수 있다"고 설명했다.

기술의 덫에 대처하는 우리의 자세

칼 프레이 옥스퍼드대학교 마틴스쿨 교수

칼 프레이

옥스퍼드대학교 마틴 스쿨의 선임연구원이자 경제학자. 〈파이낸셜타임즈〉, 〈월스트리트
저널〉 등에 인공지능, 경제학과 기술의 역사, 미래의 일자리에 관한 글을 기고한다.
《테크놀로지의 덫: 자동화 시대의 자본, 노동, 권력The Technology Trap : Capital, Labor and Power in the Age of
Automation》을 출간했다. G20, OECD, UN과 같은 국제기구와 정부 기관에서 자문위원으로
활발히 활동하고 있다.

"AI의 등장은 생산성을 높이고 우리에게 부를 가져다줄 수 있다. 다만 이런 긍정적인 효과들은 일부 준비된 사람들의 몫일 것이다."

기술·고용 관련 세계 최고의 경제사학자로 손꼽히는 칼 프레이 옥스퍼드대학교 마틴스쿨 교수는 제20회 세계지식포럼 '인사이트 30-기술의 덫' 세션의 연사로 나섰다. 그는 과거 기술의 진보가 세계 경제와 인류의 삶에 어떤 영향을 미쳐왔는지 분석하고 4차 산업혁명 시대에 나타날 변화에 대해 강연했다.

프레이 교수가 던진 핵심 메시지는 기술의 진보가 인간에게 전반적인 부를 가져다줄 수 있지만, 기술의 변화에 따라 상당수 직업이 사라지거나 임금 수준이 낮아질 수 있는 만큼 충격을 줄이기 위한 철저한 대비가 필요하다는 것이었다.

그는 소득 수준과 삶의 질이 기술의 진보로 인해 나아질 것이라던 19세기 벤저민 디즈레일리 영국 총리의 말을 소개하며 강연을 시작했다. 산업혁명으로 인해 결과적으로 노동자들의 임금은 상승했고, 영양 상태가 호전되면서 사람들의 평균 신장도 더 커졌다. 산업혁명 이전에는 노동력 부족으로 아동들까지 일해야 했으나, 산업혁명으로 기계가 인간을 대체하게 되면서 아동들의 노동 문제도 해결될 수 있었다. 기술이 인간의 삶에 긍정적인 영향을 미친 대목이다.

하지만 기술의 진보가 꼭 긍정적인 영향만 미친 것은 아니었다. 프레이 교수는 "20세기 컴퓨터화가 진행되면서 고졸 이하 노동계층에서 임금하락이 두드러지게 나타났다"고 설명했다. 컴퓨터화와 더불어 세계화가 함께 진행되면서 일부 계층의 일은 급격히 줄어들었고, 기계가 인간보다 일을 더 잘하는 경우도 생겨났다.

수년 전부터 세계적으로 4차 산업혁명 시대가 도래하면서 이제는 기계가 번역과 자율주행까지 나서고 있다. 프레이 교수는 "기술에 대해 사람들이 저평가하는 경우가 적잖이 있다. 주목해야 할 문제는 '기계가 완벽하게 일을 처리하는가'가 아닌, '기계가 인간을 대신할 수 있는가'에 있다"고 강조했다.

그는 "과거 산업혁명 시대 초반에도 기계는 미숙하게 시작했다. 그러나 점차 문제점을 보완하고 발전해나가면서 나중에는 산업혁명의 핵심적인 역할을 할 수 있었다"고 설명했다. 아직은 4차 산업혁명의 진행 과정에서 AI가 인간만큼 정교하지 못하지만, 앞으로 기술이 점점 발전하면서 결국에는 인간과 동등하거나 그 이상으로 발전할 수도 있음을 의미하는 것으로 풀이된다.

실제 최근 AI의 발전은 단순히 기대를 넘어 당장 수많은 사람의 일자리를 뺏어갈지도 모른다는 불안감을 안겨주고 있다. 프레이 교수는 미국의 일자리 47%는 자동화될 수 있는 것으로 전망된다고 밝혔다. 그는 "약 350만 명의 상점 계산원, 약 350만 명 정도의 택시기사와 트럭기사, 약 320만 명의 콜센터 직원 등 단순 행정 사무직이나 건설노동자 등도 AI 로봇에 의해 상당수가 대체될 수 있다"고 설명했다.

그는 또 3명의 백인·흑인·동양인 여성 모델의 사진을 보여주면서 "이 모델들은 실제 사람이 아니고 다양한 이미지를 결합해 만들어진 가상 인물이다. 그러나 인스타그램 계정도 있고 실제 디올Dior 등 여러 기업에서 모델로 활동한다. 패션모델조차도 자동화가 가능한 시대가 도래하고 있다"고 소개했다.

프레이 교수는 "일자리 위협을 느끼는 사람들의 저항은 굉장히 강하다. 미국 미주리주의 트럭 기사들은 무인트럭 도입에 반대하고, 항만 노동자들도 로봇의 등장을 강하게 반대한다"고 전했다. 이어 그는 "기술의 미래가 무엇이든 경제적·사회적 영향을 결정짓는 것은 결국 우리의 몫"이라며 "교육, 재훈련, 임금보험, 세액공제, 규제, 재배치 등을 통해 신기술 등장에 따른 충격을 최소화할 방안을 적극적으로 마련해야 한다"고 강조했다.

지식혁명 5.0 미래형 인재양성법

벤 넬슨 미네르바 스쿨 설립자 겸 CEO & 켄 로스 미네르바 스쿨 아시아 총괄디렉터

Arena · The Shilla Seoul, Korea

벤 넬슨

미네르바 스쿨 재단인 미네르바 프로젝트의 설립자이자 CEO. 그는 펜실베이니아대학교 와튼 스쿨을 다니며 학부 교육과정을 개혁할 필요를 발견했다. 최종 목표는 대학 교육 시스템을 재구성하고 학생들에게 새롭고 창의적인 교육 경험을 제공하는 것이다.

켄 로스

미네르바 스쿨의 아시아 총괄디렉터. 미국에서 태어났지만, 아시아에 20년 넘게 거주하며 미국과 중국의 고등교육에 지식과 경험을 확보했다. 중국 TV 프로그램에서 중국 교육과 국제 교육을 다루는 해설자로 활동한다.

인공지능, 사물인터넷, 클라우드, 블록체인 등 넘쳐나는 첨단 기술과 함께 눈앞으로 다가온 4차 산업혁명 시대에는 새로운 교육 방식이 필요하다는 지적이 공감을 얻고 있다. 특히 직업인이 되기 직전 고등 교육을 받는 기관인 대학의 경우 그 필요성이 더욱 크다. 그러나 수십 년 이상 이어진 전통적 대학 교육 시스템은 쉽게 바뀔 것 같지 않다. 전통적 대학의 교육 방식을 벗어난 '미래형 혁신 대학'을 설립해 세계인의 주목을 받은 벤 넬슨 미네르바 스쿨 설립자 겸 CEO는 미래형 인재를 '예상할 수 없는 복잡성에 적응할 수 있는 사람'으로 정의하고 새로운 교육의 필요성을 역설했다.

넬슨 CEO는 제20회 세계지식포럼의 연사로 참가해 '새로운 지식혁명을 위한 미래형 인재양성'을 주제로 강연했다. 그는 "배운 지식을 새로운 환경에 적절히 적용하는 '지혜'를 가르치는 것이 미네르바 스쿨의 목표"라고 밝혔다. 세상은 과거와 비교할 수 없이 빠르게 변하고 있는데 교육 시스템은 그 변화를 따라가지 못하고 있다는 게 그의 설명이다.

그는 2014년 새로운 고등 교육의 패러다임을 제시하는 미네르바 스쿨을 설립했다. 미네르바 스쿨은 미래 대학의 대안으로 급부상하는 곳이다. 이 학교의 재학생은 샌프란시스코에서 1년을 보낸 뒤 런던, 부에노스아이레스 등 세계 7개 도시를 돌아다니며 현지 문화를 배운다. 캠퍼스가 따로 없어 모든 이론 수업은 온라인으로 진행된다. 온라인 강의지만 여러 학생이 동시에 참여해 미리 공부해온 내용을 상호 소통하는 방식이다.

이러한 교육 방식이 호응을 얻으면서 미네르바 스쿨은 설립 후 2년만인 지난 2016년 입학정원 306명을 뽑는데 1만 6,000여 명이 지원해 합격률 1.9%를 기록했다. '하버드 보다 들어가기 어려운 대학'이라는 별칭을 얻게 된 계기다. 당시 하버드(5.2%), 예일(6.3%), 스탠포드(4.7%) 보다 합격률이 훨씬 낮았기 때문이다. 이후에도 미네르바 스쿨의 합격률은 꾸준히 1%대를 기록하고 있다.

넬슨 CEO는 "현재 90개국에서 10만 명 이상이 입학 지원을 하고 있다. 기존 교육 시스템과 전혀 다른 새로운 형태의 대학임에도 불구하고 인재들이 몰리고 있는 것이어서 희망적"이라고 말했다.

그는 본격적인 강연에 앞서 청중들에게 질문을 먼저 던졌다. "20~30년 후의 미래에 삶이 어떻게 바뀔지, 또 어떤 새로운 문제들이 발생할지 예상해보라"는 것이었다. 여러 원형 테이블에 여러 명씩 둘러앉은 청중들에게 4분의 토론 시간이 주어졌다. 서로 잠시 망

설이던 청중들은 이내 이야기를 나누기 시작했다. 한 청중은 "바로 이런 것이 미네르바 스쿨의 교육 방식인 것 같다"는 반응을 내놨다.

청중들은 지정학적 변화, 자동화와 인공지능에 대한 우려, 인구 변화, 직업 변화, 모빌리티에 대한 이해 향상, 그리고 세계화, 기후 변화가 일상에 미치는 영향 등 변화요소로 꼽았다. 토론 결과를 들은 넬슨 CEO는 "그런 것들은 30년 전에도 똑같이 고민했던 것들"이라고 말했다. 그는 "잠재적 미래라고 말씀하셨지만 결국 여러분이 상상하는 미래는 지금까지 경험한 과거일 뿐"이라며 "전통적 교육 시스템은 미래의 엄청난 복잡성을 관리하고 빠르게 적응할 수 있는 인재를 키워내기 어렵다"고 지적했다.

미네르바 스쿨의 온라인 강의는 세미나 형식으로 최대 18명이 함께 진행한다. 넬슨 CEO는 이러한 방식이 비용은 줄이면서 효율적인 이론 교육을 가능케 한다고 설명했다. 그는 강의에 최첨단 기술을 적용하고, 여러 도구를 사용해 학생들을 100% 참여시킨다고 설명했다.

넬슨 CEO는 현재 고등 교육이 졸업 후 필요한 역량을 세공하지 못하고 있다고 지적했다. 학문적 전공을 배경으로 가지고 졸업하지만 배운 것을 실제 적용하지 못하는 경우가 너무 많다는 것이다. 그는 "갤럽의 조사에서 대학들의 96%가 '미래 일자리를 위해 학생들을 잘 준비시키고 있다'고 답했지만, 회사들은 오직 11%의 대학만이 잘 하고 있다고 답했다"는 결과를 전했다.

그는 "이러니까 대학생들이 졸업하고 직장에 가서 '대학에서 도

대체 뭘 배운 거냐'는 불평을 듣게 된다"면서 "새로운 맥락에서 자신이 배운 걸 잘 적용할 수 있도록 하는 개 참된 교육의 핵심"이라고 강조했다.

넬슨 CEO는 지난해 미네르바 스쿨이 처음 배출한 졸업생들이 미국의 그 어떤 일류 대학보다도 뛰어난 기업들에서 활약하고 있다는 점을 들어 향후 교육 성과에 대해 자신감을 보였다.

넬슨 CEO는 졸업생의 성공적 사회 진출에 대한 일화도 공개했다. 그는 "얼마 전 세계에서 어마어마한 수익을 내는 다국적 기업의 대표가 지구 반대편까지 날아와 미네르바 스쿨 졸업생을 신입사원으로 보내달라고 요청했다. 이런 일이 일어날 수 있었던 이유는 체계적 사고와 다양한 생각을 할 수 있는 인재가 황금과도 같아졌기 때문"이라고 말했다.

미네르바 스쿨은 향후 대기업 임직원들을 위한 교육 프로그램과 전문가 양성 목적의 석사 과정, 고등학생 대상 교육 시스템도 준비하고 있다. 넬슨 CEO는 "교육 시스템이란 유치원에서 직장의 재숙련 교육까지 포함하는 것"이라면서 "미국은 물론 아시아와 유럽, 중남미 교육 기관 및 기업들과 협업을 준비 중"이라고 전했다. 더불어 그는 "한국의 대기업들과도 임원 교육 프로그램 도입을 위한 파트너 협약을 맺을 것"이라며 "미네르바 스쿨의 교육 시스템이 한국의 교육 제도를 위에서부터 아래까지 다 개혁할 수 있는 좋은 계기가 되길 바란다"고 전했다.

넬슨 CEO는 한국이 지금까지 평균적인 교육 수준을 높이는 데 집중해왔지만, 앞으로는 다른 변화가 필요하다고 평가했다. 그는 "한국의 경우 과거 경제적 기적을 이뤘고 예술, 문화, 기술 분야 등 많은 분야에서도 뛰어난 성적을 거둬왔다. 교육의 질과 방식을 정부 차원에서 엄격히 관리해 왔기 때문"이라고 말했다. 그는 이런 방식에는 분명한 장점이 있지만, 미래 교육을 위해 변화를 시도할 때라고 했다. 그는 "한국은 균질한 교육 제공이라는 목표를 이루고 있다. 하지만 보다 다양한 인재를 키워내야 하는 상황에서 과거 방식만을 고집한다면 한계가 있다"고 강조했다.

차세대 리더 어떻게 만드나

라지브 두베이 마힌드라&마힌드라 그룹 사장 &
올리비에 블룸 슈나이더일렉트릭 인사담당 최고책임자

라지브 두베이

마힌드라&마힌드라 그룹 사장. 국제노동기구 이사회 임원이자 인도상공회의소 인사위
원회 위원장인 그는 인사 분야 전문가다. 인도의 또 다른 재벌 기업 '타타'에서 CEO로 7
년 동안 경력을 쌓았다.

올리비에 블룸

슈나이더일렉트릭의 인사담당 최고책임자. 1993년 슈나이더일렉트릭에서 마케팅 엔지
니어로 경력을 시작했으며 그 후 다양한 직책을 맡았다.

"리더가 답을 다 알고 있다는 마인드를 가지면 그 조직은 실패의 지름길을 걷게 된다."

라지브 두베이 마힌드라&마힌드라 그룹 사장은 제20회 세계지식포럼 '차세대 리더 어떻게 만드나' 세션에서 산업 진화에 발맞춰 리더십 형태 역시 변해야 한다고 제시했다. 그는 "불확실성과 복잡성이 강조되는 새로운 시대는 이해 당사자 간 저항이 상당한 환경이다. 개방된 환경에서 쇄신하고 재학습하려는 리더가 필요하다"고 강조했다.

두베이 사장은 빠르게 변해가는 산업 환경에서 인공지능과 사물인터넷 등 기술 전문성도 중요하지만, 리더로서 성품을 갖추는 것이 우선돼야 한다고 봤다. 그는 "자동차 산업을 생각해 보라. 화석연료 시대가 끝나고, 소비자들도 차량 공유 쪽으로 눈을 돌리고 있다. 스킬과 역량은 계속 변하기 마련인데 변화에 열린 마음을 갖추지 못하면 회사를 실패로 이끌게 된다'고 설명했다.

프랑스의 에너지 관리, 자동화 전문기업 슈나이더일렉트릭의 올리비에 블룸 최고인사책임자CHO 역시 대격변의 시대에는 '소프트 리더'가 중요하다고 피력했다. 그는 "새로운 세대가 등장하고 있는데, 이들은 명령하고 가르쳐주겠다는 식의 수직적이고 위계적인 과거 스타일을 받아들이지 않는다"며 "기존에 쌓아온 많은 것들을 버려야 하는 시대에는 리더 역시 새로운 세상 속에서 새로운 일을 할 준비가 돼 있어야 한다"고 설명했다.

블룸 CHO는 최근의 인력 재교육 프로그램에 대한 경험도 소개했다. 그는 최근 슈나이더일렉트릭에서 15년간 근무한 베테랑에게 맡고 있던 일의 50%를 하지 않아도 된다고 통보해야 했던 일화를 들려줬다. 그는 "개인에게는 고통스러운 일이지만 모든 것이 변화하는 세상에서 직원들이 자기 자신을 재발명하도록 이끄는 것은 기업이 반드시 해야 할 일"이라고 설명했다.

블룸 CHO는 기업이 '완벽한 리더'를 찾으려는 우를 범해서는 안 된다는 지적도 내놨다. 그는 "미래에는 리더 개인보다는 팀이 더 중요해질 것이다. 완벽한 리더를 찾기보다는 팀을 구성해서 각기 다른 장점이 있는 사람들을 모으는 것이 빠르게 변화하는 세상에 더 적합하기 때문"이라고 말했다.

블룸 CHO는 포용적 리더의 중요성을 강조하기도 했다. 기술이나 지식이 융합되고 세계화와 탈 세계화가 동시에 이뤄지고 있는 상황에서 리더의 역할은 과거보다 훨씬 복잡해지고 있다는 설명이었다. 그는 "가장 중요한 리더의 특징은 호기심이 있고, 개방적이어야 한다는 것이다. 승진할수록 성장할수록 자신을 재발견할 수 있도록 끊임없이 노력해야 한다"고 조언했다.

매일경제는 두베이 사장과 개별 인터뷰 시간을 통해 마힌드라&마힌드라 그룹의 인사 정책의 방향을 집중적으로 물을 수 있었다. 한국 기업에 추천하고 싶은 마인드라 그룹의 인사 정책 방향과 세션에서 다 설명하지 못한 지식혁명 5.0 시대에 걸맞은 리더의 자질은 무엇인지 물었다.

두베이 사장은 기업이 '3+5 인재'에 눈을 돌려야 한다고 조언했다. '3+5 인재'란 리더에게 필요한 3가지 태도와 5가지 마인드를 갖춘 인재를 말한다.

3가지 태도는 ①한계를 넘어서려는 생각과 행동의 도전성 ②틀에 갇히지 않는 사고 ③다른 사람들의 삶을 더 나아지게 하는 긍정성이다. 그는 "스스로 나와 동료, 조직의 한계를 설정하거나 틀에 갇힌 사고로는 혁신을 일으킬 수 없다"며 "사람들의 삶을 더 나아지게 만들겠다는 긍정적 목표를 설정하는 것 역시 리더로서 중요한 덕목"이라고 강조했다.

5가지 행동은 ①'개인'에서 '우리'로 사고를 확장 ②혁신과 실험정신 ③두려움 관리 ④과거 실패를 통해 현재 기회 발견 ⑤진실한 마음과 신뢰를 뜻한다. 두베이 사장은 산업 변화가 빠르고 산업 간 융합이 활발하게 이뤄지는 시대가 뉴노멀 시대라고 정의했다. 그는 "상상력이 중요한 시대가 됐고, 나만 답을 알고 있는 것이 아니라 경쟁자와 피고용자를 보고 기술의 변화를 보고 들을 수 있는 사고의 확장이 필요하다"고 강조했다.

이어 그는 공포를 관리할 줄 아는 리더를 강조하기도 했다. 두베이 사장은 혁신이 일어나면 많은 사람에게 실패로 인한 공포감이 찾아오기 마련이라고 설명했다. 따라서 실패 후에 무엇을 할 것인지, 실패를 통해 무엇을 배울 것인지에 집중해야 조직 내 공포를 잘 관리하고 혁신을 만들 수 있다고 조언했다.

'3+5 인재'를 제시하기는 했지만, 회사가 처한 환경마다 요구되는 리더십 형태가 다를 수 있다는 게 두베이 사장의 견해다. 다만 달라진 비즈니스 환경을 고려하여 기업의 의사소통 체계가 달라져야 새로운 리더가 만들어질 수 있는 토양이 제공될 수 있다는 단서를 달았다.

두베이 사장은 "새로운 리더십에 대한 정의는 회사마다 다를 수 있지만, 동료와 조직이 가진 잠재력을 끌어올리는 것이 리더의 역할이다. 과거까지는 지시와 통제를 잘하는 리더가 추앙받았지만, 이제는 어떻게 할지 말하는 사람이 아니라 듣는 사람이 주목받고 있다"고 설명했다. 그는 한국 기업 역시 새로운 대화 방식을 만들어 나갈 필요가 있다는 조언을 내놨다.

두베이 사장은 사회적 책임을 다하는 리더가 새로운 사업 기회를 발굴할 수 있다고 지적하기도 했다. 그는 "인도 사회 계층 피라미드 아래 단에 놓인 농부들은 은행 대출 같은 금융서비스를 전혀 받지 못하고 있었다"며 "마힌드라 그룹은 그들을 대상으로 한 사회 책임

활동을 통해 금융서비스 이력이 없는 사람에게도 대출 서비스를 해야 한다는 사실을 발견했고, 지금은 그들의 특성에 맞는 대출과 보험 상품, 자산관리 관리 상품을 개발해 판매하고 있다"고 설명했다.

두베이 사장은 "지역 사회와 사회 책임 활동을 중심으로 한 교류는 도덕적일 뿐만 아니라 새로운 비즈니스를 발굴하거나 기존 비즈니스를 혁신하는데도 큰 도움이 된다"며 "모든 비즈니스 결정은 철학적인 결정이기에 CEO도 훌륭한 철학자가 돼야 한다"고 조언했다.

전략적 인재 관리의 핵심 열쇠

프레데리크 고다르 HEC Paris 교수

프레데리크 고다르

최상위권 사립 그랑제꼴 HEC Paris 경영대학원 교수. HEC Paris 합류 이전에는 인시아드INSEAD 경영대학원의 조직행동이론 교수였다. 그는 3년 동안 맥킨지앤컴퍼니에서 근무하면서 실전적 경영 지식을 쌓았고, 경쟁지능과 소셜 네트워크 분석이 그의 주력 연구 분야였다. 그의 연구는 미국경영학회에서 인정받아 2012년과 2017년에 각각 조직 행동 부문과 갈등관리 부문에서 최고의 논문상을 받았다.

"뛰어난 기업과 그렇지 않은 기업의 차이는 직원 개개인의 능력
이 아닌 회사의 조직 문화, 구조, 정치 등을 합친 결과물의 차이다."

프레데리크 고다르 HEC Paris 경영대학원 교수는 기업 '인사HR'
를 좌지우지하는 것은 회사의 문화와 구조, 정치라고 주장했다. 그
는 제20회 세계지식포럼에서 '전략적 인재관리-성공하는 기업의 핵
심 열쇠'를 주제로 세션을 신행했다.

고다르 교수는 인재관리의 중요성을 강조했다. 그는 "사람들은
하버드대학교 졸업생이 기업 인사부에 있다고 하면 이해하지 못한
다. 스티브 잡스는 '내가 하는 일 중 가장 중요한 일이 채용'이라고
말했을 정도였다. HR은 막중한 중요도에 비해 인기가 적은 편"이라
고 평가했다. 이어 그는 "기업 경영진을 설문하면 그들은 HR을 최
우선 관심사로 꼽는다"며 "직원의 리더십을 향상하고 인재 파이프
라인을 개발하는 것이 기업 경영에 가장 중요하다는 의미"라고 전

했다.

그는 현재 인재관리에서 가장 중요한 3가지 키워드를 중심으로 강연을 시작했다. 첫 번째 키워드는 '밀레니얼Millenials'이다. 밀레니얼은 미국에서 1982년부터 2000년 사이에 태어난 신세대를 일컫는 말이다. 이들은 다른 세대보다 개인주의적이고 SNS에 익숙하다. 고다르 교수는 "많은 경영진들이 젊은 세대 관리법을 고민하는데, 질문의 답은 밀레니얼도 사람이고 다양할 뿐이라는 것"이라고 했다.

두 번째 키워드는 인공지능이다. 고다르 교수는 "AI는 국가 차원에서 중요한 문제로 새로운 고용을 창출하기도, 고용을 대체할 수도 있다. 강력한 AI가 나올 수도 있으나 한 세대 정도 시간은 남아 있다"고 설명했다.

세 번째 키워드는 카오스Chaos다. 고다르 교수는 "시스템이 복잡해져 예측할 수 없다. 우리는 인재관리를 통해 이러한 문제를 해결해야 한다"고 지적했다.

고다르 교수는 인재관리를 위해 기업의 정치, 구조, 문화 3가지가 필요하다고 주장했다. 그가 말하는 정치는 권력이다. 구조는 조직을 설계하는 디자인이다. 문화는 신념이다.

고다르 교수는 "경영전문대학원 학생들은 정치를 좋아하지만, 공개적으로 이야기하기를 꺼린다"며 "정치는 피할 수 없고, 미래를 바꿔나가기 위해 중요한 요소"라고 강조했다.

인재관리에 권력이 필요한 이유는 무엇일까. 고다르 교수는 "변화를 주도하고 사람을 동원하려면 연맹이 결성돼야 한다. 정치학자

마키아벨리가 말했듯이 더 나은 세상을 만들려면 정치와 권력을 생각해야 한다"고 했다. 이어 그는 "인재를 채용·관리하려면 내부 구조에 관심이 있어야 하고 사각지대를 다뤄야 한다. 조직 내에는 윤리와 기술의 사각지대가 존재한다"고 설명했다.

예를 들어 한 회사가 큰 사업 프로젝트를 추진한다고 가정해보자. 사업 내용도 알차고 발표도 완벽하다. 하지만 그렇다고 해서 프로젝트가 항상 성공하는 것은 아니다. 고다르 교수는 이 과정에서 발표 전에 미리 직원들을 설득하는 작업, 즉 정치가 필요하다고 했다.

고다르 교수는 구조엔 크게 2가지 유형이 있다고 말했다. 새로운 가능성을 탐색하고 혁신하는 '순수한 탐색가'와 효율적으로 운영해 비용을 낮추는 '착취자' 유형이다. 혁신에 성공하는 기업이 있는가 하면, 빠르게 시장 변화에 대응하는 기업도 있다. 고다르 교수는 이 차이가 구조에서 만들어진다고 설명했다.

고다르는 "기업이 직원들을 착취만 한다면 와해하기 쉽지만, 탐색가 유형은 시도와 실험을 너무 많이 하기에 실패할 확률이 크다. 이 두 개 유형 중간에 위치하는 게 좋다"고 말했다.

아울러 그는 기업에 맞는 조직 구조를 갖는 것이 중요하다고 평가했다. 고다르 교수는 "많은 대기업이 매트릭스 조직, 에자일Agile 조직 등으로 전환한다. 그러나 아직 학계에서도 어떤 구조가 좋은지 결론이 나진 않았다"고 말했다.

마지막으로 고다르 교수는 연공 서열에 기반을 두는 것에도 장점이 있다고 이야기했다. 그는 "성과를 높이는 데 연공 서열주의가 도움이 될 수 있다. 우선 승진으로 일할 유인을 주고 다양한 직급의 사람이 다양한 사고를 하게 하는 것이다. 연공 서열주의는 갈등도 줄일 수 있다. 서열주의 자체가 문제가 아니라 사람들이 어떻게 의사소통하는지가 더 중요하다"고 강조했다.

전 세계를 향기로 물들인 여성 기업가정신

조 말론 CBE, 조 러브스 창업자 겸 조향사 外

조 말론

현재 전 세계에서 가장 사랑받는 명품 향수 브랜드 '조 말론 런던'의 창업자. 조 말론 런던
은 출시와 동시에 눈부신 성공을 거뒀다.

수파지 숨툼뿐

태국 호텔 브랜드 두짓 인터내셔널 최고경영자. IT 부문에서 오랜 경력을 쌓았으며 IBM
총지배인GM을 지냈다. 타이콤의 CEO를 역임했다.

타이 호엉

베트남 TH그룹 회장. 2008년 이래 12억 달러 상당의 기술집약적 유제품 생산·가공 사업
을 일구며 베트남 유기농·축산업 분야의 혁신가로 자리매김했다.

"유리천장은 우리의 상상 속에만 존재하는 것이다. 그러니 당장 눈앞의 어려움에 좌절하기보다 목표를 향해 열정적으로 나아가야 한다. 여성 기업가들의 성공 가능성은 무한대로 뻗어 나갈 수 있다."

여성 리더들의 시대가 도래했다. 최근 10년간 여성이 창업한 기업의 수는 유례없는 상승세를 보여주고 있으며, 여성 기업가의 수는 남성 기업가보다 몇 배는 더 빠른 속도로 증가하고 있다. 미국만 하더라도 2017년에서 2018년 사이 여성 경영자들은 하루 1,800개 꼴로 기업 창업을 단행했다.

제20회 세계지식포럼 '여성 기업가 정신' 세션에 연사로 나선 세 명의 여성 기업가들은 세계적으로 사업을 성공시킨 자신의 여정을 공유했다. 이들은 입을 모아 "여성이기 때문에 하지 못 하는 것은 없다. 일에 대한 뚜렷한 목표와 열정이 있다면 여성이든 남성이든

그 노력은 빛을 볼 것"이라고 독려했다.

말론 대표는 "우리가 살아가는 현시대에서는 스토리텔링이 사업의 성공 열쇠다. 자기 삶의 이야기 자체가 사업 콘텐츠가 된다"고 이야기를 시작했다.

말론 대표는 현재 세계에서 가장 유명한 향수 브랜드 '조 말론 런던'을 만들어 부와 명성을 얻었지만, 그가 살아온 삶이 늘 순탄했던 것은 아니었다. 집안 사정이 어려워 11살 때부터 집안의 가장 역할을 해야 했고, 13살 때는 어머니 병간호 때문에 학교를 아예 그만둬야 했다. 게다가 난독증이 있어 공부에도 소질이 없었다.

하지만 그는 포기하지 않았다. 말론 대표는 "나는 난독증이 있는 대신 향에 대한 탁월한 감각과 본능을 얻었다. 일하던 피부 관리 숍 고객들에게 주려고 만들었던 향이 많은 사람의 사랑을 받아 비즈니스를 본격적으로 시작했다"고 말했다.

그녀는 '남들과는 다르게 생각하고 새로운 아이디어를 끊임없이 만들어내야 하는 존재'가 기업가라고 정의했다. 그리고 "남들이 인정해주기를 바라기보다 스스로 분야를 개척해나가는 전사warrior가 돼야 할 것"이라고 강조했다. 그는 이어 "나의 성별과 부족함이 나의 성공을 가로막을 수는 없다. 한계를 극복하려는 태도가 중요하다"고 조언했다.

말론 대표는 여성 기업가로서 가장 중요하게 여기는 것이 무엇이냐는 질문에 "열정, 회복력, 창의성"이라고 답했다. 그는 "이 세 가지야말로 내가 세계적인 사업을 이끌어갈 수 있게 해준 원동력"이라며 "어려움이 있으면 주변에 있는 사람들에게 도움을 구하거나 스스로 극복해 언제든 다시 일어설 힘이 필요하다"고 전했다.

말론 대표는 1999년에 글로벌 뷰티 대기업 에스티로더에 조 말론 런던 브랜드를 매각하고 크리에이티브디렉이자 조향사로 계속 활동했다. 그러던 중 암에 걸려 투병 생활을 하기도 했다.

그는 "수년 전 암에 걸렸을 때 앞으로 내게 남은 시간은 9개월 밖에 없다는 이야기를 들었다. 그러나 나는 삶을 포기하지 않았다. 고통과 어려움은 언제든 생기기 마련이다. 이를 딛고 일어설 힘이 필요하다"고 강조했다.

말론 대표는 실제 2011년 새로운 향수 브랜드 '조 러브스'를 만들고 다시 한번 시장에 뛰어들었다. 그는 "주변에 있는 모든 것들이 향을 만들어내는 영감의 원천"이며, "많은 사람이 이를 경험하고 향을 삶의 한 부분으로 받아들이길 원하는 마음에서 새로운 브랜드를 론칭했다"고 말했다.

조 러브스는 2020년에 한국에도 공식 진출할 예정이다. 시그니처 제품인 '바디 페인트'는 말론 대표가 직접 개발한 것으로, 향이 들어간 페인트 제형의 제품을 온몸에 바를 수 있다고 한다. 그는 "완전히 다른 방식으로 향을 경험할 수 있다. 현재 영국에서 밀레니얼과 Z세대에 큰 인기를 끌고 있다"고 설명했다.

세계적인 호텔 그룹 '두짓 인터내셔널'의 수파지 숨툼뿐 CEO도 여성 기업가로서 성공하기 위해서는 "자기 자신을 누구보다 잘 알아야 한다"고 말했다. 숨툼뿐 CEO는 2016년 두짓 인터내셔널이 처음 임명한 전문경영인으로, 불과 3년 만에 전 세계 두짓 인터내셔널 호텔의 수를 10배로 늘렸으며, 교육, 식품 등 다른 분야로도 사업을 확장해 매우 성공적인 포트폴리오를 만들어냈다.

숨툼뿐 CEO는 "내가 잘 하는 것이 무엇이고, 못하는 것은 무엇인지를 정확히 파악해야 리더로서 올바른 의사결정을 내릴 수 있다. 여성 리더로서 가질 수 있는 포용성과 공감 능력은 오늘날 그 어느 때보다 중요해졌다. 따라서 이를 잘 융합해 기업을 이끈다면 성공적인 성과를 낼 수 있다"고 말했다.

여성들의 몫으로 간주되는 '일과 가정의 양립'에 대해 숨툼뿐 CEO는 "두 가지를 분리해서 보기보다 통합해서 바라보자. 이제는 기술의 도움으로 언제 어디서나 비즈니스와 연결될 수 있지 않나"라고 말했다.

타이 흐엉 TH 그룹 회장은 "엄마의 마음과 사랑이 사업에서의 성공으로 연결될 수 있다"고 조언했다. 그는 "작은 축산업 기업을 운영하던 중 2008년 중국산 유제품에 멜라민이 오염된 사건을 보고 경악을 금치 못했다"며 "수백만 명의 어린아이가 아픔을 겪는다는 사실에 마음이 요동쳤고, 베트남 로컬에서 생산하고 가공하는 유제품을 만들어 모든 아이가 안전할 수 있도록 돕는 일이 내가 해야 할 일이라는 것을 깨달았다"고 전했다.

'워킹맘' 대신 '워킹 페어런트'를

크리스티 루 스타우트 CNN 앵커

크리스티 루 스타우트

CNN 앵커. CNN 아시아·태평양 지역의 간판 프로그램인 '뉴스 스트림'의 진행자다. 스타우트 앵커는 제인 구달, 빌 게이츠, 아이웨이웨이와 같은 세계적인 혁신가들과 심도 있는 인터뷰를 진행한 바 있다. 최근에는 뉴질랜드 교회 총기 테러 사건, 도널드 트럼프 미국 대통령의 첫 중국 방문 등을 취재·보도했다. 북한 미사일 발사 및 역사적 정상회담 등 한반도 현안에 대해 서울 등지에서 생방송을 진행하기도 했다.

"워킹 맘(일하는 엄마) 대신 워킹 페어런트(일하는 부모)라는 표현을 써야한다."

CNN 앵커 크리스티 루 스타우트는 제20회 세계지식포럼에서 만난 기자에게 이렇게 말했다. '커리어 우먼'과 '좋은 엄마' 역할을 모두 성공적으로 수행한 비결을 묻는 말에 대한 답변이었다. 육아는 엄마만의 역할이 아니라 가족 모두의 것이라는 의미다. 2001년 CNN에 입사한 그는 20년 가까이 뉴스 프로그램을 맡고 있다. 10살배기 딸과의 관계 역시 돈독한 것으로 유명하다.

"아이를 낳았을 때 총 12주를 쉬고 직장으로 돌아왔다. 10살배기 딸과 남편은 내가 멀리 떨어져서 일해야 할 때도 적극적으로 지지한다. 1년에 40일간의 휴가는 무조건 가족과 함께 쓴다. 우선순위는 가족에게 있다."

육아가 경력단절로 이어지는 한국에서 그는 여성들의 롤모델로 여겨져 왔다. 한국에서 인기가 많은 또 하나의 이유는 그가 '지한파'이기 때문이다. 2007년 'CNN 투데이'에서 특집 방송인 '아이 온 사우스 코리아Eye on South Korea'를 진행한 것에 이어 연세대, KAIST, 삼성전자 등의 IT 혁신을 서구권에 알려왔다.

2009년 열린 제10회 세계지식포럼에서 그는 '글로벌 CEO 라운드 테이블' 모더레이터를 맡아 능수능란한 진행 솜씨를 뽐냈다. 제20회 세계지식포럼에서 그는 청중의 관심이 집중된 'G2 경제전쟁' 세션에서 날이 선 토론자들 사이에서 생산적 발언을 끌어냈다. 입장 차가 극명한 사람들이 서로 대화할 수 있도록 하는 그의 능력은 어디에서 비롯됐는지 물어봤다.

"잘 들어야 한다. 그러기 위해선 항상 이슈에 준비가 돼 있어야 한다. 토론이 이뤄지는 주제를 잘 알고 있어야 거기에 맞는 반응을 해줄 수 있다. 토론자 역시 자신이 이해받고 있다는 기분이 들어야 더 좋은 토론을 하게 된다. 청중이 무엇을 얻어갈지도 고려해야겠지만, 가장 중요한 건 역시 '듣기'다."

그는 아침에 일어나서부터 라디오 뉴스를 듣고, 종일 텍스트 기사를 읽는다. 근 20년 동안 뉴스에 파묻혀 산 게 고통스럽진 않았을까. 스타우트 앵커는 "세계 뉴스에 온종일 묻혀 사는 일이 때로 지겹다. 휴가 기간에는 라디오와 팟캐스트를 제외한 모든 미디어에서 벗어나는 '미디어 디톡스'를 한다. 평상시에는 자신에게 계속 새로운 자극을 주려 시도한다. 아이처럼 호기심을 갖는 게 중요하다"고 말했다.

KNOWLEDGE
REVOLUTION 5.0

VII

즐거운 인생을 위한
지식혁명 5.0

K팝의 현주소와 미래

실비오 피에로룽 빌보드 부회장 & 헬레나 코신스키 닐슨 뮤직 부사장

실비오 피에로룽

빌보드의 부회장. 피에로룽 부회장 진두 하에 빌보드 차트는 지속해서 발전해왔다. 그는 빌보드 부서 간 콘텐츠의 연계를 강화하는 한편 애플, 아마존, 구글 같은 기업들과 데이터 파트너십을 형성해 빌보드 어워드 행사나 차트 제작에 반영한다.

헬레나 코신스키

닐슨뮤직 부사장. 닐슨의 소비자 연구 자료와 매출, 스트리밍 서비스 및 방송에 대한 분석은 20년이 넘는 기간 동안 세계 음반 시장의 수많은 기업으로부터 인정을 받아왔다.

　미국 음악 전문 매체 빌보드는 2018년부터 한국 음악으로 물들기 시작했다. 세계에서 가장 공신력 있는 음악 차트인 '빌보드 200'과 '핫 100'에 방탄소년단BTS 이름이 지속해서 올라갔을 뿐만 아니라 칼럼니스트들도 앞다퉈 K팝 신드롬에 대한 글을 썼다.

　빌보드의 부사장 실비오 피에로룽은 제20회 세계지식포럼에서 K팝의 현재를 평가하고 미래를 전망하는 시간을 가졌다. 그는 '글로벌 시각으로 바라본 K팝'을 주제로 강연하며 방탄소년단이 이뤄낸 성취가 얼마나 대단한 것인지 설명했다. 그는 "'빌보드 200'에서 1년도 안 되는 기간에 3번 연속 1위를 차지한 건 방탄소년단을 제하면 비틀스와 몽키스밖에 없다"며 "방탄소년단은 이제 빌보드 정도 영향력을 가지고 있는 아티스트라고 할 만하다"고 상술했다.

　그는 방탄소년단에 앞서 해외를 개척해온 선배 K팝 아이돌에 관해서도 소개했다. 피에로룽 부사장은 "K팝은 미국 빌보드와 함께 세계적인 성장을 경험했다. 외국어 노래가 이런 성과를 낸 건 이례적"이라고 의미를 밝혔다.

피오로롱 부사장은 K팝 팬덤이 팝 음악 역사상 관측되지 않았던 독보적 행태를 보인다고 평가했다. 그는 "K팝 팬은 아티스트를 지원하기 위해 앨범과 티켓, 상품을 구매한다. 팬에게는 실물 앨범을 보유하는 게 밴드와 이어진다는 의미를 갖는다"고 말했다. 그는 "한국 아이돌 팬은 앨범의 포장, 아티스트 사인, 사진 같은 기념품을 모은다. 특히, CD는 같은 앨범이라도 다른 버전으로 여러 개를 구매하며 전체를 수집하려 든다"고 부연했다.

그렇다면 한국 아이돌 음악을 소비하는 미국인은 대체 어떤 사람들일까. 피오로롱 부사장이 공개한 닐슨 뮤직 설문 자료에 따르면 K팝 팬은 10대 또는 밀레니얼 세대가 많고, 히스패닉은 다른 인종보다 2배가량 높았다. 남성보다는 여성이 더 많이 듣는 것으로 관측된다.

그는 "미국 K팝 팬의 경우, 고소득층 가정 자녀가 많다. 돈이 많아야 고가의 상품을 사고 음악 행사에 참여할 가능성이 크기 때문"이라고 분석했다. 아울러 "K팝 팬은 특수 헤드폰, 웨어러블 기기, 음성인식 디바이스를 소유하기도 한다. 소셜미디어에서도 활발한 활동량을 보인다. 이번 주(2019년 9월 4주차) 빌보드 소셜 차트도 K팝 가수가 다수를 차지했다"고 전했다.

이미 많은 미국 아티스트와 기업이 K팝 가수에게 협업을 요청하고 있다. 피오로롱 부사장은 "미국의 여러 기업도 K팝과 콜라보레이션을 희망한다. NCT 127은 캐피톨 뮤직 그룹과, 블랙핑크는 인터스코프와 손잡았다"고 덧붙였다.

이는 K팝의 산업적 파급력 덕분이다. 2018년 K팝 차트에 오른 아티스트의 미국 내 앨범 판매량은 93만 장으로 2017년 대비 499% 성장했다. 이와 대조적으로 같은 기간 미국 내 전체 음반 판매량은 16% 줄었다.

이제 관심사는 방탄소년단이 빌보드 '핫100'에서 1위를 할 수 있는가다. 방탄소년단은 앨범 판매 순위를 겨루는 '빌보드 200'에서 세 차례 정상에 올랐지만, 개별 노래 인기를 다투는 '핫 100'에서는 8위에 오른 것이 최고 기록이다.

피오로롱 부사장은 "'빌보드 200'은 앨범 판매량뿐만 아니라 콘서트 티켓과도 연계돼 있기에 방탄소년단이 높은 순위를 얻을 수 있었다. '핫100'은 라디오 방송 노출을 포함하기 때문에 1위에 오르기 힘들었을 것"이라고 해석했다.

그는 미국에서 힙합을 받아들이는 데도 오랜 시간이 걸렸음을 이야기하며 K팝이 '핫 100'에서 1위를 하기까지는 시간이 좀 걸릴 수도 있다고 설명했다. 그러나 미국 아티스트와 콜라보레이션을 통해 긍정적 결과를 얻을 수 있을 것으로 예측했다.

이번 세션엔 헬레나 코신스키 닐슨뮤직 부사장도 자리했다. K팝 인기의 지속 가능성을 묻자 그녀는 "K팝은 글로벌 무대에서 성공할 수밖에 없다. 제작사들이 장기적 비전으로 투자를 하기 때문"이라고 답했다.

코신스키 부사장은 "스트리밍 서비스에서 재생되는 음악을 언어별로 순위를 내면 영어, 스페인어 다음으로 한국어가 많다. 수십억 명의 사람들이 한국어로 된 음악을 듣는 건 불과 몇 년 사이 생긴 변화"라고 전했다.

유튜브 스타가 들려주는 성공방정식

구도 쉘리 스타 유튜버 & **권혁수** 방송연예인

구도 쉘리

스타 유튜버. "아시겠어요?", "시간이 없어서", "사절이라구요" 등 수많은 유행어를 창조한 주인공. 쉘리는 타인의 시선을 의식하지 않는 당당함으로 획일화된 사회를 살아가는 사람들에게 메시지를 던진다. 그녀는 촬영 장비도 사용하지 않고 핸드폰으로만 촬영한 뒤 편집 없이 원테이크로 올린다. 2019년 9월 구독자 수 35만 명을 기록했다.

권혁수

2012년 'SNL 코리아2'로 데뷔했다. 더빙극장 코너의 인기에 힘입어 화제를 모았고, 시트콤 '거침없이 하이킥'의 '호박고구마'편을 패러디하며 시청자들에게 눈도장을 찍게 됐다. 이후 다양한 패러디와 성대모사를 하며 인기를 끌었다.

KNOWLEDGE REVOLUTION 5.0

"유튜브는 스케치북과 같다. 백지에 내가 원하는 것을 그려 넣는
것이다."

유튜버 구도 쉘리

먹방계 유튜브 스타 구도 쉘리와 권혁수가 제20회 세계지식포럼
오픈 세션에서 합방해 이목을 끌었다. 여기에 유튜브 공동 창업자
스티브 첸도 함께 자리했다.

평범한 호주 유학생이던 구도 쉘리는 혼자 매운 라면을 끓여 먹
는 영상을 통해 유튜브 스타 반열에 올랐다. 2019년 9월 그녀의 구
독자 수는 약 35만 명이다. 2012년 케이블 채널 SNL로 데뷔한 권
혁수 씨도 먹방계 신성으로 활약 중이다.

두 사람은 먹방 유튜버답게 세션에서도 맛깔난 입담을 자랑했다.
9년 만에 한국을 찾은 구도 쉘리는 특유의 가식 없고 당당한 모습으
로 "아시겠어요?" 같은 본인의 유행어를 쏟아내 웃음을 자아냈다.

346   지식혁명 5.0

이들과 만난 스티브 첸은 "이제 먹방은 하나의 장르가 됐다. 유튜브를 만들 당시만 해도 먹방이 생길 줄은, 이렇게 인기가 있을 줄은 상상도 못 했다"며 "결국 여러분이 오늘날의 유튜브를 만든 것"이라고 평가했다.

오프라인을 통해 팬들과 만난 구도 쉘리는 유튜브와 먹방을 시작한 계기에 대해 차근차근 설명해 나갔다. 그는 "유튜브는 누구나 손쉽게 접근할 수 있는 플랫폼이다. 여기 있는 모든 분들(청중)도 언제든지 유튜브를 할 수 있다"고 설명했다. 이어 "누구나 매일 먹지 않느냐. 일상을 보여줬을 뿐이다. 날 것 그대로가 유튜브의 매력"이라고 설명했다. 두 사람은 영상을 제작하는 과정에서 겪는 어려움에 대해 묻자 "전혀 없다. 오히려 행복하다"고 답했다.

그 이유를 묻자 구도 쉘리는 이렇게 답했다. "이유는 간단하다. 바라는 대가가 존재하지 않는다면 어려움도 존재하지 않는다. 만약 바라는 점이 있더라도 조금씩 이뤄나가는 소소한 행복에 감사하는 마음을 가진다면 스트레스는 없을 것이다."

구도 쉘리는 유튜브를 스케치북에 비유하기도 했다. 유튜브는 호기심 많은 사람에게 최상의 도구이며 정해진 주제와 틀이 없기에 다양한 콘텐츠가 나올 수 있다고 설명했다. 그녀는 영감이 떠오를 때마다 새로운 그림을 그리고 있다고 덧붙였다.

권혁수 씨도 방송에서 보여줄 수 없는 나 자신을 그대로 보여줄 수 있는 창구가 유튜브라고 이야기했다. 그는 "방송만큼이나 즐거운 일"이라고 덧붙였다.

이들은 크리에이터 지망생들에 대한 조언도 아끼지 않았다. 구도 쉘리는 "창의적인 아이디어는 멈춰있을 때가 아니라 실천할 때 나온다. 콘텐츠가 없거나 관심이 적을 것을 우려하지 말고 일단 실천하라"고 주문했다.

앞으로의 계획을 묻자 그녀는 "개인적으로 힐링하거나 릴렉스하는 영상에 관심이 많은데 안타깝게도 유튜브에는 이런 콘텐츠가 많지 않다. 그래서 내가 직접 만들어보려 한다. 시작을 두려워하지 않고 일단 시작해보려 한다"고 밝혔다.

도시경제를 뒤바꾸는 건축의 힘

페르난도 로메로 건축디자인기업 프리 창업자 겸 건축가

페르난도 로메로

세계적인 건축가이자 건축 디자인 회사인 프리FR-EE의 창업자. 2002년 다보스포럼에서 차세대 글로벌 리더로 선정된 바 있다. 지난 2012년에는 패스트 컴퍼니가 선정한 '세계에서 가장 영향력 있는 50명의 디자이너' 중 한 명으로 이름을 올렸다. 이어 2013년에는 미국 건축가 협회American Institute of Architects의 일원으로 인정받았다.

"에펠탑이 세워진 후 파리는 완전히 다른 도시가 됐죠. 혁신적인 건축물이 가진 사회적 파급력은 상상 이상입니다."

세계적인 건축디자인기업 '프리FR-EE'의 창업자 페르난도 로메로는 제20회 세계지식포럼 '인사이트30: 건축, 인프라, 민주주의 그리고 모빌리티' 세션에서 상징적 건축물이 한 도시에 미치는 엄청난 영향력을 소개했다. 그는 "건축물은 한 도시의 경제를 완전히 바꿔놓을 수 있다. 그렇기에 긍정적 영향을 미칠 수 있도록 설계하는 것이 중요하다"며 "특히 빈곤 문제와 환경 문제를 해결할 수 있는 인프라가 갈수록 중요해질 것"이라고 강조했다.

로메로 창업자는 그가 직접 건축한 소우마야 박물관이 멕시코시티에 미친 영향을 설명했다. 소우마야 박물관은 높이 46m의 6층 건물로 미술관이 중심이 된다. 모서리를 둥글게 만든 오각형 바닥과 사각형 천정을 매끄럽게 연결하기 위해 뒤틀린 모양의 외관을 육각형 모양 알루미늄 타일 1만 6,000개로 뒤덮은 게 특징이다. 기하학적 디자인의 이 박물관은 오귀스트 로댕, 레오나르도 다빈치 등 유럽 거장들의 그림을 다수 소장하고 있는 것으로 유명하다.

그는 소우마야 박물관이 멕시코시티에서 무조건 가야 하는 관광지가 됐다고 이야기하며 민간 박물관으로선 가장 많은 관람객이 찾아왔다고 밝혔다. 그는 "한마디로 인스타그램에 가장 많이 등장하는 건축물이 된 것"이라고 말하며 웃었다.

로메로 창업자는 건축물이 국가를 발전시키는 데 좋은 도구가 될수 있다고 설명했다. 특히 도시 인프라는 환경을 저해하지 않고 빈곤을 감소시킬 수 있도록 설계돼야 한다고 조언했다.

일례로 그는 현재 건설 중인 멕시코시티 신공항 건축 설계도를 제시했다. 로메로 창업자는 공항 청사 외벽을 에너지 효율적인 소재로 덮고 자연공원을 만드는 작업을 진행 중이라고 전했다. 주변산과 일치된 경관으로 설계됐다는 멕시코시티 신공항 디자인은 고대 문명의 건축물과 멕시코 국기 모양에서 영감을 얻어 X자 모양을하고 있다. 이곳은 단순히 비행기를 타고 내리는 공간을 넘어서 쇼핑과 역사·문화를 즐길 수 있는 공간으로 설계됐다는 평가를 받고있다.

마지막으로 미래 사회를 변화시킬 도시 인프라로는 자기부상열차를 꼽았다. 로메로 창업자는 "자기부상열차가 스피드나 에너지소비 면에 있어 혁신적인 기술"이라며 "어릴 적 과학 소설에 등장하는 여러 시설이 이젠 현실화되고 있다"고 말했다. 더욱이 그는 "멕시코는 국가 중심 지역에서부터 외곽에 이르기까지 자기부상 열차를 이용해 교통망을 갖추고자 하는 비전이 있다"고 전했다. 그는 먼 미래에 북미 지역 전체가 열차로 연결될 수도 있다고 전망했다.

미래 도시를 꿈꾸는 서울시의 혁신

김태형 서울시 도시공간개선단 단장

김태형

서울시 주요 도시건축 사업의 기획과 관리를 담당하는 부서의 책임자. 서울시는 2019년 도시와 건축을 주제로 한 글로벌 학술, 전시 축제인 서울도시건축비엔날레를 개최했다. 도시 현상을 교감하고 도시문제 대안을 찾아 현대 도시에 대한 심도 있는 논의가 진행됐다. 그는 한국예술종합학교 건축학과 겸임교수를 역임했고, 뉴욕 컬럼비아대학교 건축학 석사, 서울대학교 경영학, 건축학 학사를 취득했다.

KNOWLEDGE REVOLUTION 5.0

"서울 전체면적 605㎢ 가운데 개발 가용 공간은 35%에 불과하다. 숨은 공간인 도로·철도 등 사회기반시설(인프라)에 주거·편의 공간 복합개발을 통해 대도시의 공간 부족 문제를 해결해야 한다."

제20회 세계지식포럼의 '미래, 도시 그리고 혁신' 세션에서는 갈수록 심화하는 대도시 집중화 현상에 따라 커지고 있는 도시의 공간 부족 문제 해결을 위해 국내외 도시 전문가들이 경험과 아이디어를 공유하는 시간을 가졌다. 서울시와 매일경제가 공동 기획한 이번 세션에는 서울 도시혁신을 진두지휘하고 있는 김태형 단장, 멕시코의 유명 건축디자인기업 '프리FR·EE'의 페르난도 로메로 창업자, 작년까지 서울시 총괄건축가를 지낸 김영준 씨 등 도시건축 분야 전문가들이 참여했다.

세션 좌장을 맡은 김영준 씨는 현재 글로벌 도시들이 세 가지 공통된 새로운 위기 때문에 공간 부족 문제에 직면했다고 진단했다.

그는 "1920년대 모더니즘 이후 도시로의 인구 유입이 본격화되면서 현재 전 세계 인구의 약 80%가 도시에 살고 있다. 최근 관광객, 이민자, 노인 인구의 급격한 증가로 인해 도시 집중 현상은 더욱 심해지고 있다"고 말했다.

특히 심각한 것은 관광객의 증가다. 대다수 도시는 10년 전보다 관광객이 두 배 수준으로 늘었고, 유럽 도시에는 소비가 거의 없는 '배낭 여행객'들이 몰려들면서 이들을 처리하는 게 엄청난 골칫거리라는 것이 그의 설명이다.

서울도 인구 집중으로 인한 집값 상승과 교통 체증 등 문제에 직면해 있다. 김영준 씨는 "집값 안정을 위해 외곽 신도시 개발 정책이 이뤄지지만 새로운 도시를 만들면 외곽의 기존 구도시는 죽을 수밖에 없기에 기존 대도시를 '콤팩트시티'로 만드는 게 세계적 추세"라고 지적했다.

김태형 단장은 서울의 공간 부족 문제를 극복하기 위해 도로· 주차장· 철도· 차량기지 등 '숨은 공간'에 주목해야 한다고 강조했다. 가용지는 이미 개발이 이뤄진 곳이 많기 때문이다. 따라서 김단장은 앞으로 기존 인프라에 주거와 편의 공간을 넣어 복합개발하는 방법이 최선일 것이라고 부연했다.

이러한 고민의 결과로 서울시는 최근 도심 빗물펌프장(은평구 증산동)과 교통섬(서대문구 연희동) 공간을 활용해 청년층을 위한 공공주택과 편의시설을 건립하는 작업에 착수했다. 또한, '북부간선도로 입체화 사업'도 최근 밑그림을 완성하고 본격 개발에 나설 예정이다.

이 사업은 중랑구 북부간선도로 신내나들목부터 중랑나들목까지 약 500m 구간 상부에 인공대지를 조성해 1,000가구의 공공주택과 업무·여가시설이 어우러진 콤팩트시티를 조성하는 프로젝트다. 김 단장은 "아직 아이디어 차원일 뿐이고 현행법상 한계도 있지만, 한 강 제방을 활용해 수변도시를 만드는 방안도 구상하고 있다"고 설명했다.

로메로 창업자 또한 그동안 효율적으로 활용하지 못하던 도시 공간을 새롭게 활용하는 노력이 필요하다고 이야기했다. 그는 서울의 접근법이 정말 우수하다고 평가했다. 그는 "멕시코시티도 1950년에서 1970년까지 20년간 인구가 5배로 성장했다. 도시가 급격히 팽창하면서 거주자들의 요구를 충족해주기 위해 더 많은 시설이 필요하다"고 말했다.

그는 이에 대한 대응전략을 소개했다. 로메로 창업자는 "공유 자동차 등 공유경제를 활성화하는 것도 도시 인프라 활용도를 높이고 공간 부족 문제를 해소하는 데 도움이 될 수 있다"고 강조했다.

복합리조트가 바꾸는 도시의 관광산업

조지 타나시예비치 마리나베이샌즈 대표

조지 타나시예비치

세계적인 다국적 복합관광단지 개발 기업 라스베가스샌즈그룹의 자회사 마리나베이샌즈의 대표 겸 CEO. 폭넓은 국제 경험을 바탕으로 라스베가스샌즈와 마리나베이샌즈의 운영을 책임지고 있다. 싱가포르 마리나베이샌즈 복합리조트를 개발해 수많은 관광객을 유치하며 샌즈그룹의 대표 리조트이자 싱가포르의 랜드마크로 키워냈다. 2009년 〈글로벌게이밍비즈니스〉 매거진이 선정한 '올해 주목할 25인'으로 선정됐다.

"복합리조트 사업은 수익성을 다각화할 수 있을 뿐 아니라 일자리 창출 효과도 뛰어나다. 마리나베이샌즈 그룹은 한국 시장에 카지노를 결합한 복합리조트 사업을 진행하며 100억 달러를 투자할 의향이 있다." 조지 타나시예비치 마리나베이샌즈 대표는 제20회 세계지식포럼에서 이같이 밝혔다.

싱가포르의 상징인 '멀라이언 동상' 바로 뒤에 눈에 띄는 건물이 하나 보인다. 마리나베이샌즈호텔이다. 단순히 외형이 멋진 호텔로만 보일 수 있지만 내부에는 대형 쇼핑몰, 카지노, 컨퍼런스를 위한 공간 등 다양한 기능의 복합 시설들이 자리를 잡고 있다. 호텔 하나로 관광, 숙박, 리테일까지 모든 것이 가능해진 것이다. 호텔업계에서는 호텔 빌딩 자체가 하나의 상징이 된 첫 번째 성공사례로 마리나베이샌즈호텔을 꼽는다.

마리나베이샌즈호텔은 최근 몇 년간 급부상하고 있는 마이스MICE

산업의 성공 모델이다. 마이스 산업은 부가가치가 큰 복합 전시사업을 의미하는 것으로, 회의, 인센티브 여행, 컨벤션, 전시회 등 4개의 비즈니스 분야를 하나로 통합한 산업군이다. 호텔 서비스업은 마이스 산업에서 가장 눈여겨보는 분야로, 최근 많은 호텔이 기존 숙박업에서 벗어나 마이스로 그 분야를 확대하려는 조짐을 보인다.

타나시예비치 대표는 마리나베이샌즈가 생긴 뒤 싱가포르에 생긴 긍정적 영향을 이야기했다. "싱가포르라는 국가의 이미지 자체가 좋아졌고 고용창출 효과도 뛰어났다. 4만 6,000개의 일자리가 생겨났고 싱가포르 GDP의 1.2%가 추가되는 효과를 볼 수 있었다."

그는 마리나베이샌즈호텔을 열기 전 이미 관광 인프라가 많았던 싱가포르에 공급 과잉을 일으키는 건 아닐까 걱정했다고 한다. 하지만 단순한 호텔 건물이 아니라 그 안에 '내용을 채우자'는 목표로 프로젝트를 시작했다는 경험담을 들려줬다.

타나시예비치 대표는 "마리나베이샌즈 개업 후 싱가포르 관광객 수가 91% 증가했다. 업계에만 도움을 주는 것이 아니라 전체 지역 공동체에도 영향을 준다는 것을 알 수 있다"고 설명했다.

그는 현지 인프라와 네트워크를 적극적으로 활용할 수도 있다고 말했다. 싱가포르 마리나베이샌즈호텔의 경우 90% 이상의 인프라를 지역에서 조달한다. 그중에서는 지역 대기업도 있고, 중소기업도 있다. 타나시예비치 대표는 "현지 커뮤니티에 우리가 받은 것을 경제성장과 지역 활성화로 다시 돌려줄 수 있게 된다. 다양한 자선

단체 행사도 개최해 더 많은 사람이 참여할 수 있도록 도모하고 있다"고 말했다.

타나시예비치 대표는 한국도 복합리조트 산업의 성공 가능성이 크다고 강조했다. 그는 "한국 역시 입법 차원에서 카지노 산업을 독려하고 허용하는 움직임이 있으면 좋겠다. 그렇게 된다면 한국 시장에 100억 달러를 투자할 용의도 있다"고 전했다.

그는 도박 사업을 포함한 복합리조트 기업들은 대부분 상장된 기업들로 정부 규제를 철저히 따르면서 사업을 진행한다고 말했다. 타나시예비치 대표는 "마리나베이샌즈 그룹은 특히 이런 분야에서 경험이 많으므로 한국에서도 정부의 규제를 잘 이행하며 사업을 진행할 충분한 여력이 있다"고 강조했다.

그는 2023년경 싱가포르에 또 다른 마리나베이샌즈호텔을 건설하겠다는 포부도 밝혔다. 또 하나의 관광 명소와 지역의 상징을 만들겠다는 게 그의 목표다. 이를 위해 올해 4월에는 기존 마리나베이샌즈호텔 옆쪽 부지를 사들이는 데 40억 달러를 투자하기도 했다.

타나시예비치 대표는 "더 많은 방문객을 수용하고 더 다양한 용도로 호텔을 사용하기 위해 이를 계획하게 됐다. 1,000개가량의 객실을 갖출 예정이고, 연회 공간과 1만 6,000명이 들어갈 수 있는 아레나도 생긴다. 스포츠와 콘서트 등 매우 다양한 행사가 열리는 공간이 될 것으로 기대하고 있다"고 전했다.

부를 창출하고 싶다면 디자인에 집중하라

스리니 스리니바산 루미움 디자인 회장 겸 CEO &
미타 로이 뉴욕 패션기술대학교의 교수

스리니 스리니바산

실리콘밸리에 기반을 둔 세계적 디자인기업 루미움 디자인의 회장 겸 CEO. 그는 창의적
디자인과 기술적 발전, 투자 및 M&A 분야의 뛰어난 기업가다. 미국과 인도 그리고 일본
에서 디자인 스튜디오를 운영한다.

미타 로이

뉴욕 패션기술대학교의 교수. 패션과 명품 분야에서 20년간 종사한 그녀는 새로운 기술
들을 디지털 마케팅, 옴니 채널 리테일링, 브랜드 전략에 통합시키는 데 힘써왔다. 2018
년부터 FIT 한국 캠퍼스에서 1년간 학과장을 역임했다.

"미래 디자이너는 단순히 빨간색을 핑크색으로 바꾸는 사람이 돼선 안 된다. 앞으로 성공한 디자이너가 되려면 어떻게 혁신 기술을 디자인에 적절히 접목할 수 있을지 끝없이 연구해야 한다."

스리니 스리니바산 루미움 디자인 회장은 제20회 세계지식포럼 '신기술 적용을 통한 부 디자인' 세션에서 이같이 역설했다. 스리니바산 회장과 함께 미타 로이 뉴욕 패션기술대학교 교수와 나건 홍익대학교 국제디자인전문대학원 교수가 세션 연사로 참가했다. 이들 모두는 기술 혁신이 디자인 업계에 미치는 파장이 엄청날 것이라고 입을 모았다.

먼저 세 사람은 디자인이 국가 경제 번영에 얼마나 큰 영향을 미치는지 소개했다. 스리니바산 회장은 디자인업체 '심플휴먼'이 만든 휴지통을 혁신 디자인이 부를 창출해낸 예로 제시했다.

스리니바산 회장은 "18년 전만 해도 휴지통은 보이지 않게 숨겨

놓아야 하는 물품이었다. 하지만 심플휴먼이 2000년대 초반 기능적이고 모양이 예쁜 휴지통을 만든 후 휴지통이 하나의 디자인 소품이 됐다"고 설명했다. 그는 이어 "지금은 휴지통 하나에 300달러를 쓰며 SNS에 인증하는 시대"라며 "심플휴먼이 작년에만 2억 3,000만 달러에 달하는 매출을 올렸다"고 덧붙였다.

이들은 부를 창출하고 싶다면 혁신 기술에 주목할 필요가 있다고 목소리를 높였다. 로이 교수는 미래의 스마트 공장은 인공지능과 로봇, 3D 프린팅 등이 조합된 모습일 것이라며 이미 패션 산업 전반에 걸쳐 혁신 기술이 속속 도입되고 있다고 설명했다.

그는 일선 현장 디자이너들이 요즘 '클로'라는 소프트웨어 프로그램을 통해 본인의 디자인과 패턴이 실제 어떻게 선보여질지 3차원적으로 파악하고 있다고 언급했다. 로이 교수는 "이 같은 기술 덕분에 샘플 수를 줄이고 있고 더 나은 디자인으로 보완할 수도 있다"고 밝혔다.

스리니바산 회장 역시 디자인 산업 전반에 걸쳐 인공지능이 큰 역할을 해낼 것으로 전망했다. 그는 특히 인공지능이 소비자 중심적 디자인 설계를 가속화할 것으로 내다봤다. 그는 "과거에는 제품을 먼저 내놓고 소비자들의 반응이 좋길 무작정 기다려야 했지만, 이제는 AI를 통해 소비자들이 어떤 디자인과 제품을 선호하는지 미리 파악할 수 있다"며 앞으로 점점 더 소비자의 니즈를 읽고 디자인에 이를 반영시키는 게 중요해질 것으로 전망했다.

나건 교수 또한 기술이 디자인에 미치는 파급력이 향상되고 있기에 기술을 이해하는 디자이너의 경쟁력이 갈수록 높아질 것이라고 봤다. 나 교수는 "2년 전 샌프란시스코를 방문했을 때 기술의 힘을 실감했다. 100kg 하중을 견딜 수 있고 20달러에 판매 가능한 무게 5kg짜리 의자를 만들고 싶다고 한 소프트웨어에 입력하니 수천 가지의 디자인을 제시하더라"고 회상했다. 이어 그는 "디자인 하나를 선택했더니 바로 3D 프린팅으로 만들어 결과물을 눈앞에서 볼 수 있었다. 공학도들에게 디자인 분야로 넘어오라고 얘기하고 싶을 정도였다"고 말했다. 그는 이런 측면에서 일부 학교가 공학 디자인 학과를 개설한 것에 대해 호평했다.

로이 교수 또한 한국 패션 기업 LF의 3D 가상 피팅 서비스를 인상 깊게 봤다고 말했다. LF가 자사 온라인 쇼핑몰에서 선보이고 있는 이 서비스는 소비자가 자신의 성별, 키, 몸무게, 체형과 똑같은 가상 아바타를 만든 후 사고 싶은 옷을 미리 입혀볼 수 있게 해준다. 로이 교수는 "데이터가 축적되면 소비자들이 원하는 디자인을 만들기 편리할 것"이라며 "신기술이 어떻게 디자인 과정에 미치는 영향을 잘 보여주는 사례"라고 평가했다.

이날 세션에서는 '웨어러블'로 대표되는 스마트 의류가 기존 패션을 얼마나 대체할 것 같냐는 질문이 나왔다. 로이 교수는 이에 대해 "최근 빠르게 소비하고 다른 디자인으로 넘어가는 '패스트 패션'이 부상하고 있다. 반면 웨어러블은 기술이 탑재돼 있기에 빠르게 입고 버릴 수 없는 옷"이라고 답했다.

그림으로 창출하는 소셜 임팩트

마르쿠스 엥겔베르거 크리에이티브 트라이브 창업자 겸 화가

마르쿠스 엥겔베르거

기획가, 전략 컨설턴트, 스타트업 자문가, 투수 코치, 디자이너, 창의력 증진가, 사회적 기업가 등으로 16년 동안 현장에서 다양한 일을 해왔다. 엥겔베르거는 시각 요소를 활용해 소통과 창의력을 끌어내는 능력으로 주목받고 있다. 그는 유럽 정치기구 등에서 회의 방법 개선 방안을 제시하고 여러 개혁을 주도하고 있으며, 유수의 대학에서 미래의 핵심역량인 창의력과 시각적 문해 능력Visual Literacy를 갖춘 인재를 양성하는 데 도움을 주고 있다.

"정보 홍수 시대에 소통 수단으로서 그림의 중요성은 커지고 있습니다. 그림은 지식을 한눈에 바로 알아볼 수 있게 해주거든요."

마르쿠스 엥겔베르거 크리에이티브 트라이브 창업자는 제20회 세계지식포럼 '인사이트30 그림으로 창출하는 소셜 임팩트' 세션에서 이같이 강조했다.

오스트리아 빈 출신 엥겔베르거 창업자는 '그래픽 레코딩'의 중요성을 깨닫고 2015년 크리에이티브 트라이브를 세웠다. 그래픽 레코딩이란 회의나 콘퍼런스에서 나온 대화 내용을 한 장의 그림으로 표현하는 작업을 의미한다. 정보 홍수의 시대가 도래하며 지식을 효과적으로 전달하는 게 중요해지자 그래픽 레코딩에 대한 관심이 갈수록 커지고 있다.

이날 세션에서 엥겔베르거 창업자는 스스로를 '비주얼 촉매사 Visual Catalyst'라고 소개했다. 그는 자신의 직업을 "한마디로 정의하면

지식의 지도를 시각화하는 것"이라고 말하며 "아이디어를 개발하고 시각화할 수 있게 도와주는 일을 하고 있다"고 이야기했다. 이어 그는 "이는 문명이 발생하기 전부터 있었던 역할"이라고 자랑스러워했다.

일례로 그는 프랑스 도르도뉴 지방에 있는 구시대의 유적인 라스코 동굴 벽화를 제시했다. 이 벽화에는 빨강, 검정, 노랑 등 색깔로 표현된 말·사슴·들소 등 약 100점의 동물상이 그려져 있다. 엥겔베르거 창업자는 이에 대해 "인간은 선사시대 때부터 그림으로 소통해왔다. 야생동물의 습격을 경고하거나 후대에 지식을 전달하기 위해 동굴에 그림을 남긴 것"이라고 말했다.

그는 그림을 보여주면 정보를 아주 빠르게 이해할 수 있다는 점에서 시각적 정보 제공의 효율성을 강조했다. 엥겔베르거 창업자는 "우정, 리더십 등 특정 단어나 개념에 대한 이해는 사람마다 각기 다를 수 있어 오해가 생기기도 하는데 그림은 혼돈을 줄여준다. 서울, 비엔나, 뉴욕, 시드니, 싱가포르 등 다양한 문화권에 속한 사람들이 소통할 때 시각적 도구를 활용하면 협력과 소통이 훨씬 쉬워지기도 한다"고 설명했다.

배운 지식을 자신의 것으로 만드는 데도 그림을 활용하면 좋다고 한다. 엥겔베르거 창업자는 "배운 지식을 하나의 그림으로 요약하면 암기하기도 편하고 생각을 정리하는 데도 크게 도움 된다"고 말을 이었다. 그는 지난 5년간 우간다, 두바이, 스위스 등 다양한 국적의 5,000명 수강생에게 비주얼 커뮤니케이터 교육을 해온 바 있다.

효율적으로 시각 정보를 제공하기 위해선 3단계를 거쳐야 한다는 게 그의 설명이다. 듣기, 빠르게 생각하기, 실행하기다.

엥겔베르거 창업자가 작업할 때 중요하게 생각하는 것은 '사람들의 이야기를 잘 듣고 내용을 시각적으로 응축하는 것'이라고 한다. 떠오르는 이미지를 내용과 연결하고 요약하는 것이 핵심이지만, 그가 특히 중요하다고 강조한 것은 '듣기'다. 그는 "단순히 듣는 것을 넘어 완전히 경청해야 한다. 경청해야만 정보를 재해석하고 번역해낼 수 있다"고 밝혔다.

하버드 로스쿨 교수에게 듣는 협상 비법

로버트 보돈 하버드대 로스쿨 협상&중재 프로그램 설립자

로버트 보돈

'하버드 로스쿨 협상 & 중재 프로그램'의 설립자. 20년 이상 하버드대 로스쿨 교수로 재직했다. 2019년 7월부터는 하버드에서의 수업뿐만 아니라, 더 다양한 협상 자문 및 집필 활동을 하기 위해 하버드 로스쿨 선임연구원으로 재직 중이다. 코카콜라, 마이크로소프트, 델타항공, 국제형사재판소, 미국 법무부 등 다양한 영리·비영리 기업, 정부 기관 등에 자문도 해 주고 있다.

"협상을 잘 하는 것은 상대방의 입장이 되어 보는 것이다. 상대의 관점을 유지한 채 질문의 틀을 어떻게 짜느냐가 협상의 첫 단추다."

제20회 세계지식포럼 '하버드 협상 워크샵: 뛰어난 협상가의 흔한 습관' 세션에서 로버트 보돈 하버드대 로스쿨 교수는 협상 전략을 세우는 데 있어 '역지사지易地思之'의 필요성을 이같이 역설했다.

그는 신부에게 기도 시간에 담배를 피워도 될지 묻는 한 신도의 이야기를 들려주었다. "신부님께 '기도를 하면서 담배를 피워도 될까요?'라고 물으면 당연히 '안 된다'는 답을 들을 겁니다. 그러나 만약 '담배를 피울 때도 기도해도 될까요?'라고 묻는다면 '물론 담배를 피울 때도 기도를 해야지'라는 답이 돌아올 겁니다."

보돈 교수는 뛰어난 협상가가 되기 위해서는 자존심Ego과 감정Emotion, 확산Escalation 등 '3가지 E'를 잘 다뤄야 한다고 조언했다.

그는 실제 세션 참여자들에게 5만 원권 경매를 통해 이를 입증해

보였다. 5원권을 경매에 부쳐 입찰 가격이 가장 높은 사람이 지폐를 가져가는 단순한 게임이었다. 첫 입찰가는 만원이었지만 5만 원권에 대한 경매가는 결국 6만 원 이상까지 올라갔다. 보돈 교수는 "미국에서 20달러 지폐를 600달러에 판 적도 있다"며 "자존심을 앞세운 감정싸움으로 바뀌면 결국 협상은 실패로 돌아가게 된다"고 설명했다.

보돈 교수는 협상의 본질을 제대로 파악하지 못하면 협상이 제대로 이뤄지지 못한다고 지적했다. 그가 지적하는 대표적인 유형은 협상을 제로섬 게임으로만 이해하려는 행동이다. 보돈 교수는 협상에서 가치를 추구하려면 협상 당사자들이 서로의 입장을 이익$_{interest}$으로 전환하게 하는 것이 필요하다고 조언했다.

보돈 교수는 그가 중재한 부동산 매매 사례를 들었다. 해변가에 있는 집을 매매하고 싶은 두 형제간의 다툼을 중재한 경험담이다. 당장 수익을 실현하고 싶은 한 사람은 1년을 기다린 뒤 팔자고 했고, 다른 한 명은 돌아가신 부모님을 기억하고자 5년 정도 더 기다리길 원하던 상황이다.

보돈 교수는 협상의 틀을 짜 합의에 다다르게 했다. 그는 "부동산 업자를 선택해 집의 가치를 책정한 다음 5년 안에 판매했을 때 수익이 1년보다 높다면 그 수익을 반으로 나누고, 가격이 하락한다면 5년 후에 팔자고 한 사람이 차익을 상대방에게 주는 구조를 만들자 합의에 이를 수 있었다"고 이야기했다. 그는 "입장을 이익으로 바꾸면 옵션이 늘고 우리는 합의에 도달할 수 있는데, 사람들은 안타깝게도 서로의 입장을 이익으로 전환하지 못한다"고 말했다.

보돈 교수는 협상 대상자가 자신을 둘러싼 심리적, 사회적으로 발생할 수 있는 체험적 실수를 명확히 인식할 필요가 있다는 조언을 주기도 했다. 그는 "사람은 자신이 철저하고 현명하게 일한다고 생각한다. 하지만 이것은 굉장히 위험한 사고방식"이라고 설명했다. 그는 "인간은 자기 자신에 대해서 과잉 자신감을 느끼고 있고 객관성, 공정성을 원해도 자기 이해관계 편향으로 인해 오류를 범하고 협상은 교착 상태에 빠지게 된다"고 말을 이었다.

보돈 교수는 다양한 사례를 들어 인간이 저지를 수 있는 체험적 오류를 진단했다. 인간이 서로 다른 정보 접근성을 갖는 데다, 같은 데이터를 보더라도 어디에 집중하느냐에 따라 판단이 달라질 수 있다는 점이다. 그는 방사선 전문의에게 제시된 폐 스캔 사진 사례를 들어 인간이 저지를 수 있는 편향성 오류를 제시했다. 그는 "폐 스캔을 보면 고릴라 모양의 종양이 있지만 17% 방사선 전문의만 이것을 발견한다고 한다. 고릴라 모양의 용종은 일반 용종보다 48배나 더 크지만, 방사선 전문가들은 세밀한 용종을 찾는 데 집중하다 보니 이를 찾지 못한다"고 설명했다.

거절이 두려우면 아무것도 할 수 없다

지아 장 《거절당하기 연습》 저자, 우주러닝 창업자 겸 CEO

지아 장

《거절당하기 연습》의 저자. 거절당하는 것의 두려움을 극복하는 방법을 전파하며 사람들에게 용기와 자신감을 심어주는 일을 하고 있다. 그의 블로그에 게재된 '100일간의 거절 치료법'에는 본인 스스로가 거절당하는 두려움을 극복하는 과정을 기록하고 분석한 내용이 담겨 있다. 테드 강연 후에는 '거절남'이라는 별명으로 유명해졌다.

거절당하는 것을 좋아하는 사람은 없을 것이다. 그런데 숱하게 거절을 당하면서 유명해진 사람이 있다. 베스트셀러 《거절당하기 연습》의 저자인 지아 장 '우주러닝' 창업자 겸 CEO다.

장 CEO가 블로그에 게재한 '100일간의 거절 치료법'에는 스스로가 거절당하는 두려움을 극복하는 과정을 기록하고 분석한 내용이 담겨 있다. 그의 TED 강연은 등록된 지 한 달 만에 조회 수 100만을 기록했고, 베스트셀러 작가의 반열에도 올랐다.

제20회 세계지식포럼에 연사로 참가한 장 CEO는 거절의 공포를 극복한 본인의 경험을 공유하고, 이러한 경험이 어떤 식으로 개인의 의미 있는 삶과 직업적 성공에 영향을 미치는지 설명했다. 그는 "가장 중요한 교훈은 '일단 물어보라'는 것"이라며 "세상이 여러분을 거절하게 해야지 스스로 거절하게 만들어선 안 된다"고 강조했다.

장 CEO는 어렸을 때부터 줄곧 갖고 지냈던 거절에 대한 두려움을 이겨내기 위해 시도했던 이색 경험들을 청중들과 공유했다. 그는 회사를 그만두고 사업을 시작한 뒤 투자자에게 거절을 당하면서 두려움 극복 프로젝트를 해보기로 마음먹었다. 그는 승낙하기 어려울 만큼 황당한 부탁을 통해 거절에 대한 내성을 키웠다. 패스트푸드점에서 음료 리필 대신 햄버거 리필을 요청하고, 모르는 집 대문을 두드려 뒷마당에서 축구를 해도 될지 물었다. 경찰에게 경찰차 운전을 요청하고, 비행기를 가진 사람에게 조종을 시켜달라고 하기도 했다.

장 CEO는 "이상한 질문을 하고 거절을 당할수록 점점 이상한 일이 생겼다. 사람들이 내게 예스라고 얘기하기 시작했다"고 말했다. 거절하는 사람이 더 많았지만 실제로 자신의 집 마당에서 축구 하는 것을 허락하고, 경찰차나 비행기 조수석에 태워주기도 했다는 것이다. 심지어 '올림픽 오륜 모양 도너츠를 만들어 달라'는 요청을 받은 도너츠 가게 점원은 정성스럽게 만든 오륜 도너츠를 무료로 제공하기도 했다. 장 CEO는 점점 더 많이 거절당하지 않게 되면서 '이게 거절당하는 연습이 맞나'라는 생각도 했다고 회상했다. 그의 이런 경험들이 유튜브를 통해 유명해지면서 세계적 언론들도 그를 소개하기 시작했다. 그가 세계적으로 유명한 온라인 강연 플랫폼인 '테드'에서 펼친 강연은 그해 일론 머스크와 교황의 강연에 이어 3위를 차지했다.

장 CEO는 "거절을 극복하면 삶에 엄청난 변화가 일어난다"며 "결국 거절이라는 것은 숫자에 불과하다"고 했다. 이어 그는 "정말 말도 안 되는 황당한 짓을 했는데도 '예스'를 받은 적이 있다. 해리

포터도 12개의 출판사에서 출판을 거절했다. 결국 '거절'이란 사람들의 의견일 뿐"이라고 설명했다.

장 CEO는 거절을 당했을 때 기분 나빠하며 포기하거나 도망가지 않고 적절히 대처하는 방법을 공유했다. '왜'라고 묻기, '어떻게'라고 묻기, '다른 것'을 요청하기 등이다.

그는 꽃을 들고 낯선 사람의 집에 문을 두드려 마당에 심어도 될지를 물었던 경험을 들려주었다. 집주인은 꽃 심기를 거절했지만, 장 CEO는 낙담하지 않고 이유를 물었다. 그러자 주인은 "내가 키우는 강아지가 꽃을 파헤칠 것이기 때문"이라고 답하며 대신 꽃을 좋아하는 다른 이웃을 추천해줬다. 그는 결국 꽃 심기에 성공했다. 장 CEO는 이 이야기와 함께 "친절하게 이유를 물으면 '노'를 '예스'로 바꿀 수도 있다"고 설명했다. 장 CEO는 "친절하게 이유를 물으면 '노'를 '예스'로 바꿀 수도 있다"고 설명했다. 그는 '매운 아이스크림' 판매를 요청한 경험을 통해 '어떻게'라고 묻는 법도 소개했다. 아이스크림 가게에서 매운맛 제품이 없어 팔 수 없다고 하자 어떻게 만들 수 있는지 물었고, 결국 직접 재료를 구해 가게의 도움을 받아 만들어 냈다는 이야기였다.

마지막으로 그는 다른 사람의 요청을 쉽게 거절하는 방법도 설명했다. 직접적이지만 예의를 갖추는 것, '대신 이렇게 해보면 어때'라고 대안을 제시하는 것, 요청받지 않은 일을 제공하는 듯 '양보'를 제안하는 것 등이 관계를 깨지 않고 거절하는 방법이라고 했다.

면역체계를 통한 암 정복의 길

이선 셰바흐 미국 알레르기 및 감염병 기구NIAID 면역학과장

이선 셰바흐

미국 면역학협회AAI의 선임연구원. 보스턴대학교에서 의학 박사를 취득했고 이후 임상 훈련을 거치면서 면역학을 연구했다. 면역학 분야에서 460건이 넘는 학술 논문을 게재했으며, 최근에는 조절 T세포의 면역반응에 관한 연구를 집중하고 있다. 그는 2004년에 암연구소CRI로부터 윌리엄 콜리 상을, 2015년에 세계 알레르기 회의WAC에서 뛰어난과학자상을, 같은 해에 톰슨-로이터 표창장을 수상했다.

　인간의 몸에서 '면역'은 생존에 중요한 역할을 한다. 면역은 우리 몸 안에 아군과 적군을 구분한 뒤 적군을 몸 밖으로 배출시키는 신체 작용이다. 세균이나 바이러스 등이 몸에 들어오면 이를 나쁜 것으로 받아들이고 항체를 만들어 없애야 한다. 면역 기능이 망가지면 몸이 아프다. 한국인 사망원인 1위인 암은 인체의 면역 기능이 오작동을 일으켜 변이가 일어난 세포를 '내 편'으로 인식해서 생기는 병이다. 최근 우리 몸의 면역체계를 이용한 '면역 항암제'가 새로운 암 해결사로 떠오르고 있다.

　이선 셰바흐 미국 알레르기 및 감염병 기구 면역학과장은 제20회 세계지식포럼에서 '암 정복 열쇠'를 주제로 이야기했다. 박정규 서울대학교 의과대학 교수는 세션의 좌장을 맡았다.

　셰바흐 과장은 우리 몸의 면역 기능을 연구하는 전문가다. 특히 자가면역질환과 암 극복의 열쇠로 떠오른 '조절 T 세포Regulatory

T cells(약칭 Tregs)'의 대가다. Tregs는 면역계를 조절하는 T세포 중 하나다. 가슴샘인 흉선에 있는 림프구에서 생겨 흉선을 뜻하는 영어 Thymus의 앞자리를 따서 T세포로 불린다. Tregs는 면역반응을 억제하는 역할을 한다.

Tregs의 발견은 지금으로부터 30년도 넘게 거슬러 올라간다. 면역학을 전공하지 않은 일본 과학자들이 우연히 흉선 연구를 하다가 Tregs의 존재를 발견했다. 세바흐 과장은 "Tregs는 우리 몸 면역체계 균형을 유지하면서 외부 공격을 방어하는데, Tregs를 제거하면 다양한 질환이 생겨 죽게 된다. 우리 몸 속에 있는 Tregs를 제거하면 10일 안에 사망한다"고 설명했다.

인간은 생존에 가장 위협이 되는 암 치료에 열중해왔다. 1세대 암 치료제는 끝없이 분열하는 암세포에 초점을 맞췄다. 세포 분열을 억제하거나 DNA를 손상하는 독성 물질을 투입하는 화학적 항암 치료법이다. 하지만 이 치료법은 환자의 정상 세포까지 없애 장기에 부담을 주고 환자들은 심한 구토와 탈모 등 부작용에 시달렸다.

화학 항암제 부작용을 줄이려 1990년대 말 등장한 것이 2세대 항암제인 '표적 항암제'다. 암세포만 표적으로 삼아 정밀 타격해 정상 세포까지 공격하던 화학 항암제 부작용을 줄였다. 하지만 돌연변이 암세포에는 효과가 없었다. 일정 기간 지나면 내성이 생겨 약효과가 듣지 않은 것도 단점이었다.

최근 부상한 3세대 암 치료제가 바로 우리 몸 면역체계를 바로잡아 암을 치료하는 '면역 항암제'다. 암세포를 직접 파괴하는 대신 환자의 면역 세포 능력을 높여 암과 싸울 힘을 얻는 방식이다. 우리 몸 면역체계를 이용해 기존 항암제보다 독성이 적고 부작용도 크지 않다.

셰바흐 과장은 "Tregs는 자가면역질환을 치료하는 데 유용하다. Tregs는 장기이식을 받은 환자가 거부반응을 일으키는 것을 막고 근육 손상이 있을 때 회복하는 걸 도와줄 수 있다"고 말했다. 자가면역질환이란 면역반응이 오작동해 건강한 세포를 해롭다고 보고 공격하는 병이다. Tregs를 자가면역질환 환자에게 투입하면 활발해진 면역 기능을 안정시킬 수 있다.

Tregs의 특징을 이용하면 감염병이나 암 치료에도 효과적이라는 지적이다. 종양에서 Tregs를 골라 없애면 고장 난 면역 기능이 활성화돼 암을 치료하는 것이다. 셰바흐 과장은 "우리가 원하는 것은 종양에서 Tregs를 없애는 것이다. 종양 안에 있는 Tregs가 활성화되면 세포 표면에 있는 항원을 억제하기 때문"이라고 했다.

다만 Tregs를 이용한 항암제를 상용화되려면 갈 길이 멀다. 셰바흐 과장은 "기술만 잘 활용하면 Tregs를 추출해 무한대로 배양할 수 있다. 다만 투입해야 할 적정 세포 수는 어느 정도인지, 얼마나 자주 세포를 투입해야 하는지 등 검증해야 할 부분이 남아 있다"고 했다. 다만 최근 들어 눈에 띄는 성과가 나오고 있다. 암세포에 있는 'PD-L1'과 반대편 면역 세포에서 생성된 'PD-1'이나 'CTLA-4'가 결합하면 Tregs가 암세포를 인식하지 못한다. PD-L1과 PD-1, CTLA-4 간 결합을 차단해 암세포를 억제할 수 있다는 것이다.

PD-1항체를 사용하면 활성화된 Tregs가 암세포를 공격한다. PD-1항체는 다국적 제약사 MSD의 '옵디보Opdivo', '키트루다Keytruda'로 2014년 미국식품의약국 승인을 받았다. 최근 뇌종양 완치 판정을 받은 지미 카터 전 미국 대통령의 항암제도 키트루다였다. 옵디보는 2016년 식품의약품안전처 허가를 받아 국내에 상용화됐다.

Tregs 활성화를 억제하는 단백질인 CTLA-4 기능을 없애는 항암제도 있다. 2010년 피부암 일종인 흑색종 말기 환자들에게 CTLA-4 항체를 주입한 결과 환자 중 25%가 완치됐다는 결과를 얻었다.

최근엔 CAR-T 치료제 발견으로 임상 성공 가능성이 커졌다. 환자의 혈액에서 추출한 Tregs를 배양한 뒤 유전자를 조작한 것이다. 일종의 돌연변이 Tregs인데, 암세포 공격력이 뛰어나고 정밀 타격이 가능하다. CAR-T는 혈액암 등에 효과가 뛰어나다. 다만 4~5억 원에 이르는 비싼 치료비가 높은 장벽이다. 혈액암에만 효과가 있고 그 외 고형암엔 효과가 없다는 점도 한계다.

Tregs 항암제의 성공률을 높이는 것은 전 세계 학계의 목표다. 아직 약효과 반응률이 20~30%에 그치기 때문이다. 치료 효과를 높이려면 다른 항암제와 병행해야 한다는 문제도 있다. 셰바흐 과장은 "전 세계적으로 Tregs 관련 150개 넘는 임상 실험이 진행 중이다. 언제가 될진 모르지만 유의미한 결과가 나오길 기대한다"고 밝혔다.

전 국민 코딩 시대가 온다

하디 파토비 코드닷오아르지code.org 창업자 겸 CEO

하디 파토비

비영리 교육 플랫폼 코드닷오아르지code.org의 창업자이자 CEO. 마이크로소프트에 입사하면서 IT 업계에 뛰어들었고 이후 임원급 자리까지 올랐다. 그는 마이크로소프트와 뉴스콥에게 각각 인수된 두 개의 스타트업을 창립했고 그 밖에도 당시 페이스북, 드롭박스, 우버 그리고 에어비앤비 초기투자에 함께 했다. 2013년 쌍둥이 형제 알리와 코드닷오아르지를 창립했다. 코드닷오아르지는 미국의 모든 K-12(유치원부터 고등학교까지) 학생의 30%가 이용할 정도로 거대한 컴퓨터 공학 교육 시스템을 제공하고 있다.

"컴퓨터를 배울 기회가 소수에게만 돌아가서는 안 된다고 생각합니다. 전 세계 모든 학생이 컴퓨터 교육을 경험하도록 돕는 것이 목표입니다."

하디 파토비 코드닷오아르지code.org 창업자 겸 CEO가 제20회 세계지식포럼에서 밝힌 포부다. 파토비 CEO는 '온라인 코딩 교육의 아버지'로 불린다.

아마존, 페이스북, 구글 등 글로벌 기업으로부터 후원을 받아 만들어진 코드닷오아르지는 미국 학생(유치원~고등학교)의 40％가 이용할 정도로 인기 있는 플랫폼으로 성장했다. 한국에서도 약 50만 명이 코드닷오아르지를 통해 코딩을 공부한다. 코딩이 어렵다는 편견을 없애기 위해 시작한 캠페인 '아워 오브 코드An Hour of Code'는 지난 6년여 동안 180여 개국에서 1억 명 넘는 수강생을 모으는 등 눈에 띄는 성과를 내고 있다.

파토비 CEO가 컴퓨터 교육을 강조하는 이유는 컴퓨터 지식 없이는 4차 산업혁명 시대에 살아남기 어렵기 때문이다. 그는 "브루킹스연구소가 발표한 결과에 따르면 2016년 기준 디지털 기술 활용도가 높은 직업의 평균 연봉은 7만 달러다. 디지털 활용도가 중간인 직업은 4만 8,000달러, 활용도가 낮은 직업은 3만 달러"라고 설명했다. 그는 "컴퓨터를 활용하는 직업의 67%는 비非기술 분야에 속한다"며 "STEM(과학·기술·공학·수학)을 비롯한 이공계열 종사자가 아니라도 컴퓨터 공학을 배워야 하는 이유"라고 설명했다.

그는 컴퓨터 공부가 창의력을 키우는 데도 기여한다는 입장을 피력했다. 수학 문제를 푸는 알고리즘을 만들거나 앱을 만드는 등 컴퓨터를 이용하는 프로젝트 대부분은 정답이 없는 문제다. 문제를 해결하는 여러 가지 방법을 고민하게 되고 이를 통해 자연스럽게 창의력이 개선된다는 설명이다.

모든 사람이 코딩 전문가가 되거나 컴퓨터에 대한 전문 지식을 갖추지는 않아도 된다. 하지만 컴퓨터가 어떤 원리로 작동하는지는 알아야 한다는 게 그의 지론이다.

파토비 CEO는 "우리 모두가 과학자는 아니지만, 광합성이 무엇인지, 전구가 어떻게 빛을 내는지 등 세상이 돌아가는 기본적인 원리는 안다. 그런데 컴퓨터가 일상생활에서 큰 역할을 하고 있음에도 인터넷 쿠키가 어떤 기능을 하는지, DNS가 무엇인지, HTTP가 무엇인지 설명할 수 있는 사람은 소수에 불과하다"고 지적했다.

최근 들어 한국은 물론 미국 등 다른 나라에서도 코딩 교육 열풍